개혁과 갈등의 시대

– 정조와 19세기

개혁과 갈등의 시대

– 정조와 19세기

유 봉 학 지음

신구문화사

머리말

지난 수십 년간 우리는 엄청난 격동 속에 많은 변화를 겪었으며 모든 면에서 상당한 발전을 이룩하였다. 그럼에도 우리 사회는 그간의 변화에 대한 역사적 평가와 앞으로 추진해야 할 개혁의 방향을 둘러싼 갈등으로 여전히 혼란에 빠져 있다.

이미 끝냈어야 할 과거사 청산작업이 표류하는 가운데, 거의 한 세기 전에 등장한 일제(日帝)의 식민사관(植民史觀)과 유교망국론(儒敎亡國論)이 식민지근대화론(植民地近代化論)의 득세와 함께 다시 위세를 떨치고 있다. 세계의 기성 질서가 무너지고 세계사적 격동에 따른 위기의식이 가중되면서, 현실을 지탱해주던 신념이 흔들리고 미래에 대한 불안감이 팽배하였다. 이에 우리는 지난 시대 이래의 역사적 경험을 돌이켜보고 그 속에서 해법을 찾고자 한다.

지금으로부터 2백 년 전 정조시대(正祖時代, 1776~1800)는 그 어떤 시대보다 큰 변화를 겪었으며 개혁적 지향이 뚜렷한 시대였다. 정조(正祖, 1752~1800)는 새로운 시대를 향한 남다른 의지를 가지고 개혁의 흐름을 이끌었다. 청론사류(淸論士類)의 사림정치론을 받아들여 정치 개혁을 추진하고, 탕평책(蕩平策)으로 여러 정치세력을 조화시켜 왕권을 강화하고자 했다. 또한 사회 제 세력의 요구를 폭넓게 수용하여 사회적 통합을 이룸으로써 문화 발전을 추진하였다. 학문정치의 기치 아래 규장각(奎章閣)을 세워 150여 종 4천 권에 이르는 서적을 편찬해내고, 그 연구 성과를 바탕으로 개혁을 모색하였다. 이에 따라 건설한 개혁의 시범도시 화성(華城)이야말로 이 시대의 위대한 문화적 금자탑이다.

이는 정조를 위시하여 여러 지도자와 지식인들이 고민과 갈등 속에 성취한 결과였다. 새로운 시대로 나아가고자 몸부림친 이 시대에는 모든 분야에서 다양한 지향이 분출하였으며, 새로운 사상과 문화예술이 개화한 시기이기도 했다. 전통문화의 토대 위에 혁신을 시도하였던 '법고창신(法古創新)'의 흐름을 타고 '신학(新學)'과 '신문(新文)'이 추구되었으며, 정조의 측근에서부터 북학(北學)과 서학(西學)이 대두하여 확산되기에 이른다. 이에 따라 정조는 '정학(正學)'을 강조하며 '반정(反正)론'을 제기하기도 하였다. 보수에서 혁신에 이르기까지 다양한 지향이 엇갈리며 갈등하였지만, 이미 변화의 길로 들어선 조선 사회는 외부세계와 소통하며 새로운 시대로의 대전환을 이루어갔다.

이 흐름은 정조의 서거 이후 전개된 19세기 역사의 격랑 속에서도 면면히 지속되었다. 정조시대 개혁을 이끌었던 세력이 분열하는 가운데 그들 중 일부가 세도가가 되어 정권을 장악하였으며 정조시대 이래의 새로운 흐름도 확산되는 추세였다. 순조, 익종(효명세자), 헌종을 거쳐 고종에 이르기까지 정조시대는 회복해야 할 모범적 시대로 간주되었고, 연암(燕巖)일파와 추사(秋史)일문의 지식인들에 의해 정조시대의 개혁은 각기 다른 각도에서 끊임없이 반추되었다.

이 시기에 일부 지식인들은 '하고픈 말을 하지 못하는' 정치적 억압과 서세동점(西勢東漸)의 세계사적 격동 속에서 고뇌하였고, 사회 변화의 거센 물결을 헤쳐나가며 때로는 표류하기도 했다. 사회적 동요가 심화되는 속에서 오히려 더 큰 변화의 요구는 아래로부터 일어났고 여기에 밖으로부터의 충격이 가중되어 전통적 질서 전반이 와해되기에 이른다. 하지만 정학(正學, 朱子學)과 북학(北學), 서학(西學), 그리고 동학(東學), 남학(南學)과 불교 등에 이르기까지 여러 학문과 사상, 신앙과 신념을 추구했던 지식인들은 제각기 색다른 해법을 제시하며 새로운 시대를 향해 나아갔다.

전통적 질서를 청산하고 새로운 질서를 모색하던 이 다양한 흐름은 19세기 조선사회 발전의 징표였다. 그러나 그들끼리 구심점을 찾아 갈등하며 충돌하기도 했다. 이 가운데 조선은 외세의 침략을 받아 식민지로 전락하는 시련을 겪게 된다. 이로써 전통사회 내부의 다양한 지향은 왜곡되거나 단절되기도 했으며, 후대에는 나라가 망했다는 결과에 집착하여 그 정당한 가치를 인정하지 않거나 부당한 평가를 내리곤 했다. 아울러 조선 전통사상과 문화를 극단적으로 부정하는 식민사관(植民史觀)이 힘을 얻게 되었으며, 이는 오늘에까지 우리 시대 후진성과 사상적 혼란의 원인으로 남아 극복을 기다리고 있다.

그러므로 우리가 정조시대 이래 격동의 실상과 사상적 상황을 올바로 인식하는 일은 우리 시대 제반 문제 해결의 출발점이자 후진성과 혼란 극복의 단서가 될 것이다. 전통을 계승하여 발전시켰던 역사적 경험은 물론이요, 그 속에 내재되었던 갈등과 모순, 한계까지, 역사의 빛과 그림자는 세계화와 선진화를 지향하는 오늘 우리에게 많은 시사점을 제시하고 있다. 오늘에 이르기까지 지속되고 있는 변화와 혁신의 노력을 살펴보며, 정조시대와 오늘을 견주어 보는 것은 우리가 나아갈 방향을 찾아내려는 진지한 노력으로서 큰 의미를 지닌다.

이 책은 이러한 문제의식에서 정조시대와 이후의 역사상을 탐구한 글들을 모은 것이다. 필자의 관심은 북학과 서학의 수용 등 이른바 조선후기 '실학(實學)' 과 전통주자학(傳統朱子學)의 전개과정, 그리고 정조와 정조시대 지식인들, 정조 사후 19세기를 거쳐 오늘에 이르기까지 사상적 · 문화적 지향 등의 주제에 집중되어 있다.

이 책에서는 정조시대를 대표하는 지도적 지식인으로서 정조(正祖)와 유언호(兪彦鎬), 이서구(李書九), 그리고 이후 19세기의 추사(秋史) 김정희(金正喜)와 그 일문에 이르기까지 전환기를 이끌었던 중요 인물과 정조시대 이래 개혁론의 전개 및 귀추에 대해 새로운 자료를 토대로 구조적 이해를 도모하였다. 물론 아직은 부족한 점이 많으며, 더구나 이러한 역사 연구를 통하여 갈등 속에 표류하는 오늘의 현실을 조명하고자 할 때 턱없는 역량의 한계를 절감한다.

그럼에도 그간의 작업을 일단 정리해 책으로 엮어본 것은 지금 전개되고 있는 현실의 상황이 이 시대에 대한 올바른 역사 이해를 절실히 요구한다고 여겨서이다. 그간 흩어져 있던 기왕의 저술을 모아 되살펴보면서 필자의 학문적 자세를 가다듬고자 하는 마음도 있었다. 이 책의 출간을 계기로 더욱 분발하여 부족한 점을 보완해 가리라 다짐한다.

2008년 11월 30일

유봉학 씀.

차례

서설

정조시대 이후 역사의 이해 방향

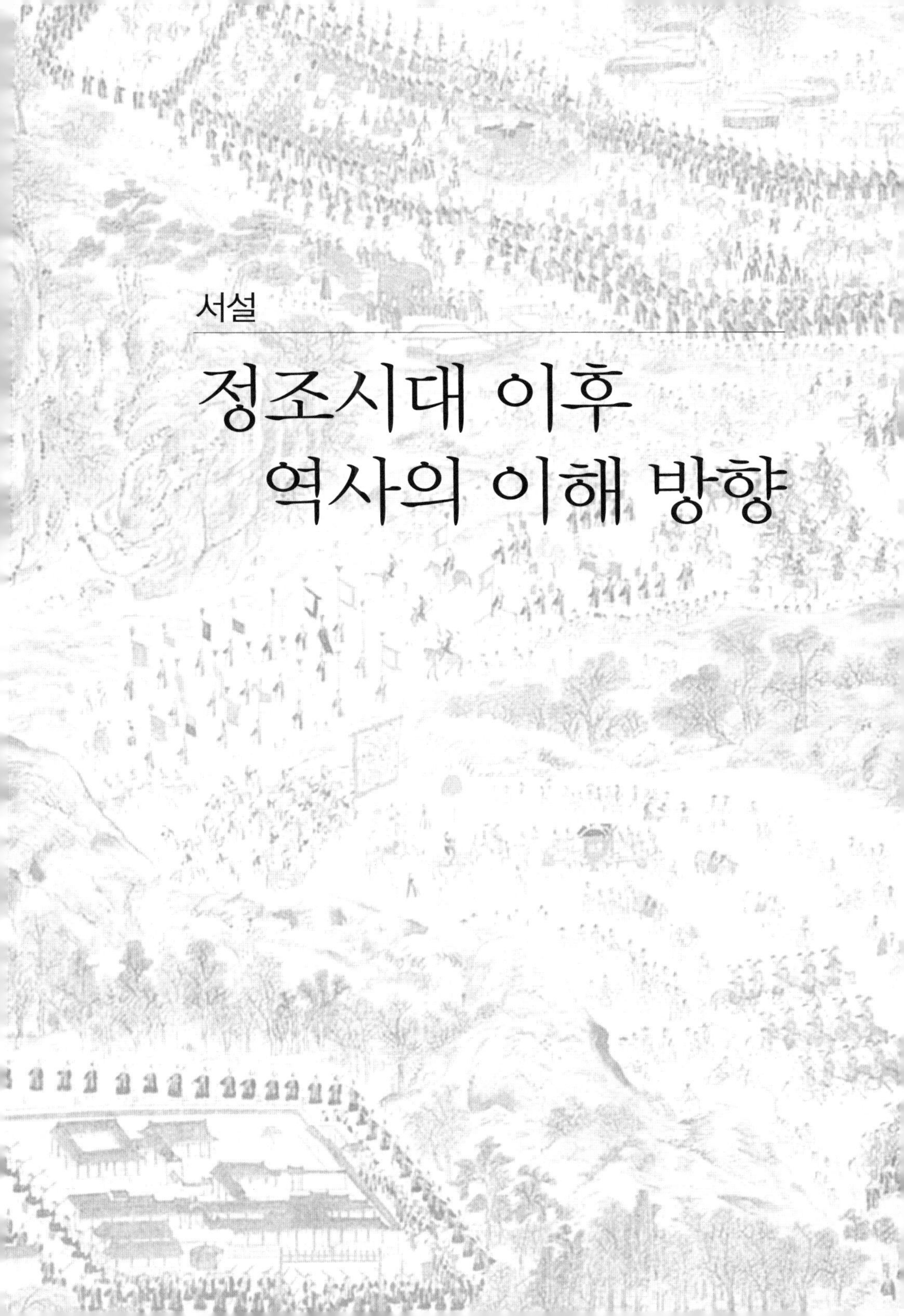

정조시대(1776~1800)는 전통적 사회질서가 전면적으로 변화함에 따라 개혁 작업이 역동적으로 추진되고, 외부 세계로부터의 영향이 조선에까지 밀려와 사상과 문화의 변화가 일어나던 대전환의 시기였다. 1776년에 즉위한 정조는 정치 · 경제 · 사회 문화 전 부면에서 개혁을 추진하여 지지 기반을 다졌다. 또한, 이를 근거로 사도세자(思悼世子)의 묘소를 수원의 천하명당 터로 옮긴 1789년 이후 화성(華城)신도시 건설 등 개혁 사업을 본격화하다가 1800년 불의의 병마로 서거하기에 이른다. 1776년은 미국이 독립을 쟁취한 해이며 1789년은 프랑스혁명이 일어났던 세계사의 전환기로서 이 시기에 조선 역시 새로운 시대로의 전환을 힘차게 추진하였다.

조선의 자주적 개혁은 군주를 포함한 지도자와 지식인들에 의해 위로부터 추진되었다. 국왕 정조의 후원에 힘입어 지식인들은 북학과 서학을 수용하여 외부세계와 적극 소통하며 이른바 '세계화'의 지향 아래 개혁을 추진하려 하였다. 그러나 오늘에까지 파장을 미치는 이 시기에 대한 연구는 아직 부족하며 인식 수준은 후진적이라 할 수 있다. 정조시대 개혁의 실상이 일제강점기를 거치며 식민사관(植民史觀)에 의해 왜곡되었고, 이는 역사적 사실 파악의 오류와 함께 오늘에 이르기까지 확대 재생산되는 경우가 있기 때문이다.

역사인식의 오류

역사인식의 오류는 오늘의 잘못된 현실 인식과 직결되며 때로는 막대한 정신적 · 물적 폐해를 낳고 미래를 그르치게 만들기도 한다. 일제강점기 이래 정조시대에 대한 구태의연한 이해와 통속적 설명이 흔히 역사적 실상을 왜곡하고 있을 뿐 아니라, 대중적 관심에 편승하여 주먹구구식으로 내놓는 정부의 역사 관련 시책은 낭비적인 수준을 넘어 역사와 문화유산의 훼손을 초래하고 전통을 부정하는 반역사적인 것이 되기도 했다.

예컨대, 200년 전 정조시대에 '개혁의 시범도시' 로서 건설된 화성신도시가 일제강점기 이래 일개 성곽으로 축소 왜곡됨으로써 이후 '수원성' 이라 불리우게 되고, 주로 성곽만이 문화재로 보호받으며 '세계문화유산' 으로 등록된 것이 그 단적인 사례다. 일제는 화성신도시를 성곽으로 축소하여 문화재로 지정한 이면에서 조선왕조의 흔적을 지우고자 화성신도시의 여러 시설물들을 무차별 철거하면서 실상을 호도하였다. 이후 '개혁의 시범도시' 에 설치되었던 시설물과 환경 등 도시기반시설, 특히 국영시범농장(屯田, 예컨대 北屯과 西屯)과 인공저수지(萬石渠와 祝萬堤, 일명 西湖) 같은 선진적 농업생산 기반시설, 심지어는 정조 임금의 초장지(初葬地)까지도 근래에 개발의 미명 아래 파괴되었다. 역사 연구를 등한히 한 채 일제의 역사 왜곡을 묵수한 결과, 이제는 '식민지근대화론' 에 따라 전통을 부정한 채 일제의 농업 침탈을 한국근대농업의 출발로 인식하고, 결국 정부가 나서서 그 100주년 사은 행사를 대대적으로 벌이는 한심한 상황까지도 전개되고 있다.[1)]

그런가 하면, 일제강점기 이래 야담적 수준에서 정조와 정조시대를 이해함으로써 우리 사회에는 '정조독살설(正祖毒殺說)' 과 같은 가설이 역사적 진실인 양 행세하게 되었다. 그 결과 노론(老論) 벽파(僻派)의 폭력에 의해 그에 맞선 정조의 '홍재유신(弘齋維新)' 이 실패하고 한국의 자주적 근대화가 좌절되었다는 가설이 사실처럼 유포되었으며, 급기야 어떤 소설은 박정희(朴正熙)의 '10월 유신' 이 좌절된 근대화를 완수했다고 함으로써 군사독재를 미화하는 엉뚱한 결론까지 퍼뜨리기에 이르렀다. 한편 사도세자와 정조의 비운(悲運)을 동정하는 대중적 심리에 편승하여 '시벽당쟁론(時僻黨爭論)' 을 한껏 부풀려 정조 탕평정치의 한 축(軸)이었던 '벽파' 를 보수반동세력으로 단정짓고 정조에 대한 이들의 공격을 과장하면서, 어쩔 수 없이 정조가 수원으로 서울을 옮기려 했다는 '화성천도설(華城遷都說)' 을 주장하는 경우도 있다.[2)]

이런 소설적 주장은 일제강점기 이래 광범하게 유포된 식민사관에 의해 대중에게 쉽게 받아들여졌다. 정조와 그 휘하의 '실학자(實學者)' 들에 대하여 흑백 선악의 논리에 따라 부여한 일방적 평가도 마찬가지다. 보수적인 주자학사상으로 무장한 노론 벽파에 맞서다가 사도세자가 억울한 죽음을 당했고, 정조가 진보적 사상을 가진 소수의 시파와 남인 실학자들과 함께 그에 맞서 개혁을 추진하다가 다시 의문의 죽음을 맞는다는 설정은 사도세자와 정조, 시파, 남인을 '선(善)' 으로 전제한 것이고, 특히 개혁의 화신으로서 정조의 영웅적 면모를 전제로 한다. 개혁을 성공시키기 위한 정조의 왕권강화론과 반대세력의 신권강화론을 선과 악으로 나눈 것은 신하들의 당파싸움을 중단시키기 위해 탕평책이라는 왕권강화론이 필요했다는 단순한 논리에 근거한다. 이는 '사실' 의 차원에서도 맞지 않을 뿐더러, 일방적 '왕권강화 옹호론' 은 일제의 지배 정당화를 위해 '당쟁론' 과 함께 제시된 이래 독재정권이 비판세력을 잠재우기 위해 애용했던 '정치적 안정 우선론' 의 핵심적 논리였던 것이다.

보수적 지배층으로서 실학자를 탄압하는 주자학자와 이들에 의해 탄압받는 진보적 실학자의 대비도 정조시대만이 아니라 조선후기를 보는 기본시각으로 유포되어 있다. 다산(茶山) 정약용(丁若鏞)의 전라도 강진 유배를 예로 들면서 '실학(實學)' 이 향촌으로 밀려난 '재야(在野)지식인' 에 의해 나왔으며, 이들은 보수적 집권세력인 '주자학자' 의 '공리공담(空理空談)' 에 반대하여 '반주자학(反朱子學)' 적 지향을 취했다고 설명한다. '전통주자학' 은 퇴계(退溪)와 율곡(栗谷)의 시대로부터 이미 '시대의 문제를 해결할 능력을 상실한' 보수적 사상으로 치부되었고, 보수적 주자학자가 지배했던 조선후기 사회는 300년 간 정체 일로를 걸었으며, 재야로 밀려난 '실학자' 의 진보적 사상은 정책에 반영되거나 실천될 기회를 얻지 못했다고 한다. 그러므로 조선은 망할 수밖에 없었고 외침을 자초했다는 결론을 유도하는 설명이 국정의 국사 교과서에 버젓이 실리고 모든 국민이 이런 교과서로 공부함으로써 부지불식간에 식민사학의 '당쟁론(黨爭論)', '정체성론(停滯性論)' 과 '유교망국론(儒教亡國論)' 은 상식이 되고 말았다.[3)]

이러한 역사 서술에서는 대개 정조시대의 개혁도 정조가 서거할 때까지 일시적으로 진행되다가 보수적 주자학자들에게 실학자들이 쫓겨나면서 끝나버렸다고 설명한다. 그러므로 소설이나 대중역사서들은 여기에 상상력을 발휘하여 정조를 죽인 폭력에 의해 개혁이 좌절되었다고 하고, 폭력을 행사한 것은 남인들의 반대편에 있던 노론, 그중에서도 벽파였다고 단순화한 논리를 제시한다. 이렇게 하여 조선 사회는 노론 벽파 주자학자들이 집권함으로써 세도정치와 삼정문란의 암흑시대로 접어들게 된다는 것이고, '정조의 독살' 은 이제 우리 근대사의 비극을 예고하는 역사적 대사건으로서 명백한 사실인 양 대중의 뇌리에 각인되었다.

결국 이런 류의 역사 왜곡과 사실 날조를 통해 '유교(주자학) 망국론' 은 우리 시대에 와서 오히려 더욱 공고해졌다. 자연히 불교와 함께 우리 전통문화의 핵심이라고 할 유교와 조선시대 주자학은 한국전통사회를 발전시킨 실제적 역할까지 부정당한 채 조선 사회를 잘못 이끌어 망조(亡兆)가 들게 했다는 것이고, 이로써 일제 침략에 원인을 제공한 퇴영적 사상으로 지목되기에 이르렀다.

세도정치가 노론 벽파에 의해 주도되었으며 이들에 의해 진보적 학자들, 이른바 실학자들이 모두 숙청되어 정조시대의 개혁이 좌절되고 19세기 조선 사회가 암흑시대로 접어들었다고 하는 설명도 명백한 사실 왜곡이다. 그런데도 이 역시 대중역사서와 역사소설, 사극(史劇) 등을 통해 대중에게는 이미 상식처럼 되어버렸다. 1800년 정조의 서거 이후 벽파가 5년간 정국을 주도했던 것은 사실이지만, 이후 1806년 병인년(丙寅年)에 이들을 일망타진하고(丙寅更化) 집권한 세력은 바로 정조가 키워낸 노론 소론의 시파 관료학자들이었고, 이후 고종 때 여흥민씨 세도에 이르기까지 장기간 세도정치를 이끌었던 세력은 그 후예들이었다.

순조의 장인으로 안동김씨 60년 세도를 열었던 김조순(金祖淳)과 함께 이른바 '천생오태사(天生五太史)' 라고 불리웠던 남공철(南公轍), 심상규(沈象奎), 이만수(李晩秀), 서영보(徐榮輔)는 정조가 가장 아꼈던 최측근으로서 '신학(新學)' 과 '신문(新文)' 에 기울어 정조로부터 견책을 받기도 했던 '북학' 의 선두주자들이었다. 바로 이들이 벽파를 숙청하고 세도정치의 주역으로서 정국을 이끌었던 것이 엄연한 역사적 사실이다.

그러므로 정조 사후 조선의 상황이 정조시대의 개혁과 전향적 분위기를 완전히 거슬러 보수반동의 길로 치달았다고 할 수는 없다. 정조시대에 정조의 개혁을 보좌하면서 새로운 학풍과 문풍으로 변화를 주도하였던 핵심세력 중 일부가 정조의 후광을 배경으로 1806년 이후 조선의 정치와 사회, 문화를 이끌었기 때문이다. 물론 이들이 정조의 의도와 정조시대의 지향 그대로 조선 사회를 이끌고 가지는 않았지만, 19세기 세도정치기의 역사는 정조시대와의 단절이라기보다 대체로 그 연장선상에서 전개되었다. 그러므로 정치 · 경제 · 사회 · 문화의 제 양상을 시대상의 변화 속에 파악하되, 정조시대 이래의 흐름이 어떻게 계승 발전되었으며 상황에 따라 어떻게 진전 또는 굴절되는가를 사실적으로 살펴보아야 한다.

세도정국을 이끌었던 세도가와 집권세력은 가학(家學)으로서 산림학자(山林學者)들로부터 유래한 전통주자학적 배경을 가지고 있었지만, 정조시대를 전환점으로 하여 이제는 그에서 벗어나 북학적 학풍과 문풍에 경도하였다.[4] 청조 문물을 적극 수용하여 그 유행을 선도하였던 이들의 뇌리에서 선조들의 반청적(反淸的) 북벌대의론(北伐大義論)과 조선중화의식(朝鮮中華意識), 그리고 주자주의적(朱子主義的) 의리지학풍(義理之學風)은 점차 희미해졌다. 영 · 정조시대의 사회경제적 변화에 부응하여 경화학계(京華學界) 일각에서 대두한 경제지학풍(經濟之學風)이 일부 지식인들에 의해 계승되었지만, 새로이 청으로부터 들어오는 고증학(考證學 = 名物之學)풍이 더 관심을 끌었고 서울에서는 청조 문화와 문물이 크게 유행하였다.

박지원(朴趾源) · 박제가(朴齊家) 같은 선배들에게 중화문화, 곧 선진문화는 청(오랑캐)이 중국으로부터 빼어서 가지고 있는 것이었지만, 이제 그 후배들에게는 청나라 문물이 그대로 중화문물이며 청나라는 사실상 중국이었다. 그러므로 이들은 청나라 학자들과 왕성하게 교분을 맺으며 대체로 청에 대해 우호적 태도를 취했고 대외 문제에 있어서도 기본적으로 개방적 입장을 견지했다.

그러므로 보수적 주자학자가 집권하여 세도(勢道)정치를 했고 이들은 우물 안 개구리처럼 '쇄국(鎖國)' 으로 일관함으로써 조선은 암흑시대를 지내다가 망할 수밖에 없었다는 식으로 널리 알려진 '쇄국주의' 는 역사적 사실이 아니다. 오히려 이는 역사 사실을 악의적으로 왜곡한 채 식민사관의 '일제(日帝) 강점(强占) 불가피론' 을 정당화하는 논리였다고 할 것이다. '당파싸움론(黨爭論)' 의 연장선상에서 제기된 '왕권강화 옹호론' 과 '노론 벽파 세도정치론' , 그리고 '쇄국주의론' 과 '19세기 암흑시대론' 은 '유교망국론' 및 '일제강점 불가피론' 과 함께 결국은 오늘날 학계 일각에서 주장하는 '식민지근대화론' 과 '개발독재 불가피론' 으로 귀결되어 우리의 현실 파악과 미래 설계에까지 막강한 영향력을 행사하고 있다.

이 모든 잘못된 가정과 역사 왜곡을 객관적 사실에 기초하여 바로잡는 일은 그 연륜이 오랜 만큼 결코 간단한 일이 아니다. 정조시대 이래 19세기까지의 역사적 실상을 보여주는 방대한 사료에 입각하여 볼 때, 오늘날 '선진화' , '세계화' 등으로 요약되는 우리 시대의 지향성은 일제강점기를 넘어 정조시대 이래의 전향적이며 개방적인 지향과 맞닿아 있음을 확인할 수 있다. 그렇다면 잘못의 시정은 정조시대와 그 이후의 역사적 진실을 밝히는 것에서부터 출발해야 할 것이다.

정조시대 개혁의 지향성과 한계

근래의 연구에 의하면, 정조시대의 개혁은 정치 · 경제 · 사회 · 문화 전부면에 걸친 것이었으며, 이는 정조라는 최고지도자와 그 휘하 다양한 지식인 집단의 꿈과 의지가 결합되어 실천된 것이었다. 정치사에서 볼 때 정조시대 개혁정치는 정조가 청론사류(淸論士類) 지식인들을 지지 기반으로 하면서 그들의 우현좌척론(右賢左戚論)과 학문정치론(學問政治論)을 받아들이고 여기에 상이한 정파의 공존을 위한 의리탕평론(義理蕩平論)을 접목시킨 데서 가능했다. 이 양자의 조화 위에 정조시대의 개혁적 정책들이 훌륭한 결실을 맺을 수 있었다.[5)]

정조시대 개혁정치가 빚어낸 최대의 문화적 성과물은 역시 1794년부터 1796년까지 국력을 기울여 완성한 화성(華城)신도시다. 화성의 본모

습이 단순한 '성곽' 이 아니라 자족적 '신도시' 였으며, 이 신도시가 1804년 갑자년을 겨냥한 이른바 '갑자년구상(甲子年構想)' 에 따라 정조의 왕위 전위(傳位)와 화성으로의 낙향을 전제로 건설되었음을 확인한 것은 근래의 일이다. 화성을 정조시대 '개혁의 시범도시' 이자 '실학의 도시' 라고 성격 규정하게 된 것도 그리 오래지 않다. 이곳에서 실학자들이 제안한 '농업진흥책' 및 '상공업진흥책' 과 '양반상인론' , '유민(流民)의 임금노동자화' 등이 정책으로 채택되어 실천되었던 점도 새로이 밝혀졌다. '유산(有産)계층과의 연대' 나 '국제무역 진흥' , 또는 지배층과 피지배층의 '상하동락(上下同樂)' 을 위해 구체적 시책을 실천하였던 사실에서 정조시대 개혁의 지향성과 전향적 면모도 확인되었다.[6)]

화성신도시의 건설은 '경(京) · 향(鄕)의 분기(分岐) 현상' 에 따라 18세기 조선 사회가 맞이한 변화에 능동적으로 대응한 결과이기도 했다. 사회 주도계층으로 새롭게 대두한 경화사족(京華士族) 출신의 지식인들은 서울지역의 발달과 서울 생활권이 확대되는 추세를 직시하여 서울 남쪽 삼남(三南)지방으로 연결되는 교통의 요지에 신도시를 건설함으로써 서울을 둘러싼 동서남북의 4유수부(留守府; 개성, 강화, 광주, 화성) 체제를 완성하였다. 이로써 서울 중심 1일 생활권으로서 수도권의 범위를 확정짓고, 이곳에서 시행된 개혁의 성과를 전국으로 확산시키려 했던 것이다.

이 시기에는 조선의 지도이념인 '전통주자학' 도 경 · 향으로의 분기 현상을 드러내어, 노론학계에서는 '호락(湖洛)논쟁' 이 벌어져 낙론(洛論)을 중심으로 한 경학(京學)과 호론(湖論)의 호학(湖學)이 분기하고 남인도 경남(京南, 서울지역 남인)과 영남(嶺南, 영남지역 남인)으로 갈라졌다.

큰 변화에 직면하였던 서울 경화사족 학자들은 전통적 질서가 동요하는 시대 변화에 부응하여 새로운 학풍을 추구하였다. 경남의 학통을 계승한 이익(李瀷)과 이가환(李家煥), 정약용 등은 서학(西學)을 수용하는 사상적 전환을 이루었고, 노론 낙론(洛論)의 주자학을 계승한 박지원(朴趾源), 홍대용(洪大容) 등은 '조선 전통주자학의 발전적 자기극복과정'을 통해 북학(北學)사상을 제기하기에 이른다.[7] 대도시로 발전하던 서울과 경기지역의 변화를 호흡하면서 18세기 경화사족 지식인들이 현실적 문제를 해결하고자 제시한 이 새로운 학문을 '실학(實學)' 이라 한다.[8] 그러므로 화성신도시는 바로 이들 '경화사족' 출신 '실학자' 들이 정조를 도와 새로운 학문과 사상을 적용하여 건설한 '실학의 도시' 였다.

이들 '실학자' 들은 정조의 후원 아래 정계진출을 확대하고 그들 연구의 결과를 정책에 반영하여 실천하는 기회를 갖게 되었다. 북학과 서학의 연구 성과를 화성에서의 개혁 시책에 적용하였으며, 사회적 문제에 대한 포괄적 대응책과 농업과 상공업 진흥을 통한 생산력 증대의 방안을 실험하였다. 그리고 실험의 성과를 장차 전국으로 확산함으로써 경·향으로의 사회적 분기 현상과 사회적 동요 등 당면한 사회적 문제를 해결하고자 했던 것이다. 이 점에서 화성은 '개혁의 시범도시' 로서 정조시대 개혁의 핵심적 무대였으며, 여기에 정조시대 개혁의 지향성은 물론 성과와 한계까지도 여실히 드러나고 있다.

한편, 정조시대 개혁은 그 추진과정에서 갈등이 야기되고 여러 문제점이 드러나기도 했다. 개혁을 주도한 군주와 신료들의 협력이 순탄하기만 한 것은 아니었으며 그 사상적 공감대만큼이나 이념적 간격도 컸기 때문이다. 신료들 간의 대립과 갈등도 있었지만, 군주까지도 '사(士)' 의 일원으로 보는 신료들의 사림정치론과 '만천명월주인론(萬川明月主人論)' 을 내세우기에 이른 정조의 왕권강화론 사이의 갈등도 여러 문제를 일으켰다. 정조의 개인적 꿈과 정책 방향에 대하여 신료들의 입장이 제각기 달랐을 뿐더러 정치적 상황의 변화에 따라 평가와 대처 방식도 바뀌곤 했

〈남인 학자의 학통 계승〉

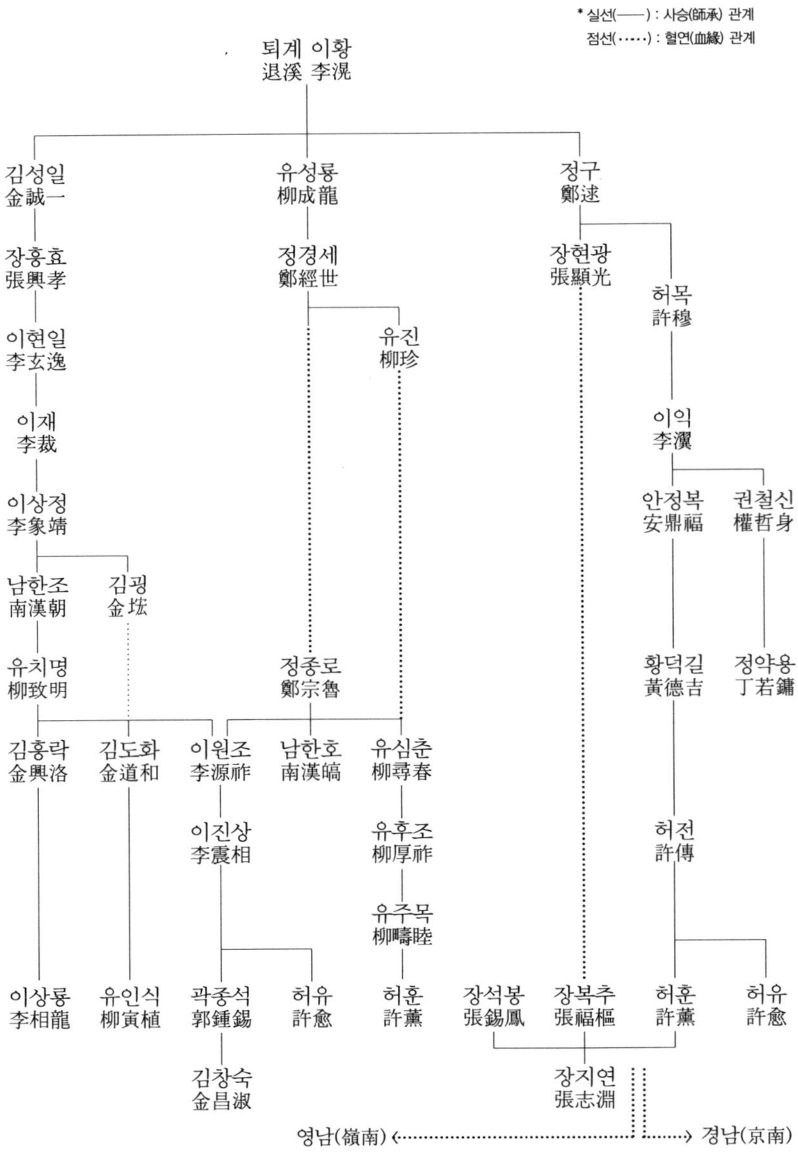
* 실선(——) : 사승(師承) 관계
점선(·····) : 혈연(血緣) 관계
퇴계 이황 退溪 李滉
김성일 金誠一
유성룡 柳成龍
정구 鄭逑
장흥효 張興孝
정경세 鄭經世
장현광 張顯光
허목 許穆
이현일 李玄逸
유진 柳珍
이재 李栽
이익 李瀷
이상정 李象靖
안정복 安鼎福
권철신 權哲身
남한조 南漢朝
김굉 金㙆
유치명 柳致明
정종로 鄭宗魯
황덕길 黃德吉
정약용 丁若鏞
김흥락 金興洛
김도화 金道和
이원조 李源祚
남한호 南漢皓
유심춘 柳尋春
이진상 李震相
유후조 柳厚祚
허전 許傳
유주목 柳疇睦
이상룡 李相龍
유인식 柳寅植
곽종석 郭鍾錫
허유 許愈
허훈 許薰
장석봉 張錫鳳
장복추 張福樞
허훈 許薰
허유 許愈
김창숙 金昌淑
장지연 張志淵
영남(嶺南)
경남(京南)

〈노론 학자의 학통 계승〉

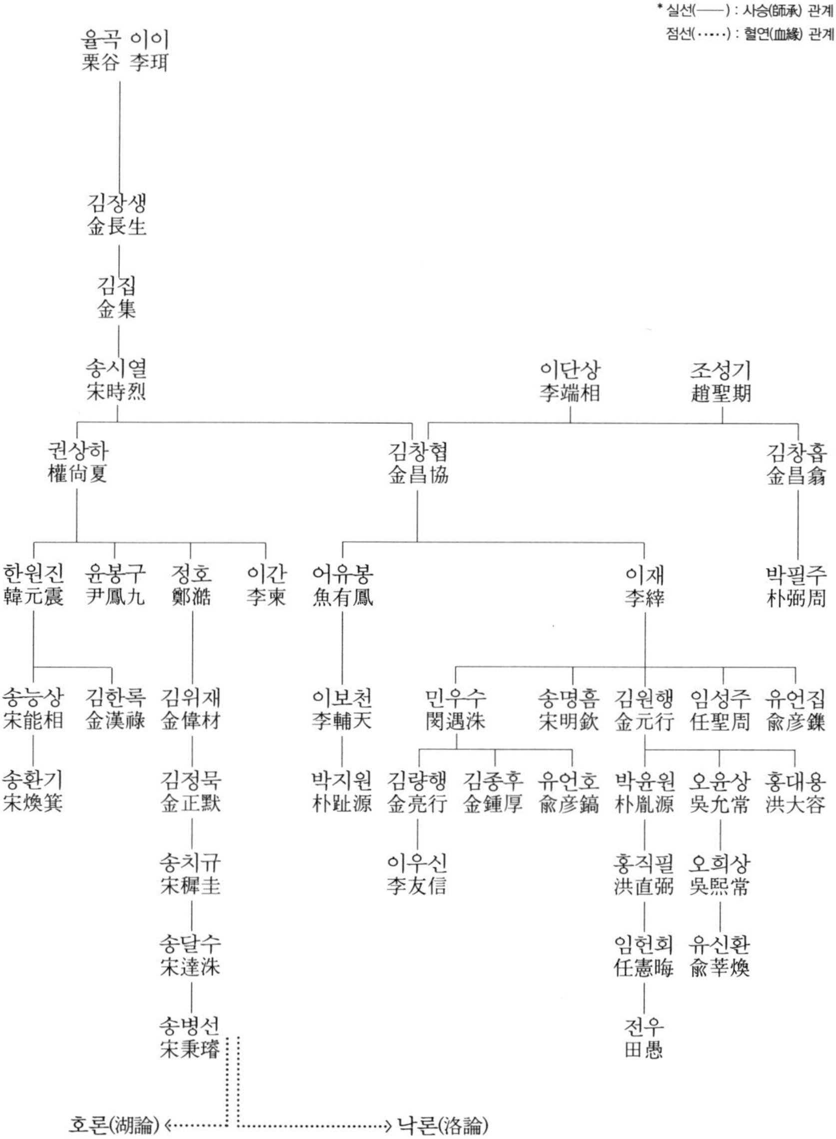
* 실선(——) : 사승(師承) 관계
점선(·····) : 혈연(血緣) 관계
율곡 이이
栗谷 李珥
김장생
金長生
김집
金集
송시열
宋時烈
이단상
李端相
조성기
趙聖期
권상하
權尙夏
김창협
金昌協
김창흡
金昌翕
한원진
韓元震
윤봉구
尹鳳九
정호
鄭澔
이간
李柬
어유봉
魚有鳳
이재
李縡
박필주
朴弼周
송능상
宋能相
김한록
金漢祿
김위재
金偉材
이보천
李輔天
민우수
閔遇洙
송명흠
宋明欽
김원행
金元行
임성주
任聖周
유언집
兪彦鏶
송환기
宋煥箕
김정묵
金正默
박지원
朴趾源
김량행
金亮行
김종후
金鍾厚
유언호
兪彦鎬
박윤원
朴胤源
오윤상
吳允常
홍대용
洪大容
송치규
宋穉圭
이우신
李友信
홍직필
洪直弼
오희상
吳熙常
송달수
宋達洙
임헌회
任憲晦
유신환
兪莘煥
송병선
宋秉璿
전우
田愚
호론(湖論)
낙론(洛論)

다. 화성신도시 건설과정에서의 논란과 정조 사후 화성신도시의 운명이 이런 양상을 보여준다.

1800년 정조의 서거 이후 정국의 변화와 함께 정조시대의 여러 개혁 시책에는 수정이 가해졌다. 박지원의 제자 이서구(李書九)가 1801년 호조판서로서 실무를 맡아 공노비(公奴婢) 혁파를 단행한 것은 정조가 화성에 비축했던 재원을 전용하여 정조시대 이래의 숙원 사업을 완수한 것이다. 정조가 설치했던 장용영(壯勇營)이 정조시대 이래의 또다른 개혁 과제를 위해 정조 사후 바로 혁파된 것은 정조시대 개혁의 문제점을 시사한다. 이는 정조 개인의 비원(悲願)과 화성에 실었던 꿈이 정조 사후 정조의 측근신료들에 의해 무산되고 정조가 주도했던 개혁이 굴절되기 시작하는 신호탄이었다.

정조 사후 개혁의 추이와 갈등

정조 사후 조선의 정국은 기본적으로 정조시대의 연장이면서 일면적으로는 단절의 성격도 갖는다. 정조 사후의 파란을 거쳐 1806년 이후 정계를 주도한 정치세력이 정조의 측근 시파 관료들이었다는 점에서 세도정치는 정조대 정치의 연장선상에 있었다. 정조의 왕권강화론에 맞서 청론(淸論)사류가 견지했던 신권(臣權) 주도 정치론의 연장선상에 외척 세도정치가 위치하는 것도 그러하다. 그러나 세도정권의 성립과 함께 정치권의 재편이 이루어지면서 정조의 정치를 뒷받침했던 사림청론(士林淸論) 세력이 더욱 심각한 분열을 보였으며, 외척 세도가에 의해 '만천명월주인론' 류의 왕권강화론은 물론 청론의 '우현좌척(右賢左戚)론' 이 모두 부정되고 만다. 이로써 영 · 정조시대의 탕평정치는 물론 사림정치의 오랜 전통이 종말을 고하게 된 것은 정조대 정치와의 단절적 측면이었다.

그러나 이런 상황에서도 정조시대의 우현좌척론은 외척세도에 반대하는 세력의 명분론으로서 사림청론의 입장을 견지했던 일각의 지식인들에 의해 계승되었다. 일찍이 국왕까지도 '사(士)'의 일원이라 하였던 박지원의 제자 이서구(李書九)는 특권세력의 배제를 주장하는 사림청론의 정치론을 고수하여 외척 등 세도가에 맞섰다. 세도정권 내에서도 추사(秋史) 김정희(金正喜)와 그 일문은 사림정치의 우현좌척론을 내세워 안동김씨 세도정권을 비판하였다. 척족 세도정권에 의해 사림정치의 전통이 무너지는 가운데 정치적 쇄신을 요구하는 세력은 통상 정조시대 정치를 모범으로 하면서 우현좌척론을 명분으로 외척의 퇴진을 주장했다.

그런가 하면, 외척세도에 맞섰던 세력 가운데 국왕의 지도력 회복을 요구했던 세력은 또다른 입장에서 정조시대를 모델로 개혁을 추진하였다. 이들은 정조가 규장각(奎章閣)과 장용영(壯勇營)을 기반으로 강력한 지도력을 행사했던 점에 주목했다. 그러므로 헌종(憲宗)과 고종(高宗)은 규장각 기능을 강화하고 각기 총위영(摠衛營)과 무위영(武衛營)을 설치하여 정조의 계승과 정조시대 정치의 회복을 표방하면서 왕권을 강화하려 했다. 하지만 이는 청론사류를 지지기반으로 했던 정조시대 개혁의 본질을 파악하지 못한 채 나온 시도였다. 또다른 외척을 동원하여 그들에 의지한 채 왕권을 강화하려 한 점에서 이 시도는 결정적 한계를 드러냈다.

한편, 세도정치 체제는 중심 척족의 몇 차례 교체는 있었지만, 몇몇 경화거족이 연대하여 정권을 장악하고 휘하의 겸인(傔人)을 활용하여 사적인 경로로 권력을 행사하는 방식으로 고종대에 이르기까지 오랜 기간 지속되었다. 세도정치는 기본적으로 탕평정치의 한계가 구조화한 것이었다. 탕평정치를 움직여 간 경화거족(京華巨族)들의 수평적 연대와, 그들 문벌 내부의 주공(主公)-겸인(傔人) 간 수직적 관계가 고착된 형태라고 할 수 있다. 영조와 정조는 탕평정치 운영상 각 붕당의 조제보합을 위해 경화사족 가운데서도 명문벌족인 경화거족을 중용하였고, 때로는 왕권 강화를 위해 외척을 끌어들이고자 했다. 영조 말년 풍산홍씨와 경주김씨 외척의 발호가 그러했고, 정조가 서거 직전 마지막으로 신임을 부여한 김조순(金祖淳)도 외척이었다. 김조순은 이같은 정조의 후광을 내세워 몇몇 경화거족과 연대하여 권력을 독점하는 세도정치 체제를 확립한 것이다.

이와 함께 경화거족의 오랜 생활방식이었던 주공-겸인의 주겸(主傔)관계가 세도가의 권력 행사에 대거 활용되면서 세도정치의 하부구조로 자리잡게 된다. 경화거족들은 휘하의 겸인(傔人)을 중앙 관청의 서리(胥吏)로 나아가게 하고, 지방관으로 나갈 때는 책방(冊房), 중방(中房) 등의 명목으로 수행하도록 했다. 이들을 통해 자신과 문중 대소사는 물론 공무의 수행과 권력의 행사, 심지어 사적인 이권 개입에 이르기까지 제반 업무를 처리한 것이다.[9)]

이러한 척족 세도정치는 '신학(新學)'과 '신문(新文)'을 추구했던 정조 측근의 일부 경화거족이 연대하여 장기간 정권을 유지함으로써 19세기 조선학계와 문화계에 미친 영향도 컸다. 정조대에 대두한 북학의 흐름은 더욱 확산되어 서울에서부터 조선의 문화예술계를 변화시켰다. 외척 세도가와 그를 중심으로 결집한 경화거족 세력은 연행(燕行) 등 청나라와의 접촉 기회를 통하여 청나라의 문물을 적극 수용하고 청조 고증학에 경도하였으며 북학풍의 유행을 선도하였다. 이들에게 정조가 강조한 정학(正學), 곧 의리지학(義理之學) 위주의 정통주자학과 선배들 북학의 본령이었던 경제지학(經濟之學)은 점차 관심범위 밖으로 밀려났다. 안동김씨를 위시한 세도가들은 이제 최고 집권층으로서의 특권에 안주하는 가운데 일반 백성들과 유리되었고 현실 상황에 대한 사실적 인식이 약화되었다. 그에 따라 그들의 학풍과 문풍은 관념적이거나 보수적 향락적인

쪽으로 흘러가기도 했다.[10)]

반면에 정조시대 이래의 개혁적 지향은 경제지학(經濟之學)을 학문의 본령으로 했던 일군의 지식인들에 의해 19세기 이후로도 계승 발전되었다. 북학을 선도하였던 연암일파 지식인들 가운데 선배들의 경제지학을 충실히 계승하였던 이서구(李書九)는 뛰어난 실무 행정능력으로 숙원 사업들을 해결하여 후대까지 수많은 백성들의 추앙을 받았던 정치가였다. 하지만, 사림청론(士林淸論)의 상징적 인물이라는 이유로 세도정권으로부터 숙청당했고, 사후에는 벽파의 누명을 쓴 채 세도정권에 의해 철저히 매장당하기에 이른다.[11)] 역시 오랜 기간 세도정권으로부터 소외되었던 서유구(徐有榘, 1764~1845)는 관료학자로서 전통적 지식과 외래의 북학적 신지식을 집대성하여 『임원경제지(林園經濟志)』라는 방대한 저술로서 시대의 요구에 부응하였다.[12)] 정약용(丁若鏞, 1762~1836)도 이들과 사상적 공감대를 같이하면서 경전 연구를 토대로 방대한 경제지학 체계를 제출하여 후대에까지 큰 영향을 미치게 된다.

또한 이들 다음 세대였던 추사(秋史) 김정희(金正喜, 1786~1856)는 선배들의 북학을 계승하되 한 걸음 더 나아가 청조(淸朝) 고증학풍(考證學風)의 전면적 수용을 감행하였다. 그는 학문 연구를 통해 개방적 태도로 시대의 문제에 대처하고 문화예술의 지나친 통속성을 경계하면서 국제적 세련을 추구하였다. 사림정치론을 계승하였던 그는 정조시대 이래의 우현좌척론을 내세워 정치 풍토를 쇄신하고자 노력하였고, 순조대 후반과 헌종 연간에는 안동김씨 중심의 세도권력에 맞서 변화의 바람을 일으키기도 하였다. 비록 정치적 쇄신의 노력은 실패하였지만 유배지에서 더욱 심화된 그의 학문과 예술은 서울 경화학계(京華學界)와 문단, 예단에 새 바람을 일으키면서 큰 영향을 주었다.

추사는 뜻을 이루지 못하였지만, 추사 사후 19세기 후반에 가면 그의 문인들은 일시적으로 권력을 장악하기도 한다.[13] 흥선대원군(興宣大院君)과 그를 밀어내고 권력을 장악한 여흥민씨(驪興閔氏) 세도가는 실상 추사의 문인들이었다. 이들을 중심으로 모인 추사 문인들은 고종대 이후 정계와 문화예술계에서 큰 활약을 보이게 된다.

일찍이 안동김씨 세도에 맞서 익종(효명세자)을 중심으로 결집하였다가 그의 죽음으로 실의에 빠졌던 세력들도 익종의 후사(後嗣) 자격으로 고종(高宗)이 즉위하자 다시 힘을 모으게 된다. 효명세자의 신임을 받았던 박규수(朴珪壽, 1807～1876)와 김세균(金世均, 1812～1879) 등이 저들과 연대하여 정치적으로 큰 역할을 하였다. 특히 박지원, 홍대용 이래 이서구, 서유구 등 연암일파의 학맥과 경제지학풍을 계승한 박규수는 실무관료이자 정치가로서 큰 족적을 남겼을 뿐 아니라, 문하에서 진보적 성향의 많은 후학을 길러냄으로써 뒷시기까지 지식인 사회는 물론 조선 사회 전반에 큰 영향을 미치게 된다.[14]

새로운 시대를 지향하며 시작된 정조시대의 노력은 한 세기의 시간을 관통하여 이들에까지 그 빛을 드리우고 있었다. 정조시대 위로부터의 개혁을 뒷받침하였던 북학과 서학의 흐름은 아래로부터 성장해 나온 서울 위항의 지식인들이 그에 경도함으로써 크게 확산되었다. 변화된 사회상 속에 경화사족을 자처하였던 이들은 정조시대 이래 북학과 서학의 새로운 지식으로 무장하고 급기야 그들의 요구를 담은 새로운 주장을 제출하기에 이른다.

인삼 수출의 급증으로 19세기 대청 국제무역이 팽창하고 문물 교류가 확대되면서 북학과 서학 관련 서적과 물품이 서울 경기지역에 범람하였다. 이런 가운데, 혜강(惠岡) 최한기(崔漢綺, 1803～1877)는 인삼의 고장 개성(開城) 출신으로서 서울에 진출하여 부유한 생활을 하였고, 고산자(古山子) 김정호(金正浩)와 같은 겸인(傔人) 출신의 지식인과도 교류하면서 '기학(氣學)' 이라는 새로운 학풍을 선도하였다. 대외무역로를 통해 세계와 활발히 소통하던 서울의 유산계층으로서 그는 시대의 변화에 부응하여 '존천리 거인욕(存天理 去人慾)' 이나 '안빈낙도(安貧樂道)' 와 같은 전통적 태도를 고루한 것이라 반성하고, 대신 욕망의 추구와 부(富)의 축적을 정당화하는 새로운 철학을 제시했다. 정조시대 북학과 서학의 경제지학적 흐름을 계승하였던 그는 '인구도신론(因舊導新論)' 을 펴면서 유산계층의 정치 참여 기회의 확대 등 개혁의 시행과 외부세계와의 교류 확대를 촉구하였다.[15)]

정조대에 정부의 주도로 양반층이 상업에 종사할 수 있도록 하는 조치가 취해졌으며 부유한 상인, 지주 등 유산(有産)계층과 연대하여 그들의 자본을 활용하고 관직을 수여함으로써 농업과 상공업 개혁은 물론 정치적 · 사회적 변화를 도모하려던 시도가 있었다. 외척 세도가 박종경(朴宗慶, 순조의 외숙)과 결탁했던 당대 최고의 무역상인 임상옥(林尙沃, 1779~1855)은 순조연간에 구성부사(龜城府使)의 지위를 차지했으며, 뒷시기로 가면 유산계층의 관직진출이 더욱 용이해졌다. 또한, 전주(全州) 상인의 자제인 간재(艮齋) 전우(田愚)가 산림학자의 지위를 계승할 정도로 상인과 유산계층의 진출은 정계는 물론 학계에까지 모든 분야로 확대되었다. 심대윤(沈大允, 1806~1872)에게서 보이듯이 사족(士族)이라 하더라도 스스로 상업을 생업으로 선택하고 때로는 그들의 학문을 통하여 영리행위를 정당화하는 양상도 나타났다.[16)]

한편, 정조시대에 정약용 · 이가환 등 일부 지식계층이 주도하였던 서학(天主敎) 신앙은 정조 사후 탄압을 받아 지하로 잠복하였다가 다시 일어나 기층 민중 속으로 확산되었다. 19세기 중반 천주교는 전국적으로 신자가 수만 명에 달하는 대중적 종교로 발전하여 동학(東學)과 함께 조선 전통사회를 아래에서부터 변화시켜 나가는데 큰 역할을 했다.

그런가 하면, 정조에 의해 강조되었던 정통주자학, 곧 정학(正學)은 산림(山林)학자의 쇠퇴와 함께 그 사회적 위세가 추락하고, 학맥과 학풍도 이제는 재야의 향유(鄕儒)들에 의해 계승되는 형편이었다. 이제 산림학자(山林學者)의 지위조차도 서얼(庶孼)이나 상인 집안 출신의 학자가 차지하고 서얼이나 겸인 출신이 대신(大臣)의 지위에 이를 정도로 사회적 변화가 격심한 위에, 서세동점의 물결이 밀어닥치고 서교(천주교)가 범람하자 학계 일각에서 그에 대항하는 움직임이 나타났다. 정학(正學)을 고수했던 주자학자들은 위정척사론(衛正斥邪論)으로 서학과 서교(西敎), 그리고 배후의 서양을 비판하였고, 재야의 지식인 사이에서는 최제우(崔濟愚)의 동학(東學)처럼 정학의 윤리와 전통적 세계관을 종교의 형식으로 체계화하여 서교에 맞서고 아래로부터 민(民)의 호응을 이끌기도 했다.

19세기 이후 조선의 전통적 지배체제와 질서가 모든 부면에서 동요하고 혹 와해되기에 이르렀으며 서울의 위항인과 향촌사회의 민이 크게 대두하였던 양상과 추세야말로 우리 전통사회 발전의 결과였다고 할 수 있다. 정조시대 이래 여러 지식인들은 전통질서의 전면적 변화와 서세동점, 그리고 외세의 침략이라는 엄중한 현실 앞에 갈등을 느끼면서 각기 그 나름의 대응책을 강구하고 대처해 나갔다. 그러나 식민사관이 부풀린 '19세기 암흑시대론' 에 짓눌려 그간 우리는 이 시대 변화와 발전의 기본적 사실에 대한 연구조차 도외시하거나 아예 연구를 포기했던 감이 있다. 그러므로 정조시대 이래 사회적 변화에 부응하여 여러 계층의 지식인들이 기울인 다양한 개혁의 노력과 그 위에서 진행되었던 사상과 문화의 발전 과정을 기존의 선입관에 따라 과소평가하거나 무시해서는 안된다. 더구나 여기에 식민사관에서처럼 국망(國亡)의 책임을 전가할 수는 없다.

정조시대는 앞시대로부터의 변화와 발전의 추세를 직시하면서 그를 더욱 가속화하기 위해 지도자와 지식인들이 주도하여 위로부터 개혁을 시도했던 시기였다. 19세기는 그 연장선상에서 사회 전체로 변화가 확산되고 전통적 질서가 무너졌으며 특히 아래로부터 지식인과 민의 개혁 요구가 분출하면서 사회와 문화가 역동적으로 대전환을 이루는 시기였다. 정조시대 이후 지식인들의 개혁론과 함께 나타난 조선 사회와 문화의 다양한 변화와 지향성은 일제 강점기를 거쳐 오늘에까지 깊은 영향을 미치고 있다. 그러기에 우리는 현실을 올바로 설명하고 미래를 제대로 전망하기 위하여 이 시기의 역사에 주목하게 된다. 이제는 그간의 선입관과 편견에서 벗어나 주체적이며 객관적으로 이 시대의 역사 연구를 진지하게 수행해야 할 시점에 와 있다.

제1부

지도자와 지식인

제1장 | 탕평군주 정조, 그의 꿈과 현실

제2장 | 청론의 재상 유언호, 파란의 정치 행로

제3장 | 관료학자 이서구, 청론사류의 분열과 좌절

제1장

탕평군주 정조, 그의 꿈과 현실

1. 고독했던 최후, 꿈의 좌절
2. 전환기의 군주상

현륭원 문인석

1. 고독했던 최후, 꿈의 좌절

1800년(정조 24) 6월 28일(음력) 초저녁 무렵, 정조는 거의 한 달 간을 투병하다가 심신의 고통 속에 한스러운 죽음을 맞이하였다. 1804년 갑자년(甲子年)이 되면 왕세자에게 왕위를 물려주고 상왕(上王)이 되어 어머님 혜경궁을 모시고 사도세자가 잠들어 있는 화성(華城)으로 내려가 살리라던 '갑자년구상'도 이루지 못한 채 그는 숨을 거둔 것이다.[1] 신료들과 만백성의 애도 속에 정조는 장차 노후를 보내려 건설했던 화성신도시 남쪽, 그가 원했던 사도세자 묘소(顯隆園) 아래 나즈막한 언덕에 몸을 눕히게 된다.

원대한 정국구상 실행의 서막에서 정조(正祖, 1752~1800)가 숨을 거둔 1800년은 지난 한 시대의 종언이자 새로운 시대의 시작을 알리는 역사적 계기였다. 정조의 서거 이후 외척 세도정치(勢道政治)의 전개는 영·정조대 탕평정치(蕩平政治)를 마감했을 뿐 아니라 청론(淸論)사림을 분열시킴으로써 조선후기를 이끌어 온 사림정치(士林政治)의 종말을 초래하였다. 거대한 사림세력에 둘러싸여 고단한 위치에 있었던 국왕은 왕권강화를 위해 탕평을 추진하면서 때때로 측근에 '귀근(貴近)' 세력을 키우고자 하였다. 그러나 측근 신료에게 실망하게 되면서 정조의 탕평정치도 영조대 탕평정치의 귀결이 그러하였듯이 결국은 외척(外戚)의 중용이라는 수순을 밟았다. 외척세도정치는 왕권강화를 지향하였던 영 · 정조대 탕평정치의 한계가 노출된 결과이자 귀결이었다.

한편 1800년은 그가 그토록 존경했던 주자(朱子, 1130~1200)가 서거한 지 600주년이 되는 해였다. 그는 주자학을 정통으로 계승한 유교국가의 군주로서 휘하의 신료들과 함께 주자의 업적을 총망라한 주자전서(朱子全書)를 편찬하고자 하였으나 뜻을 이루지 못하였다. 국가적 차원에서의 주자학 정리는 그의 서거와 함께 미완인 채 끝이 났으며, 곧이어 북학과 서학 등 외래의 학문과 문화예술이 풍미하는 가운데 주자학적 사회 질서와 주자에 대한 추숭도 쇠퇴의 길을 걷게 된다.

그런가 하면, 1800년은 원래 10년 계획의 화성신도시 건설(1794년 1월~1796년 10월)을 불과 34개월 만에 조기 완수한 정조가 왕위를 물려준 채 화성으로 은퇴하고자 그토록 고대하던 갑자년(1804)을 불과 4년 앞둔 시점이었다. 더욱이 5월 그믐날(晦日) 회심의 정국구상을 경연(經筵)에서 천명한 '오회연교(五晦筵教)'를 내린 지 불과 한 달이 지난 시점이었다.

화성건설이 완료된 후 만천명월주인(萬川明月主人; 만 갈래 하천을 비추는 밝은 달과 같은 초월적 지도자)을 자처하며 갑자년을 겨냥하여 왕권을 강화하려던 정조의 기도는 측근 신료들에게서부터 제동이 걸리기 시작했다. 갑자년 이후를 지나치게 의식하며 화성신도시에 관심을 기울이고, 여기에 장용영(壯勇營) 군사력을 주둔시켜 매년 돈 3만 량과 미곡 1만 석씩을 비축함으로써 장차 30만 량과 10만 석을 비축하려던 정조의 계획은 측근 신료들로부터 지지받지 못하였고 신하들의 의구심마저 불러 일으켰다.

그러나 원래 화성신도시 건설이 정조의 개인적 비원(悲願)을 이루는 방식으로 진행된 것은 아니었다. 정조는 개인적 비원을 뛰어넘어 시대적 요구에 부응하는 한 차원 높은 단계의 개혁 이념을 내세웠고 이를 통해 신민들의 지지를 얻어내고자 하였다. 그것은 중흥의 극점에 이르렀던 조선사회가 한 단계 더 발전하기 위해 요구되었던 개혁의 추진, 그를 위한 시범도시의 건설이라는 명분의 표방이었다. 개인적인 차원이 아니라 공적 차원에서 개혁의 명분이 제시되었기에 정조는 많은 신료와 지식인들의 협력을 이끌어낼 수 있었고 여기에 힘입어 화성신도시 건설은 애초의 10년 계획을 34개월로 단축하여 완수할 수 있었다.

그는 '개혁의 시범도시' 인 화성에서 진보적 지식인들의 새로운 사상이 실현될 수 있도록 지원하였다. 화성건설 과정에서는 물론이고 1804년 상왕(上王)으로 물러난 이후에도 배후에서 개혁의 구심점으로서 정치적 영향력을 행사하고자 하였고 이를 통해 자신의 개인적 비원도 달성하고자 했다. 할아버지 영조의 간곡한 당부 때문에 자신이 이룰 수 없었던 사도세자의 추숭(追崇)을 그의 음덕으로 태어난 신왕(新王)으로 하여금 이루어 내도록 하는 등 숙원(宿願)을 실현하고자 의도하였던 것이다. 그러나 갑자년이 다가오면 올수록 그 준비에 마음이 조급했던 정조는 신료와 지식인들의 협력을 이끌어냈던 개혁의 공적(公的) 명분을 뒤로 한 채 일방적 왕권 강화라는 무리수를 둠으로써 신료들의 신뢰를 잃고 있었다.

정조 치세 말년, 정조의 지나친 왕권 강화 기도와 무리한 재정 비축 시도 때문에 화성 건설의 의도는 정조 개인의 사적(私的)인 비원을 위한 것으로 의심받게 되었으며 화성 건설의 공적(公的) 명분도 손상을 입고 있었다. 화성유수 서유린(徐有隣)에게 내린 정조의 마지막 유시가 새로이 대두하던 유산계층의 자본을 끌어들여 농업 개혁을 추진하며 그들에게 벼슬을 주어 지배층의 일원으로 받아들인다는 획기적인 제안이었음에도 이러한 개혁의 노력은 신료들의 일방적 추종을 요구한 오회연교의 그늘에 가리워졌고 곧이은 그의 서거로 더 이상의 진전을 보지 못하였다.

한편, 고심의 발로였던 오회연교에 대해 신료들이 냉담한 반응을 보이자 정조는 크게 실망하였다. 정조는 그간의 정국 운영 방식을 회의하고 심지어는 집권 이래 견지해 온 우현좌척(右賢左戚)의 정치 원칙까지도 부인하기에 이른다. 오회연교를 통해 정국 주도 의지를 재차 선포한 그는 비밀리에 자신이 외척으로 선택한 최측근의 김조순(金祖淳)을 불러들여 갑자년 이후 신왕의 보좌와 정국 주도를 당부함으로써 외척세도의 단서를 열고 갑자년 이후를 대비한 정치적 포석을 해 나갔다.

그러나 오회연교를 내린 며칠 후, 6월 초부터 정조는 불의의 병마와 맞닥뜨리게 된다. 정치적 결단에 따른 정신적 부담감이 극심하였던 데다가 신료들의 냉담한 반응에 충격을 받았던 탓일까 병세는 급속히 악화되었다. 음력 6월의 무더위에 지쳐 백방(百方)이 무효가 되면서, 급기야 6월 28일 오후 해질 무렵, 정조는 만조백관과 백성들의 애도 속에 다시는 돌아오지 못할 길로 떠나고 말았다.

정조가 노후를 보내려던 화성 남쪽에는 정조의 능침이 자리잡고, 어진(御眞)을 모신 사당 화녕전(華寧殿)이 화성행궁 뒤편에 건립되어서 화성은 정조를 추모하는 장소로 다시 태어났다. 아버지가 계신 곳을 떠나기 아쉬워 정조가 행차를 더디게 하였다는 고사를 담아 지지대고개 마루턱에 세운 지지대비(遲遲臺碑)는 정조의 유신들이 정조의 효심에 표하였던 경의와 정조에게 지녔던 애틋한 감정을 잘 표현하고 있다.

그러나 정조가 돌아가 살려던 마음 속의 고향, 화성신도시가 정조유신들에게도 고향이 될 수는 없었다. 정조의 서거와 함께 갑자년구상에 담긴 개인적 꿈이 수포로 돌아가면서 개혁의 시범도시로 건설된 화성신도시의 운명도 뒤바뀌게 된다. 정조대 말년 이후 갑자년구상은 정조 개인의 효심과 개인적 욕망을 위한 것으로 간주되게 되었으며, 화성신도시 역시 그를 실현하기 위한 정조 개인의 삶의 터전으로 여겨졌다. 그 주인공이 사라진 이제 정조에게 지닌 경의와 동정, 애틋한 감정에도 불구하고 묵시적으로 맺었던 갑자년 약속의 부담감에서 벗어난 신료들은 굳이 화성신도시로 내려가야 할 이유를 찾지 못하였다.

정조대 말년 갑자년구상에 대한 정조의 지나친 집착은 신료들에 대한 정조의 실망만큼이나 정조에 대한 신료들의 신뢰도 무너뜨렸다. 결국 정조 사후 신료들의 외면에 의해 화성신도시에 실었던 정조의 꿈은 퇴색하였으며, 진보적 지식인들의 새로운 사상을 실천하고자 마련된 화성신도시의 방대한 시설들도 서서히 관심 밖으로 밀려났다.

1806년 병인경화(丙寅更化) 이후 정조가 키웠던 시파의 신료들이 벽파를 일망타진하고 정권을 잡았지만, 이들에게 화성은 지난 시대의 탕평군주를 추모하고 정조시대 문화예술의 융성함을 되새기는 추억의 도시였을 뿐이다. 주인공을 잃은 화성신도시는 정조 개인의 꿈과 비원(悲願), 효심(孝心)의 문화유산으로 치부되었고, 여기에 실었던 새시대를 향한 새로운 이념과 미래지향적 구상, 그리고 조선 사회 혁신의 시도는 점차 잊혀졌다.

2. 전환기의 군주상

정조는 새시대를 지향하던 전환기의 지도자로서 새로운 군주상을 구현하였다. 조선의 전통적 질서가 근본에서부터 동요하던 변화의 시기를 맞아, 보수와 혁신이 갈등하는 양 극단 사이에서 중도적 입장을 취해 그 조화를 모색하되, 근본적으로는 시대가 요구하는 변화의 방향에 힘을 실어줌으로써 전향적 태도를 취하였던 지도자가 정조였다.

즉위 초 죄인(사도세자)의 아들로서 왕위에 오른 정조에게 가장 시급하였던 것은 왕권의 안정이었다. 영조의 배려에 의해 어려서 죽은 큰아버지 효장세자(孝章世子)의 양자(養子) 자격으로 왕위에 올랐지만, '죄인지자 불위군왕(罪人之子 不爲君王; 죄인의 자식은 임금이 될 수 없다)' 이라는 일부 신료들의 비방에 직면하여 그의 왕권은 심각한 도전을 받고 있었다. 그러므로 그는 영조로부터 자신에 이르는 왕통과 왕권의 정당성을 주장하기 위해 사도세자의 복권과 궁극적으로는 사도세자를 왕으로 추숭하는 조치를 의도하게 된다. 하지만 취약한 왕권으로서 이는 불가능한 일이었다. 이런 개인적 꿈의 실현을 위해서라도 정조는 자신의 친위 세력을 키우고 왕권을 강화하는 일이 시급했다.

정조는 이를 위해 영조대 후반 탕평정치에 편승하여 풍산홍씨, 경주김씨 등 척족의 전횡이 자행될 때 그에 대항하여 사림정치의 복원을 주장했던 사림청론(士林淸論)과 우선 연대하고자 했다. 특권세력을 배제하고 사림의 정치 주도권 회복을 추구했던 이들의 개혁적 지향에 편승하여 정조는 '우현좌척론(右賢左戚論)' 을 표방하기에 이르렀고, 급기야 영조대에 폐기되었던 '전랑통청법(銓郎通淸法)' 을 복구하여 영조대 탕평정치에 대한 반성과 함께 사림정치의 복원 의지를 분명히 하였다. 그러나 정조가 영조 이래 탕평정치의 지향까지 폐기한 것은 아니었다. 영조의 탕평책이 말년에 척족의 발호로 귀결된 점을 반성하면서, '의리탕평론(義理蕩平論)' 이라는 새로운 지향을 제시하고, 노론 · 소론 · 남인, 혹은 시파와 벽파, 청론의 상호견제 구도 위에 그 조정자로서 역할을 통해 신료들을 이끌고자 한 것이다.

또한 정조는 변화된 사회상을 직시하여 피지배층인 백성들과의 접촉을 강화하고 그들의 사회적 지위 상승 욕구에 부응하고자 하였다. 경 · 향의 사회적 분기 현상이 심화되면서 중앙으로부터 유리되어 갔던 지방사족(鄕儒)과 지방민의 여론을 수렴하고자 노력하였고 그들의 지지를 확대함으로써 왕권의 강화와 왕조의 안정을 도모하였던 것이다. 특히 사회적 변화에 부응하여 백성들 중 유산(有産)계층의 자본을 농업 및 상공업 발전에 적극 활용하고 그들을 지배층의 일원으로 수용함으로써 사회적 문제를 해결하는 방안을 정조 스스로 구상하여 추진하고자 했던 점은 특기할 만한 일이다.

정조시대에는 사회신분제의 동요에 따라 사족과 평민 사이의 신분적 차별이 약화되고 노비 등 천민이 급감하는 변화가 일어났다. 경제력이 사회적 행세의 배경이 된 가운데 경화사족은 경화거족(京華巨族)에서부터 잔반(殘班), 한사(寒士)와 위항인(委巷人)에 이르기까지 그 외연이 크게 확대되었다. 이러한 상황에 부응하여 정조는 그들의 사회적 성장을 지원하며 그들을 공적인 관료 체제 안으로 포섭해 들이고자 하게 된다. 우선 명문가의 자제를 규장각 각신(閣臣)과 초계문신(抄啓文臣)으로 임명하여 중용하였다. 그리고 양반계층 일반의 경제적 몰락과 '유식(遊食)양반(놀고먹는 양반)' 의 문제가 심각해진 상황에서 이들에 대해 농업은 물론 상업 등 생업에 종사할 수 있도록 정책을 세워 화성에서 이 조치를 실행에 옮겼다. 또한 서얼과 위항인들에게는 규장각에 검서관(檢書官) 직책을 마련하고 서얼허통절목(庶孼許通節目)을 반포하여 정치적 진출의 기회를 제공하려 노력하였다.

그런가 하면 허구화되어 갔던 노비제의 현실을 감안하여 노비추쇄법(奴婢推刷法)을 폐지한 것도 정조시대였다. 노비종모법(奴婢從母法) 시행으로 정부가 천민(賤民)의 양인(良人)으로의 전환을 지원하는 상황에서 정조는 이미 노비제도의 혁파를 검토하였고, 정조 사후 공노비(公奴婢) 혁파가 실행됨으로써 전통적 신분질서에 근본적 변화가 야기되었다.

이런 상황에서 정조는 농공상의 생산활동에 신분을 넘어 모든 사람이 참여하도록 하는 방안을 강구하였다. 노비계층 인구의 격감으로 농공상의 생산활동을 거의 양인이 담당하고 이제는 양반조차도 생산활동에 종사해야 할 상황에서 그는 궁극적으로는 양(良)·천(賤)과 적(嫡)·서(庶)는 물론 사(士)·민(民) 사이의 차별을 완화하고자 하였고 이 새로운 질서를 향해 조선 사회 변화의 방향을 맞추고 있었던 것이다.

그러므로 사회 변화가 더욱 두드러졌던 서울 지역에서 연암(燕巖) 박지원(朴趾源)이 "임금으로부터 농공상인(農工商人)에 이르기까지 모두가 '사(士)' 일 뿐" 이라고 선언하기에 이르렀던 것도 이제 신분이 더 이상 사회적 위세를 결정짓는 요인이 아니고 누구나, 심지어는 국왕까지도 '사'로서 대등한 지위를 가지고 상호 교류할 수 있음을 공표한 것이다. 이미 서울의 지식인 사회, 특히 연암일파를 위시한 경화사족 지식인들 사이에서는 당색(黨色)은 물론 신분적 제한을 뛰어넘어 교류가 이루어졌거니와, 뒷시기로 가면서 이런 경향은 더욱 확대되었다.

그러므로 정조시대에는 임금과 신료, 백성 사이에 각기 새로운 관계가 성립하였다. 이로써 군주상에도 변화가 일어났다.

우선 정조와 신료 사이에 새로운 관계가 성립하였다. 우문정치를 베풀었던 학문군주로서 그는 자신과 신료의 만남을 물과 물고기의 만남으로 비유하여 규장각으로 들어가는 문의 이름을 '어수문(魚水門)' 이라 하였다. 물이 없이 물고기가 살 수 없다는 점에서 즉위 초년 신료들에 대한 정조의 태도는 앞시기 군주들의 '주수론(舟水論)' 에 비하여 보다 겸손하고 진지하였다. 나아가 정조는 주로 경화사족 출신이었던 측근 신료들의 학문과 사상은 물론 그들의 생활과 정서에까지도 크게 공감을 표하고 그들과 함께 어울리려 노력하였다. 특히 아끼던 조윤형(曺允亨)과 김홍도(金弘道), 유한지(兪漢芝) 등 여러 예술가들이 어울려 벌이던 시회(詩會) 소식을 듣고는 여기에 술과 안주를 보내어 공감을 표하였던가 하면,[2] 서용보(徐龍輔), 김조순(金祖淳) 등 측근 신료의 연행(燕行)에 즈음하여서는 자신이 나서서 송별회를 주선할 정도로 정서적 일체감을 가지고 있었다.

〈시흥행궁환어도(始興行宮還御圖)〉에서 정조의 행차를 구경나온 백성들이 드러낸 자유로운 자세와 표정은 시대의 변화를 잘 말해 준다. 사와 민이 뒤섞여 어울린 가운데, 군주는 유교 윤리의 기본인 효를 몸소 실천함으로써 백성들의 지지를 이끌어내려 하였고, 군주는 자신감을 갖고 백성들의 접근을 유도하였다. 정조는 그 이전 어떤 군주보다도 잦은 궁궐 밖 행차를 통하여 적극적으로 백성과의 접촉을 시도하고 여론을 수렴하였다. 화성행궁에 개방형의 이동식 담장을 갖춘 낙남헌(洛南軒)과 넓은 뜰이 마련되어 '상하동락(上下同樂)' 하도록 시도한 것이야말로 정조시대 변화의 상징이었다. 이곳은 지배층과 피지배층 상하의 소통과 어울림의 공간이었다. 군주의 적극적 의지에 따라 군주와 휘하 신료, 사와 민은 의식적 공감대를 형성하고자 노력했고 이런 공감대 속에 지배층과 피지배층의 화합이 이루어졌다.

그러나 이런 상황 속에서도 군주의 권위를 세워가야 하는 것은 정조의 어쩔 수 없는 고민이기도 했다. 그는 '군사론(君師論)' 을 내세워 스스로 정치 지도자이자 학문적 지도자의 지위를 확보하고자 했으며, 치세 말년에는 '만천명월주인론(萬川明月主人論)' 을 내세워 신료들에 대한 군주의 초월적 지위를 강조하고 또 그를 인정받고 싶어 했다.

하지만 박지원이 제기한 것과 같이 군주까지도 '사(士)' 의 일원으로 보는 경화사족의 입장이 대세를 이루고, 이런 이념이 군주에게 교육되고 영향을 주는 시대의 흐름 속에 정조가 꿈꾸었던 모든 면에서의 초월적 위상은 보장되기 어려웠다. 정조 사후 왕권은 소수의 세도가에 압도당하게 되고, 군주는 정권을 세도가에 내맡긴 채 창덕궁(昌德宮) 내에 연경당(演慶堂)이란 양반가 주택을 짓고 여기서 사대부적 생활을 영위하기에 이른다. 최고의 정치 지도자로서 학자이며 스승(선생)이고자 했던 조선의 군주는 결국 의식에서나 생활방식에서 학자이자 선비(士)로서의 자의식을 가지게 되었고, 경화사족 특히 경화거족의 생활을 모방하고 그들의 학풍과 문풍, 예술론을 공유하는 상황으로 나아가고 있었다.

그러나 정조는 학문적 지도자로서의 역할을 자임하여 학문으로 신료들을 이끌어 왕권을 강화하려는 선택을 하였다. 즉위하면서 바로 우문(右文)정치의 명분을 표방하고 궁궐 중심부 가장 아름다운 장소에 학문연구기관인 규장각을 세운 것이 그 첫 시도였다. 여기서 그는 초계문신(抄啓文臣)제도를 통하여 학자들과 공부하고, 그들을 시험하면서 친위세력을 양성하여 이들로 하여금 자신이 추구하는 개혁을 이루어내도록 추동하였다.

집권 후반기에 이르러 정조가 학문적 지도자로서의 위상을 드러낸 것은 문체반정(文體反正) 등 일련의 '반정론(反正論)' 을 통해서였다. 영조대 후반부터 경화사족 일각에서 제기된 북학론이 정조 측근학자들의 사상적 공감대로 자리잡고, 나아가 이들을 중심으로 북학과 서학의 추구가 노골화되자 기존 학풍과의 마찰이 불가피해졌다. 이는 정조대 후반, 급기야 정파 간의 정치적 문제로 비화되었다. 정조는 이 문제를 처리하는 과정에서 정치적 지도력을 발휘함으로써 대다수 신료들을 굴복시킬 수 있었다. 아울러 '부정학(扶正學)' 론을 제기하여 전통적 학풍인 '정학(正學)' 의 부양을 자신이 주도함으로써 '군사(君師)' 라는 자신의 지도자로서의 위상을 분명히 했다.

'반정론' 을 내세워 '정(正; 올바른 것)' 을 복원하라는 정조의 요구는 경학(經學) 등 학문만이 아니라 문학(文體反正)과 서예(書體反正), 음악(樂風反正) 등 문화 전반으로 파급되었다.[3] 이는 조선중화의식(朝鮮中華意識)에 입각하여 조선의 문화적 개성과 우월성을 확보하려는 노력의 일환이었다. 화성건설 과정에서 정조가 '수지이이의(隨地而異宜, 상황에 따라 올바른 방법도 달라짐)' 의 원칙을 제시하였던 것도 외래 문물 수용의 주체적 입장을 강조한 것이었다. 외래 문물, 특히 청나라 문물의 수용이 불가피한 상황에서 이는 청나라에 비견할 만한 문물제도의 수준과 주체적 기준을 갖고자 하는 노력으로 연결되었다.[4)]

이를 위해 정조대 전반에는 『고금도서집성(古今圖書集成)』을 위시한 청나라 서적의 수입이 이루어졌고, 중·후반에는 방대한 규모의 서적 편찬사업이 진행되었다. 북학과 서학에 기울었던 신료들을 반정론으로 견책하기에 이르지만 실상 정조 자신의 외래문물에 대한 호기심과 수용 노력도 대단했다. 평소 신하들이 들여온 서양 물품과 서양화가의 초상화 등에 경탄했던 그는 1790년 사도세자의 명복을 빌기 위해 용주사(龍珠寺)를 건설하면서 이곳 대웅전 후불탱화를 서양화법으로 그려내도록 하였다. 가장 아끼던 김홍도(金弘道)와 이명기(李命基) 두 화가를 북경에 보내어 서양화법을 연구해 오도록 해서 전혀 새로운 기법으로 탱화를 그려내도록 조치한 것이다.[5)] 정조의 외래 문물에 대한 관심은 청나라를 통해 서양에까지 이르는 광범위한 것이었고 외래 문물 수용의 욕구는 측근의 신하들 못지않게 왕성하였다.

한 걸음 더 나아가 정조는 외래 문물 수용을 통해 조선 나름의 독자적 문물제도와 기준을 확립하고자 노력하였다. 정조로서는 조선중화의식의 연장선상에서 그 근거를 확인하려는 시도이기도 했다. 청나라의 천문학과 지리학 지식에 대해 연구하도록 하여 정조 말년 조선의 독자적인 역서(曆書; 朝鮮曆)를 편찬하여 간행 반포하고 독자적인 시간 측정이 가능하도록 한 것은 청나라와 별개의 기준을 확보하려는 노력의 일환이었다. 서기 1800년(정조 24) 주자 서거 600주기를 맞아 서형수(徐瀅修)와 박제가(朴齊家) 등을 동원하여 주자학 관련 저술을 새롭게 집성하고 정리하는 사업을 일으켰던 것도 중화문화의 정통적 계승자로서 조선을 자리매김하고 조선의 개성적인 학문 세계를 과시하려는 시도였다.

특히 이서구와 성해응(成海應) 등으로 하여금 『존주휘편(尊周彙編)』을 편찬하도록 하여 전통적인 주자학적 대외명분론 가운데 대명의리론(大明義理論)의 정리를 추진하였던 것도 이제 북벌(北伐) 대신 북학(北學)이 시대의 대세로 떠오른 상황에서 조선의 대외 인식을 정리하여 주체적 입장을 세우고자 하는 시도였다. 하지만 조선의 주자학적 기준이 이미 크게 동요하였으며 조선중화의식과 같은 전통적인 문화자존의식에 대한 반성을 전제로 북학론이 힘을 얻고, 그에 따라 북학과 서학이 유행하였던 것이 당시의 상황이었다. 그러므로 정조 측근에서 북학을 선도하였던 휘하 신료들이 주도한 이 작업은 오히려 정조시대에 진행된 사상적 변화를 인정하며 그 위에서 전통적 학문인 주자학과 대명의리의 명분론을 정리하고 이를 통해 변화를 가속화하려는 전향적 성격을 지니고 있었다. 그런 면에서 이는 정조시대 학문정치의 성과와 방향성을 압축적으로 드러내는 상징적 작업으로서 의미가 컸다.

정조로서는 도도한 변화의 물결 속에서 조선중화의식을 재확인하고 정학을 부양한다는 명분으로 이러한 작업을 후원하였지만, 그것이 정조의 의도대로 추진된 것 같지는 않다. 부정학(扶正學)론과 척사학(斥邪學)론이 일치되지 못하는 학계의 현실과, 정학 자체의 한계가 드러났던 상황에서 정조 자신도 북학, 서학 등 외래 학풍을 용인하고 사도세자의 명복을 빌고자 불교와 같은 이단종교에 의지하기도 했으므로 애초부터 정학 부양의 노력은 근본적 한계가 있었다. 그럼에도 조정 일각의 진보적 학자들이 이 일을 진행함으로써 자칫 수구적이기 쉬웠던 조선 전통 학문과 사상의 정리 작업은 전향적 방향에서 진행되었고 이는 전환기에 처하였던 정조시대의 훌륭한 학문적 · 문화적 업적이 되었다.

그러므로 새로운 시대를 향한 정조의 전향적인 태도와 지도자로서의 뛰어난 자질은 이러한 사업을 추진하는 과정에서 크게 돋보인다. 국력을 기울여 화성 건설을 추진하자 일각에서 진시황(秦始皇)의 토목사업 강행에 비유하면서 극단적으로 비판하였을 때, 정조는 이런 비판까지도 받아들이며 오히려 강직한 언론에 대해 포상하였던 바 있다. 뿐만 아니라 정조의 문체반정책을 군주가 개입할 일이 아니라고 정면으로 비판했던 이서구의 고언(苦言)까지도 수용하여 오히려 그를 중용하였고, 북학을 선도하였던 그를 대외명분론 정리의 책임자로 임명까지 하였던 것은 정조의 포용적 인사를 잘 보여주는 사례다.

정조는 이러한 포용력과 인재에 대한 안목을 가지고 여러 정치세력의 다양한 인재들을 두루 등용하여 적재적소에 배치하였다. 의리탕평론은 대립적 정파와 인재들이 조정에서 공존하도록 유도하는 논리이기도 했다. 정조는 여러 정치세력과 각기 막후에서 소통하며 그들의 다양한 여론을 수렴하여 탕평정치를 이끌었다. 노론 · 소론 · 남인, 혹은 청론과 그로부터 갈라져 나온 시파 · 벽파 세력이 각기 정권의 한 축을 담당하며 상호 견제하는 특유의 탕평정치 구도는 정조의 정치적 역량에 의해 정조 조정에서 실현되었다.

이를 통해 정조는 신료들의 폭넓은 지지를 확보하였고 그 위에서 여러 개혁적 시책의 추진이 가능했다. 정조의 소통의 노력과 포용력이야말로 정치적 지도력의 원천이었고 정조시대 변화와 발전의 원동력이었다. 국왕으로서는 흔히 변화보다는 안정을 선호하기 마련이다. 그럼에도 정조는 변화된 시대상을 직시하고 새로운 시대를 전망하며 새로운 학문과 사상을 추구하던 학자들을 휘하에 거느려 후원함으로써 변화를 선택하는 용기를 발휘하였다. 이것이야말로 갈등속에서도 개혁을 통해 새 시대를 향해 나아가던 전환기의 새로운 지도자상이었다고 할 수 있다.

제2장

청론의 재상 유언호, 파란의 정치 행로

1. 경화사족의 대두, 산림에서 관료학자로
2. 청론사류의 분열, 파란의 정치 행로
3. 시대의 변화, 사상적 전환

유언호 초상화

격변에 직면하였던 정조시대 조선 사회에서는 여러 계층의 사람들에게서 다양한 시대적 요구가 분출하였다. 이 시대 지식인들은 주자학적 이념의 절대성과 사회체제의 동요를 직시하고 대내외적 여건 변화 속에서도 사회 발전을 가속화할 수 있는 대안을 찾는데 부심하게 된다. 변화된 시대상을 절감하면서 군주와 신료, 그리고 지식인들은 당시 중국으로부터 들어온 새로운 학문과 문물에 주목하여 전통적인 것과의 융합을 시도하고 이단(異端)의 불교(佛教)나 서교(西教; 天主教) 신앙을 통하여 대안(代案)을 모색하기도 하였다. 이런 가운데 조선의 전통문화와 이념은 점차 쇠퇴하고 새로운 문화와 이념이 영향력을 확대해 가게 된다.[6)]

전 사회적 변화에 따라 대두한 시대적 요구를 수용하여 발전을 가속화하는 문제를 놓고 이 시기의 국왕과 신료, 지식인들은 제각기 다른 해법(解法)을 제시하였다. 그런 만큼 이 시대의 정치적 · 사상적 갈등은 심각하였고 이는 군주와 신료, 지식인들에게 차원 높은 정치적 역량과 학문적 능력을 요구하고 있었다.

이러한 시대 상황에서 정조 휘하의 지식인들과 함께 정조를 보좌하며 시대를 이끌었던 뛰어난 정치가이자 관료학자가 즉지헌(則止軒)[7)] 유언호(兪彦鎬, 1730~1796)이다. 사도세자(思悼世子)의 비참한 죽음을 목도하고 상심했던 어린 시절의 정조에게 학문을 가르쳤던 그는 이 인연을 매개로 평생 정조를 보좌하는 데 진력하였다.

하지만 임금과 신하의 정치적 입장 차이 때문에 각기 다른 차원에서 시대적 문제에 대응하였으므로 그는 때로는 국왕 정조와 갈등을 빚고 머나먼 유배의 길을 떠나기도 하면서 파란의 정치 행로를 걷게 된다. 노론(老論) 정파의 지도자로서 그는 사림정치론(士林政治論)을 확고히 견지하여 정조의 탕평정치론(蕩平政治論)과 갈등을 빚기도 하였다. 그러나 정조가 어려울 때 그는 누구보다도 든든한 버팀목이 되어 정조를 지지하였다. 그러므로 정조는 유명을 달리한 그에게 충문공(忠文公)이란 시호(謚號)를 하사하여 남다른 신임을 표하였고, 훗날 정조 사후에는 문충공(文忠公) 김종수(金鍾秀, 1728~1799), 충문공(忠文公) 김조순(金祖淳, 1765~1832)과 함께 정조(正祖) 묘정(廟廷)에 배향됨으로써 정조의 핵심 신료로서의 위치를 공인받기에 이른다.

그러므로 정치적 입장을 각기 달리했던 이들의 삶은 정조시대 정치사의 중요한 한 부분이며 그 자체로 격변을 맞았던 정조시대의 축도(縮圖)라 할 수 있다. 산림학자(山林學者)의 문하에서 성장하여 전통주자학의 학문적 배경을 가진 채 관료학자로 진출하였던 유언호의 사상적 지향성과, 정조의 학문정치를 보좌하며 걸었던 정치적 행로의 역사적 의미는 결코 가볍지 않다. 더욱이 그가 인연을 맺고 후원하였던 인물들이 북학이란 새로운 흐름을 이끌게 되며 그의 문하에서 천주교를 수용하는 인물이 나오기에 이른 것은 그가 살았던 정조시대의 격렬했던 변화과정과 다양한 방향성을 여실히 보여준다. 전통주자학에서 벗어나 북학은 물론 불교와 서학 등 이단 사상까지도 수용하고자 했던 변화와 갈등의 소용돌이 한가운데 그는 서 있었다.

그러므로 그의 삶에 투영된 시대상의 탐구는 이 시대의 핵심적 문제들과 그대로 맞닿아 있다. 정조 휘하의 관료로서 또한 학자로서 뛰어난 능력을 발휘하고 정치적 지도자로서 조선 사회를 이끌었던 그에게서 우리는 영~정조대의 정치적 갈등과 융성했던 문운(文運), 나아가 변화하던 시대의 뚜렷한 자취를 엿보게 된다. 그의 행적을 통하여 우리는 한 시대의 정치와 사상, 문화가 어떻게 변화해 가는가를 보게 되며, 그 속에서 갈등하고 고민하였던 정조를 위시한 지식인들의 참된 면모를 새롭게 인식하게 된다.

1. 경화사족의 대두, 산림에서 관료학자로

기계유씨(杞溪兪氏) 자산공파(慈山公派)는 조선전기 중종(中宗), 명종(明宗)대에 혁혁한 명문거족으로 대두하였다. 경안공(景安公) 유여림(兪汝霖, 1476~1538)과 숙민공(肅敏公) 유강(兪絳, 1510~1570) 부자(父子)가 연이어 판서(判書)를 지낸 이후, 양란(兩亂) 뒤 사림의 집권과 함께 그 후손들이 화려한 관력(官歷)과 학문(學問)을 갖추었기 때문이다. 강원도 관찰사를 지낸 유성증(兪省曾, 1576~1549) 이후 전라도 관찰사를 지낸 그 아들 유황(兪榥, 1599~1655; 月沙 李廷龜 문인)은 병자호란(丙子胡亂) 때 척화신(斥和臣)으로 충절을 드날렸으며, 대사헌을 지낸 유철(兪橵, 1606~1671)은 사림 간에 폭넓은 교유관계를 지닌 서인의 핵심인물이었다.[8] 더욱이 이들의 영향력 아래 유황의 아들인 소주(小洲) 유명기(兪命夔, 1622~1678)와 자교당(慈教堂) 유명뢰(兪命賚, 1652~1712)가 우암(尤庵) 송시열(宋時烈)의 제자가 되고, 유명뢰의 아들 유도기(兪度基, 1687~1724)가 수암(遂菴) 권상하(權尙夏)의 문인이 되어, 같은 시대에 유계(兪棨, 1607~1664; 沙溪 金長生 문인)와 유숙기(兪肅基, 1696~1752; 三淵 金昌翕 문인) 같은 저명한 주자학자들을 배출함으로써 기계유씨 가문의 학문적 명성을 크게 드높이게 된다.

이 집안이 노론의 핵심가문으로서 최고의 성세를 이루는 것은 유철의 손자인 유척기(兪拓基, 1691~1767)가 영조대에 영의정을 지내고 증손자인 유언호가 정조대에 좌의정을 지내면서였다. 이들은 뛰어난 능력으로 영~정조대의 정치를 이끌었으며 정계와 학계의 핵심적 명문가와 겹겹의 인척관계를 맺고 정치적 유대를 다지게 된다.

노론의 정치 지도자였던 유척기는 산림학자 도암(陶菴) 이재(李縡)의 딸을 며느리로 맞아들이고, 훗날 유언호의 정치적 동지로서 청론사류(淸論士類)의 핵심이 되는 윤시동(尹蓍東)을 사위로 삼았다. 그리고 산림학자 김량행(金亮行; 淸陰 金尙憲의 5대손)의 아들 김이구(金履九; 유언호의 손녀사위 金建淳의 아버지이다)를 손녀사위로 맞아들이고, 김상묵(金尙默)의 딸을 손자며느리로 맞았으며, 그의 증손 유춘주(兪春柱)는 북학(北學)으로 이름난 담헌(湛軒) 홍대용(洪大容)의 딸과 혼인을 하게 된다.

또한 유언호는 산림학자 민우수(閔遇洙)의 사위가 되어, 다시 민우수의 수제자 김종후(金鍾厚; 유언호의 정치적 동지로 정조 묘정에 함께 배향된 金鍾秀의 형이다)의 딸을 아들 유한재(兪漢宰, 1757~1817)의 처로 맞아들이고, 동춘(同春) 송준길(宋浚吉)의 6세손인 송계락(宋啓樂)을 사위로 삼는다. 그리고 선조 유황(兪榥)과 함께 척화신(斥和臣)으로 이름난 청음(淸陰) 김상헌(金尙憲)의 봉사손(奉祀孫) 김건순(金建淳; 전술한 金履九의 次子)을 손녀사위로 맞아들임으로써 조부 유명건(兪命健, 1664~1724)이 곡운(谷雲) 김수증(金壽增; 金尙憲의 손자)의 사위로서 제자가 된 이래 명문 안동김씨(安東金氏) 가문과 긴밀한 관계를 거듭 다지기에 이른다.[9)]

이러한 문벌적 배경 위에 이 집안은 정조대에 이르기까지 눈부신 정치적 진출을 달성하였다. 혼맥(婚脈)으로 연결된 이들 몇몇 집안들이야말로 사림 가운데서도 서울과 인근 경기지역을 생활근거로 하던 경화사족, 그 중에서도 경화거족(京華巨族)으로서 영조대 이후 노론 정계와 학계의 주도세력이자 훗날 정조의 정치적 기반이 된 청론사류(淸論士類)의 핵심 세력이었기 때문이다. 인조반정(仁祖反正) 이후 대대로 현관(顯官)을 배출한 이 집안들은 향촌 사회에 향저(鄕邸)를 둔 채, 서울의 경저(京邸)에서 서울 생활을 영위하는 경우가 많았다.[10] 혼인을 통하여 혈연관계로 얽힌 이들은 그들끼리 학문과 문학을 통해 교류하고 영조대 이후 조선의 학문과 문화예술을 주도하여 '진경문화(眞景文化)'라 불리는 개성적 흐름을 창출하기에 이른다.

유언호의 집안은 이러한 흐름의 중심에 자리잡고 있었다. 특히 농암(農巖) 김창협(金昌協), 삼연(三淵) 김창흡(金昌翕) 이래 백악산과 인왕산 아래 서울 북촌(北村)에서 이른바 '백악사단(白岳詞壇)'의 문예 활동이 꽃을 피울 때 유척기는 여기서 주도적인 역할을 하고 있었다.[11] 그 뒤를 이어 정조대에는 유철의 증손자로 유언호의 맏형인 유언집(兪彦鏶, 1714~1783)이 낙론(洛論) 주자학의 정통을 계승한 저명한 산림학자로서 정조의 지우(知遇)를 받으며 경화사족의 주자학을 이끌게 된다. 이런 가운데, 유황의 증손자인 유한준(兪漢雋, 1732~1811)과 유한지(兪漢芝, 1760~1824)가 각기 명문장(名文章)과 명필(名筆)로 명성을 드날림으로써 학문과 문학, 예술 분야에서 이 집안은 최고의 성세를 과시하게 된다. 영조대의 명문장가 남유용(南有容)의 제자였던 유한준은 전아(典雅)한 고문풍(古文風)으로 연암(燕巖) 박지원(朴趾源)의 문풍과 더불어 정조대 문원(文苑)의 쌍벽(雙璧)을 이루었으며, 곡운(谷雲) 김수증(金壽增) 이래 조선 예서(隸書)의 정맥(正脈)을 계승한 유한지는 조윤형(曺允亨)과 함께 정조로부터 가장 아낌을 받았던 정조시대를 대표하는 서예가였다.[12]

유언호의 학문과 문학, 그리고 예술적 소양은 이러한 문벌적 배경 속에서 성장하였다. 어린 시절 그에게 경전 공부를 지도한 사람은 16세 연상(年上)의 맏형 유언집이었다. 그는 8~9세 때로부터 맏형에게 집중적으로 가르침을 받아[13] 12세엔 유학의 제 경전(經典)을 모두 공부하여[14] 성년 이전에 이미 유학자로서의 기초를 갖추었다. 유언집이 도암(陶菴) 이재(李縡)를 계승한 낙론(洛論)의 핵심적 학자였던 만큼 그의 철학적 입장도 낙론을 충실히 계승하였다. 훗날(1757년) 그는 「의구전(義狗傳)」[15]을 지어 주인을 구한 개 이야기를 쓰면서 사람과 사물이 본성이 선하다는 점에서 한 근원이고, 개와 같은 사물도 오상(五常)을 가진다고 하는 등 낙론의 인물성동론(人物性同論)에 입각하여 논리를 전개하고 있다. 왕세손 시절부터 훗날 국왕이 된 이후까지 정조에게 경전을 강의하던 그의 학문적 역량은 이런 정통 주자학의 분위기 속에서 배양되어 높은 수준에까지 도달하였고 이것이 정조의 학문정치와 학술 진흥사업을 보좌하는 기반이 되었다.

그의 학문과 마찬가지로 문학(文學)도 일단은 가내(家內)에서의 수련 과정에서 성숙하여 높은 경지에까지 이르렀다. 어린 시절 맏형으로부터 받은 경전 공부 및 『당시(唐詩)』 등 시문(詩文)의 공부가 그의 문학의 기초가 되었고 주자학적 문학론이 그에게 영향을 미쳤으리라 짐작된다. 25세 때 퇴어(退漁) 김진상(金鎭商)을 만나 시를 배우는 등 당대 명사들의 지도를 받는 계기도 있었지만, 그의 문학에 가장 큰 영향을 미친 것은 영조대 후반 이래 서울 문원(文苑)과 예원(藝苑)에서 만나 교류하였던 선배와 동료들이었다.

뒤에 정치적 결사라 하여 단죄되기도 했지만 이유수(李惟秀)의 경저(京邸)인 동원(東園)에서의 선배, 문우(文友)들과의 모임은 즉지헌 스스로 송나라 때 서원아집(西園雅集)에 비길 정도의 문예 활동의 장이기도 했다.[16] 여기에 모인 사람들은 당대의 대문장가 남유용(南有容)을 위시한 일류의 문사들이었다. 서울 생활 중에 만난 연암 박지원(朴趾源)과 그 일파 문사들과의 교류 역시 그의 문학이 무르익는 자양분이 되었을 것이라 짐작된다. 그러나 누구보다도 밀접했던 문학의 동지는 같은 문중의 동년배였던 유한준이었다. 서울 북촌 옥류동(玉流洞) 경저(京邸)에 세거(世居)하였던 유한준은 남유용의 문풍과 문학론을 가장 충실히 계승한 제자로서 즉지헌과 평생의 문우(文友)가 된다.

도암 이재 문하의 낙론계열 학자로서 대문장가였던 남유용이 어린 시절 정조의 사부(師傅)로서 정조의 문학론에 큰 영향을 미친 점을 고려한다면, 영조대 후반 서울에서 만나 인연을 맺은 이들 사이에 임금과 신하의 차이를 넘어서는 문학적 공감대가 형성될 수 있었음을 짐작하게 된다. 경화문벌가로서 선대로부터 맺은 학연과 혈연을 근거로 이들은 조선 정계와 학계, 문원의 새로운 주도세력이 되어 영~정조시대의 융성한 문운을 주도하였고 그 한가운데 즉지헌이 서 있었다.

그러므로 즉지헌의 뛰어난 서예(書藝) 예술도 이러한 분위기와 무관할 수 없었다. 저들 경화사족 명사들은 당대를 대표하는 서예가들이기도 했다. 노론 중에서도 낙론계의 핵심이었던 이들은 정신적으로 우암 송시열을 계승하면서 조선적 개성을 중시하여 이른바 진경문화를 주도하는 인물들이었다. 즉지헌의 집안에서는 유척기가 영조대 진경문화의 전개에 중요한 역할을 하면서 서예에도 일가를 이루고 있었다.[17] 노론의 서예 전통을 계승하였던 이들은 자연히 서예에서는 율곡(栗谷)시대의 석봉체(石峯體)와 이후 송시열(宋時烈), 송준길(宋浚吉)에 의해 완성된 양송체(兩宋體)로부터 큰 영향을 받고 있었다.

즉지헌의 경우에도 어린 시절부터 가장 익숙한 글씨는 이 계열의 글씨들이었다. 만형으로부터 학문을 배우던 시절 만형의 자리 뒤에는 도암 이재의 글씨 병풍이 둘러쳐 있어서 그 글씨가 내보이는 도암의 인품과 덕성에 감동을 받았다고 한다.[18] 더욱이 즉지헌이 산림학자 민우수(閔遇洙)의 사위로서 그를 추종한 문인이기도 했다는 점을 감안한다면 그의 서예에서 양송체는 더 큰 의미를 지니게 된다. 도암은 물론이고 송준길의 외증손(外曾孫)이었던 민우수야말로 양송체를 이어썼던 인물 가운데서도 가장 대표적 서예가였기 때문이다. 즉지헌의 글씨를 이해하는데 있어 그의 집안에 전해진 김수증(金壽增) 서예의 영향도 무시할 수 없다. 정조대 예서(隸書)의 대가(大家) 유한지(兪漢芝)가 그의 일문에서 등장했던 것도 그 영향이었다고 생각된다. 즉지헌 역시 이런 영향 속에 그의 서예를 이루었고, 남아 있는 그의 묵적(墨跡)[19]들은 양송(兩宋)과 김수증(金壽增) 이래 조선서예사의 흐름을 그가 계승하였음을 보여주고 있다.

그러나 그의 학문과 문학, 예술에서 전통의 영향이 컸다고 해서 그가 보수주의로 기울었던 것은 아니다. 그가 살았던 시대 자체가 전향적 흐름을 타고 있었고 그는 서울 일각에서 등장한 이 흐름에 편승했기 때문이다. 그의 친우 박지원이 법고창신(法古創新)이란 말로 정리해 내었듯이 시대는 새로운 기준을 요구하고 있었고 전통을 재정리하는 가운데 학문과 문학, 예술은 각기 새로운 경향성을 모색하고 있었다.

예컨대 유한준의 문학에 공감하였던 그는 법(法)과 의(意)를 마치 이기론(理氣論)의 리(理)와 기(氣)의 관계에 대비시키면서 법에 구애받지 않는 의취(意趣)의 자유로운 창달로 문학의 신경지를 열어나갈 것을 주장하였다.[20] 젊은 시절(1756년) 연암 박지원과 금강산 유람을 함께하면서 깊이 사귀고, 홍국영의 위협으로부터 그의 피신을 주선하였을 뿐 아니라 개성유수로 나가 연암을 직접 보호하였던[21] 그는 연암의 새로운 문체가 유행하는 것을 바라보면서 오히려 이 때문에 연암이 어려운 처지에 빠질까 염려하기도 하였다. 결국 그는 유한준의 전아(典雅)한 문학 세계와 창신(創新)을 강조하는 연암의 새로운 문풍을 이해하면서 그 사이에 자리잡음으로써 당시의 일반적 문풍에서 벗어나고 있었던 듯싶다.

영조대 후반 이후 서울에는 낙론계열 경화사족들 일각에서 연암일파(燕巖一派)를 필두로 북학론(北學論)이 고창되고 청나라로부터 들어온 신문물과 신학풍이 유행하기 시작하였다. 즉지헌과도 가까웠던 민우수의 제자 김종후(金鍾厚)와 김원행(金元行)의 제자 홍대용(洪大容)이 북학의 수용과 경제지학풍(經濟之學風)을 놓고 열띤 토론을 벌였던 것도[22] 이러한 분위기가 무르익었음을 보여주는 일례였다. 이처럼 그의 주변에서 북학론이 대두하고 정조의 즉위 이후 정조조정에서 북학과 나아가 서학까지도 수용하는 가운데 즉지헌 역시 이런 시대조류에 휩쓸려 들어가게 된다.

당대 제일의 초상화가 이명기(李命基)로 하여금 그리게 하여 정조가 윗부분에 어평(御評)을 써서 내린 〈즉지헌 유언호 초상화〉[23]는 이런 관점에서 흥미로운 자료다. 1787년 우의정으로서 동지겸사은정사(冬至兼謝恩正使)로 임명된 즉지헌에게 정조는 이 초상화를 하사함으로써 각별한 신임을 표하였다. 윗부분에 쓴 정조의 어평은 세손(世孫) 시절 이래 자신을 보좌해 온 즉지헌과 그 동지 김종수(金鍾秀)의 관계를 형제와 마찬가지로 평가하는 내용으로써 실상은 성격상 서로 대조적이면서 보완적이기도 했던 이 두 사람의 개성을 언급하면서 그들에 대한 신임을 확인한 것이었다.

그러나 정작 더욱 흥미로운 것은 산림학자 집안 출신으로서 정조의 학문정치를 보좌하고 정조대 문원과 예원을 이끌었던 이들을 그려낸 초상화의 기법이다. 이 초상화에는 앞시대의 초상화와 달리 서양식(西洋式) 음영법(陰影法)이 채용되었고, 초상화 측면에 '얼굴과 몸체의 길이와 폭은 원래의 몸체에 비하여 2분의 1로 줄였다(容體長闊 視元身 減一半)' 는 축소배율이 적혀 있어서 어쩌면 서양에서 초상화 그릴 때 활용하던 '카메라 옵스큐라' 까지도 활용했다고 할 정도로 파격적인 것이었다.[24] 얼핏 보면 전통적 방식을 계승한 초상화 속의 그는 이미 북학과 서학의 영향이 충일한 속에 서 있었던 것이다.

그는 산림학자로부터 정통주자학을 계승하여 주자학자의 면모를 갖추고 있었지만 그 한계를 인식하여 노장(老莊)사상과 불교(佛敎) 같은 이단(異端) 사상에도 관심을 기울이고 있었다.[25] 정통 산림학자의 문하에서 나와 관료학자로 전신하였던 그의 학문적 관심은 변화하던 현실적 문제들과 연계되었고 그런 까닭에 정통주자학에만 얽매인 것이 아니었다. 오히려 그는 정통주자학에서 벗어나 불교와 노장으로 관심 범위를 확장하고 있었으며 더구나 박지원을 위시하여 서울의 학계에서 북학과 서학을 앞장서 수용하던 지식인들과도 밀접히 교류하고 이들에 영향받고 있었다. 사실은 정통주자학(正學)의 부양을 자신의 과제로 내세우던 정조조차도 사도세자의 명복을 빌고자 용주사(龍珠寺)라는 불교사찰을 건립하였고 여기에 서양풍의 불화(佛畵)를 그려 내걸도록 하였으며,[26] 그의 가장 측근에 있었던 이가환(李家煥), 정약용(丁若鏞) 등은 서양의 종교인 천주교 신앙을 받아들일 정도였다. 이 시대 지식인들은 정통주자학의 범위를 넘어서서 새로운 정신세계를 모색하고 있었고 그 또한 마찬가지였다.

그럼에도 산림학자 문하에서 전통주자학을 전수한 그에게는 아직 전통주자학자적 풍모가 확연히 남아있었다. 1794년 측지헌이 손녀사위인 김건순(金建淳, 1776~1801)의 질의에 대해 편지를 보내어 태극(太極), 이기(理氣), 오행(五行) 등 주자학적 문제에 관해 조목조목 설명해주는 것에서는 측지헌의 이러한 풍모를 엿볼 수 있고, 장인, 사위 간의 인간적 관계를 넘어서는 사제(師弟) 간의 학문전수 관계가 확인된다.[27] 마치 민우수와 유언호의 관계가 그러했듯이 이들 장인과 사위는 전통주자학을 매개로 사제(師弟)의 관계를 겸하였다.

그러나 즉지헌의 다음 세대에까지 전통주자학자의 풍모가 계승되진 못하였다. 즉지헌의 벗인 박지원이 산림학자 이보천(李輔天)의 사위이자 제자로서 즉지헌보다 한 단계 더 나아가 전통주자학 위에 북학을 주장하기에 이르렀다면,[28] 이들 다음 세대는 새로운 사상의 수용에 더욱 적극적이었다. 즉지헌에게 주자학을 배운 김건순은 이제 북학을 넘어서서 서학(西學)과 서교(西敎)에 나아가는 엄청난 사상적 전환을 시도하였던 것이다. 김건순이 결국은 서교(천주교)를 받아들임으로써 훗날 신유사옥(辛酉邪獄)의 와중에서 죽음을 당하게 되었던 것은 즉지헌이 살았던 시대의 사상적 진통이 얼마나 격렬하였던지를 분명히 보여준다. 김건순은 북벌대의론(北伐大義論)의 상징적 인물인 김상헌(金尙憲)의 봉사손(奉祀孫)으로서 산림학자 김량행(金亮行)의 손자이며 안동김씨 일문의 중심적 인물이었다.[29] 뿐만 아니라 산림학자를 배출하며 정통주자학의 분위기가 엄연했던 기계유씨 일문에서도 유언호의 학문을 계승했던 중요한 인물이었다.

그러나 바로 이러한 인물이 이단(異端)의 서학과 서교를 수용할 정도로 정조시대의 사상적 분위기는 격변을 겪고 있었다. 실상 이는 정치적 변화와도 짝하는 현상이었다. 정조시대를 지나며 '우현좌척(右賢左戚)'을 주장하던 청론사류(淸論士類)의 핵심적 집안이 오히려 외척 세도가로 전신하는 엄청난 변화가 일어나고 있었으며, 전통적 산림 집안이 탕평정국 아래 외척가문이 되거나 대대로 벼슬을 하는 경화거족으로 전환하는 양상이 전개되었다.

산림학자 한원진(韓元震)의 제자였던 김한록(金漢祿)의 경주김씨 집안(영조 繼妃 貞順王后와 金龜柱), 산림학자 김원행(金元行)의 안동김씨 집안(純祖妃 純元王后와 金祖淳), 산림학자 박윤원(朴胤源)의 반남박씨 집안(純祖 生母 綏嬪朴氏와 朴準源) 등이 모두 그러하였다. 전통적 사림 정치론과 탕평정치론이 퇴조하고 산림학자의 입론을 계승하여 우현좌척론을 주장하던 그 핵심세력들에 의해 외척 세도정치가 시도될 정도의 정치적 격변 속에서 조선 사회 전반의 기준이었던 전통주자학은 급속히 퇴조하고 재야의 산림은 더 이상 세도를 이끌지 못하는 상황이 전개되었다.

무엇보다도 주자학이 더 이상 변화된 사회의 이념적 기준이 되지 못할 정도의 사회상의 변화가 분명하였고, 이런 가운데 서울을 중심으로 불교와 노장을 넘어 북학과 서학, 나아가 서교(천주교)까지도 받아들이는 사상적 변화가 일어나 조선 사회는 급격한 변화의 소용돌이 속으로 빠져들고 있었다. 즉지헌과 그의 일문도 이러한 흐름에서 벗어날 수 없었을 뿐 아니라 오히려 즉지헌이 청론사류의 핵심으로서 정조대의 정치를 이끄는 위치에 있었으므로 그 진통은 더 컸다. 국왕인 정조와의 사이에서 그리고 다른 정파들과의 사이에서 갈등하며 시대의 문제를 해결하기 위해 고민하였던 즉지헌의 정치적 행로는 그러므로 엄청난 파란의 연속이었다.

2. 청론사류의 분열, 파란의 정치 행로

가내(家內)에서 학문을 익히고 서울을 왕래하며 교유 범위를 넓혀가던 즉지헌이 본격적으로 정치활동을 시작한 것은 그의 나이 32세 때부터이다. 1761년 정시(庭試) 병과(丙科)에 급제한 그는 노론의 신예 관료학자로 중앙정계에서 두각을 나타내기 시작한다. 산림학자의 후예로서 노론의 사림정치론을 계승하였던 그는 영조와 측근 세력에 의해 추진되던 탕평론(蕩平論)에 대해 단호한 반대 입장을 지니고 있었다. 그는 장인이자

사문(師門)인 민우수의 정치적 입장을 계승하여 탕평책 때문에 충신과 역적이 섞이고 세도가 망하게 되었다고 영조대의 탕평책을 비판하였다.[30)]

그의 정치적 입장은 당시 국왕인 영조 앞에 서서도 당당한 것이었다. 왕권 강화를 위해 탕평론을 주장하고 신료들에게 당파적 이해관계를 떠나기를 요구하였던 영조는 유언호 등이 과거에 급제하여 처음 뵙던 날, 이제 갓 과거에 급제한 신진관료들에게 탕평론을 따르도록 요구하고 그를 일일이 확인하고자 하였다. 영조는 탕평책을 강조하는 뜻에서 급제자들에게 자신이 속한 붕당(朋黨)의 입장을 고수할 것인지를 일일이 따져 물었다. 이에 즉지헌은 "당(黨)에는 군자(君子)도 있고 소인(小人)도 있습니다. 만일 군자의 당이라면 제가 당인(黨人)이 됨을 사양할 필요도 없고 당을 반드시 금지할 필요도 없습니다"라고 대답을 하여 영조의 분노를 불러 일으켰다. 뒤에 대신들이 도와서 철회되었지만 즉지헌은 이 발언 때문에 당장 한림(翰林)으로 진출할 길이 막히는 조치를 당하게 된다.[31)]

그런가 하면, 급제 이듬해인 1762년 왕세손(정조)의 요속(僚屬)이 됨으로써 정조와의 운명적 만남이 이루어졌다. 학문적 실력을 인정받아 시강원(侍講院) 설서(說書)가 된 그는 아버지의 비참한 죽음을 목격하고 정신적 충격에서 헤어나지 못하던 11살의 왕세손에게 주자학의 기본 경전을 가르침으로써 정조에게 깊은 영향을 미치게 된다. 당시 회강(會講) 기록인 「서연강의(書筵講義)」[32)]에는 1763년까지, 그리고 1765년에 『맹자(孟子)』, 『사략(史略)』, 『서경(書經)』 등을 가르치며 제왕학(帝王學)으로서 '유용지학(有用之學)'과 '심학공부(心學工夫)'를 강조하고 권면하는 내용이 실려 있다.

그러나 이때의 만남이 단순히 경전 공부에만 국한된 것이 아님은 서연(書筵) 석상에서 김상헌(金尙憲)과 척화(斥和) 삼학사(三學士)의 기개를 높이 평가하는 설명이나, 숭유중도(崇儒重道)의 학문정치를 강조하는 설명 등이 곁들여진 것에서 알 수 있다. 이런 가운데 정조의 학문과 사상 형성에 즉지헌이 깊은 영향을 미치고 그들 사이에 정신적 공감대가 형성되었을 것임을 짐작할 수 있다.

한편 노론 청론의 핵심이자 소장파 관료의 중심인물로서 영향력을 확대해 가던 그는 1771년 이후 여러 해 동안 가혹한 정치적 탄압을 당하게 되고 그의 정치활동은 큰 위기에 봉착하게 된다. 1771년 3월 산림학자 권진응(權震應)이 그 선조인 권상하(權尙夏)의 명예가 훼손된 것 때문에 영조를 비판하다가 처벌을 받게 되자, 그를 도운 일로 그는 남해(南海)로 유배를 떠나게 되었고 이후 액운이 계속되었다.[33)]

이에 앞서 1768년 경 10여 명의 동지들과 동원(東園)에서의 모임을 통하여 척족(戚族)들의 전횡을 비판하는 정치적 입장을 결집하자 그는 척족들로부터 직접적 탄압을 받게 된다. 1772년 3월 동원에서의 이 모임을 '청명당(淸明黨)' 이라 지목하였던 '권척(權戚)' 에게 그 핵심으로 지목받아 그는 저 멀리 흑산도로 유배가기에 이른다. 유배는 그해 10월에 풀렸지만 이후로도 그는 정계에서 축출된 어려운 처지를 맞아 고향 안성의 선산(先山) 아래 7칸 초가집(同安墓舍)을 짓고 은거하였다.

그러나 1776년 3월 영조의 서거로 정조가 즉위함에 따라 그의 은거는 끝이 났다. 즉위하면서 청론사류의 정치론을 받아들여 우현좌척(右賢左戚)의 입장을 천명하였던 정조는 바로 노론 청론사류의 중심인물인 즉지헌을 불러올려 이조좌랑(吏曹佐郞)으로 발탁하고 측근의 승지(承旨)로 삼았다. 이윽고 9월에 규장각(奎章閣)이 창설되면서 홍국영과 함께 직제학(直提學)에 발탁되었던 그는 정조의 최측근에서 우현좌척(右賢左戚)과 우문지치(右文之治)를 표방하는 정조의 개혁정치를 보좌하였다.

정조는 청론사류를 정치적 기반으로 하여 영조대 후반 전횡을 일삼았던 경주김씨는 물론 자신의 외가인 풍산홍씨까지도 정계에서 숙청하였다. 아직 정치적 기반이 미약하던 정조는 이 과정에서 우선은 자신의 최측근 몇몇 인물들에게 권력을 집중시킬 수밖에 없었다. 1777년 6월 개성유수(開城留守)로 나갔던 즉지헌도 1778년 6월 내직(內職)인 이조참판(吏曹參判)을 겸하여 인사행정의 실권을 행사하였다.

이런 상황에서 정조 측근에서 정조의 신임을 바탕으로 최고의 권력을 장악하였던 인물이 홍국영이었다. 그는 정조의 경호를 책임지는 숙위대장(宿衛大將)이자 최측근의 도승지(都承旨)로서 아직 후사가 없었던 정조에게 자신의 누이를 후궁으로 들여앉혔다. 더구나 그 누이가 요절하자 종실(宗室) 중 한 사람을 그 양자(養子)로 삼는 등 무리한 방법까지 동원하여 장차 외척(外戚)의 지위를 넘보려 하였다. 더구나 이를 위해 당시 정조로부터 후대를 받으며 초치되었던 산림학자 송덕상(宋德相; 송시열의 후손)을 움직여 자신의 시도를 정당화하는 여론을 일으키기도 하였다.

이는 정조의 즉위를 도왔던 정조 측근의 정치세력 사이에 균열을 야기하게 된다. 정조의 즉위를 도왔던 최고의 공신 중 한 명인 서명선(徐命善) 등이 홍국영의 음모를 비판하자 정조는 홍국영을 봉조하(奉朝賀)로 은퇴시키는 전격적 조치를 취하였다. 1779년 5월 정조는 도승지 홍국영을 체직하고 유언호로 하여금 대신하도록 하였지만, 대안이 없는 상황에서 홍국영의 숙청을 둘러싼 논란은 사림 간에 많은 갈등과 고민을 불러 일으켰다. 당시 즉지헌은 홍국영의 사직이 부당함을 지적하면서 도승지 취임을 거부하였으나 결국은 그를 '권간(權奸)' 으로 비판하면서 우현좌척의 원칙론을 확인하는 입장으로 선회하게 된다.

홍국영 축출 이후 정계에는 정조의 의리탕평론에 부응하는 소론과 남인 세력의 진출이 두드러졌다. 즉지헌은 1780년 6월 규장각(奎章閣) 제학(提學)에 올라 정조의 학문정치를 핵심에서 보좌하였고, 1783년에는 드디어 이조판서가 되어 인사권을 장악하고 김종수와 함께 노론 세력을 이끌어 정국 안정에 협조하였다. 그러나 의리탕평론을 내세워 궁극적으로 노론 · 소론 · 남인의 '삼당보합(三黨保合)'을 이루려는 정조의 정국 개편 방향을 비판하는 입장을 견지하였다. 이 시기 같은 청론사류라 할지라도 정조의 의리탕평론에 적극 협력하였던 부류와 이들을 '시파(時派)'라 비판하는 자칭 '벽파(僻派)' 사이에 대립이 일어나 새로운 정치 상황이 전개되었다.

이 시절 즉지헌은 1784년 2월 모친상(母親喪)을 당해 사직(辭職)하고 물러나 3년상을 치룸으로써 중앙정계로부터 일정한 거리를 두게 된다. 3년상을 마친 후 1786년 6월 다시 공조판서로부터 벼슬을 시작하였던 그는 10월에는 대사헌으로서 남인의 채제공(蔡濟恭)을 비판하는 등 정치활동을 벌이다가 1787년 2월 영의정 김치인(金致仁)의 추천으로 드디어 우의정으로서 정승의 지위에 오르기에 이른다. 당시 우의정에 임명된 그는 정조에게 국왕 자신에게 반대되거나 비판적인 여론일지라도 수용할 것을 거듭 강조하였다.[34] 아울러 정무에 대한 국왕의 지나친 개입과 독단을 경계하면서 사림정치의 원리에 따라 신료들에게 권한을 분산시킬 것을 요구하였다.[35]

즉지헌의 정치 행로에서 이 시기가 가장 득의(得意)의 시기였다. 정조는 당대 제일의 초상화가 이명기(李命基)로 하여금 즉지헌의 초상화를 그려주도록 명하고 여기에 〈어제(御製) 화상찬(畵像贊)〉을 지어 내리는 등 그를 극진히 대우하였다. 1787년 9월 성균관(成均館)에서 유생(儒生)들 시험을 치른 후 돌아와 희정당(熙政堂)에서 베푼 연회에서는 '태평한 시대 군신 간의 아름다운 교환(交歡)'이 이루어졌으며, 정조는 즉지헌과 그 동지 김종수에 대한 각별한 정을 드러내었고 그 내용은 한 시대의 미담으로 실록에 상세히 소개되기에 이른다.[36]

이런 분위기 속에 그는 1787년 10월 동지겸사은정사(冬至兼謝恩正使)

가 되어 청나라로 사행길에 올랐다. 그러나 6개월 간의 사행을 다녀오느라 즉지헌이 자리를 비운 사이에 조정에는 커다란 변화가 일어났다. 1788년 1월 정조는 본격적 친위군영으로 장용영(壯勇營)을 발족시켜 군권(軍權)을 장악하고, 2월에는 노론 김치인(金致仁)이 영의정인 상황에서 소론의 이성원(李性源)을 좌의정으로 임명하면서 바로 어필(御筆)로 남인의 채제공(蔡濟恭)을 우의정으로 특배하여 득의(得意)의 탕평정국을 구현해 내기에 이르렀던 것이다. '고르게 등용하여 어느 쪽으로도 치우치지 않겠다는 원칙(均齊不偏之道)' 을 내걸고 노론 · 소론 · 남인을 삼분의 일씩 등용하여 각 당파 간의 균형을 잡아 그 위에 국왕의 정국 주도를 실현하겠다는 정조의 생각은 삼상(三相)체제의 수립 이후 노론들의 반발에도 불구하고 강력하게 추진되었다.

1788년 3월, 청(淸)에서 귀환하여 판중추부사로 임명되었던 즉지헌은 이러한 정국 변화에 큰 우려를 표명하며 강경하게 대처하였다. 그럴수록 삼당의 균형 위에 왕권을 강화하고 장차 사도세자의 복권(復權)을 이루어내려던 정조와의 갈등도 심화되었다. 급기야 12월 남인인 조덕린(趙德隣)을 복관시키려는 정조에게 윤시동(尹蓍東)이 반대하고 즉지헌이 그를 편들며 정조의 조치를 비판하자 격노한 정조는 그를 멀리 제주도로 유배보내기에 이른다.

이후 1790년 3월에 이르기까지 그는 위리안치(圍籬安置) 죄인으로서 제주에서 고난의 시절을 보내야 했다. 1790년 1월 즉지헌이 제주에서 환갑(還甲)을 맞고 그 두 달 후 유배가 풀리기까지 1년 여의 기간 동안 정조는 사도세자의 무덤을 수원의 천하명당 자리에 옮겨 장대한 위의(威儀)를 갖추는 숙원을 이루어내고 이후 더욱 강력하게 그의 탕평책을 추진하게 된다. 즉위 이래 정조가 키운 친위세력이 정치적 영향력을 발휘하기 시작하고 노론 청론이 시파와 벽파로 갈리어 서로 공격하는 가운데,

이런 정치적 상황을 이용하여 정조는 남인과 그들의 임오의리론(壬午義理論)을 지원하면서 자신이 원하는 방향으로 정국을 이끌어 갔다.

정조는 1790년 왕세자를 얻은 경사를 계기로 왕세자가 15세 성년(成年)이 되는 1804년 갑자년(甲子年)에 전위(傳位)하고 물러나 화성에서 자신의 정치적 숙원을 완수하겠다는 '갑자년구상'을 세워 강력한 의지로 실천해 나가게 된다. 1792년 윤4월 남인들의 영남만인소(嶺南萬人疏)를 계기로 사도세자에 대한 임오의리(壬午義理)를 '온세상이 영원히 인정하는 큰 의리(天下萬世公共之大義理)'로 절대화시켰으며, 1793년 8월에는 전격적으로 금등(金縢)을 공개하여 '영조와 사도세자 모두에 허물이 없음(兩朝德美)'을 대내외에 알리고 임오의리의 정당성을 다시 한번 확인하였다. 그리고는 급기야 1794년 정월, 친히 수원에 나아가 10년 계획으로 화성(華城)신도시 건설사업의 착수를 명하기에 이른다.[37)]

그러나 1795년 을묘년(乙卯年) 윤2월 화성신도시에서의 혜경궁(惠慶宮) 홍씨(洪氏) 회갑잔치를 겨냥하여 준비작업이 숨가쁘게 진행되는 가운데, 그해 정월 정조는 커다란 정치적 위기를 맞게 되었다. 숙원의 을묘원행(乙卯園幸)을 앞둔 가운데 노론 벽파 권유(權裕)의 탄핵으로 정조의 배후에서 권력을 행사하던 소론 출신의 '귀근(貴近)' 정동준(鄭東浚)의 비행이 노출되어 단죄되는 사건이 일어난 것이다. 정조가 측근에 '귀근', 곧 특권세력을 키웠다는 사실이 폭로됨으로써 정조의 정치적 권위는 큰 타격을 입게 되었으며, 측근 신료들까지도 정조의 정국운영에 실망하여 정조에게 의구심을 표함으로써 탕평정국은 위기에 봉착하였다. 이런 가운데 소론이 실세하고 노론시파의 정승들이 책임을 지고 물러남으로써 사림청론이 다시 대두하는 정국의 개편이 진행되었다.

고향에서 은인자중하던 즉지헌은 이러한 분위기 속에 노론, 그 중에서도 사림청론의 기대에 부응하여 햇수로 8년만에 다시 좌의정으로서 중앙정계에 화려하게 복귀하였다.[38] 처음 그는 정조의 임명을 사양하였지만[39] 정조가 측지헌을 유배보낸 일을 자신의 과오로 솔직히 인정하고 이미 후회하고 있음을 공개적으로 표명하자 그의 간곡한 요청[40]을 뿌리치지 못하였다. 청론사류의 상징적 인물이 재상으로 복귀하는 것에 대하여는 노론 벽파도 환영하는 입장이었다. 귀근의 발호라는 신료들의 비판에 직면한 정조가 자신의 즉위를 도왔던 옛 신료들에게 도움을 요청하자 시파, 벽파로 갈라진 노론의 중망(衆望)을 업은 채 노론 청론사류의 핵심인 측지헌과 윤시동(尹蓍東)이 좌의정과 이조판서로 정국을 주도하는 위치에 서게 된 것이다.

정동준 사건에 대한 신료들의 빗발치는 비난 속에서 정조는 즉위 후 키워 온 측근신료들에게도 실망감을 느낀다고 하면서 공공연히 그런 뜻을 표명하고 있었다. 정조는 대신(大臣)들에게 의지하여 자신의 정치적 지향을 달성해 보려는 태도를 취하였다. 청론사류의 핵심인물이었던 유언호와 윤시동은 이같은 정조의 기대를 업고 여론을 수습하는 등 정조를 충실히 보좌하였으며 이에 정조는 정동준 사건의 덫에서 빠져나올 수 있게 된다.

그러나 갑자년구상을 실현하기 위해 정조가 신료들의 순종을 요구하는 '교속(矯俗)'의 정치를 지속하는 가운데 이후 측지헌의 청론적 지향이 순조롭게 관철되지는 못하였다. 정조는 화성건설을 서둘러 완수하고 이곳에 막대한 재력과 군사력을 집중시키려 하였으며[41] 이를 위해 여러 정파 신료들 간의 견제를 유도하는 정국운영을 계속하였기 때문이다.

1795년 10월 정조는 경신대출척(庚申大黜陟, 1680년)에 의해 축출되었던 숙종대 남인의 영수 허적(許積)의 복관(復官)을 시도하였다. 측지헌은 이 시도에 격렬히 반발하였으며 좌의정 직을 사퇴하고 물러가는 상소를 올리기에 이른다. 정조의 정국운영에 대한 실망감 속에 실상 그의 신병(身病)도 깊어가고 있었기 때문에 사직을 고집한 그는 결국 12월 좌의정에서 물러나게 된다.

그러나 끝내 몸과 마음의 병에서 회복하지 못한 채 그가 67세의 나이로 서울집에서 서거한 것은 이듬해 1796년 3월 19일의 일이었다. 이 소식을 들은 정조는 애통해 하면서 즉시 「어제사제문(御製賜祭文)」을 내렸으며 곧이어 4월에는 그의 충절과 학문을 기리는 의미에서 '충문공(忠文公)' 이라는 시호(諡號)를 내리기에 이른다. 정조의 어린 시절부터 그를 도와 학문 형성에 도움을 준 관료학자이자, 이제 정조가 측근 신료들로부터도 신뢰받지 못할 정도의 위기적 상황에 이르자 노경(老境)의 마지막 힘을 내어 그를 도왔던 노대신(老大臣)에게 어울리는 시호였다.

정조 사후 경주김씨 등 벽파가 정국의 주도권을 행사하는 가운데 1802년 6월 즉지헌은 정조의 묘정(廟廷)에 배향됨으로써 신료로서 최고의 명예를 얻기에 이른다. 1806년 병인경화(丙寅更化)로 벽파들이 일망타진된 이후 본격적으로 외척 세도정치를 해나가게 되는 시파들은 벽파들의 지지를 받았던 청론사류의 입장, 곧 우현좌척론(右賢左戚論)이 척족세도에 비판적이라는 점 때문에 벽파와 마찬가지의 입장인 것으로 매도하고 때때로 즉지헌에 대해서 비판을 가하기도 했다. 하지만 청론사류의 상징적 인물이었던 즉지헌의 정치 행로를 근원적으로 부정하지는 못하였다.[42)]

비록 그러했지만, 그의 사후 세도가와 소수 경화사족들에 의해 외척세도정치가 진행되는 가운데 즉지헌이 들어 올렸던 사림정치(士林政治)의 기치는 퇴색하였고 그의 정치적 지향은 점차 잊혀졌다. 이후 조선의 정치는 외척세도(外戚勢道)라는 과두(寡頭) 독재체제 속에서 중심을 잃은 채 표류하였고, 사회는 대내적 혼란 외에도 밖으로부터 밀어닥치는 서세동점(西勢東漸)의 도도한 물결에도 맞서야 하는 엄청난 시련의 시기를 맞기에 이른다.

3. 시대의 변화, 사상적 전환

즉지헌(則止軒) 유언호(兪彦鎬)의 생애는 영 · 정조시대 조선 정치사와 문화사의 전개를 이해하는데 대단히 중요한 의미를 지니고 있다. 영조시대를 이끌었던 종숙부(從叔父) 유척기(兪拓基)에 이어 그는 정조시대의 정치와 문화를 이끌었고 사후 정조(正祖) 묘정(廟廷)에 배향됨으로써 그의 위상이 역사 속에 더욱 빛나고 있기 때문이다.

노론의 혁혁한 명문 출신이었던 그는 산림학자의 학풍을 계승하면서 관료학자로 전환하여 정조의 개혁정치를 추진하는데 핵심적 역할을 담당하였다. 그는 산림학자였던 맏형 유언집(兪彦鏶)과 장인 민우수(閔遇洙)로부터 우암(尤庵) 송시열(宋時烈)과 농암(農巖) 김창협(金昌協)을 거쳐 도암(陶菴) 이재(李縡)로 이어지는 낙론(洛論) 주자학을 전수받아 주자학자적 풍모를 가지고 있었다.

한편, 영 · 정조대를 찬란하게 수놓았던 경화사족들 문학과 예술의 성과, 이른바 '진경문화(眞景文化)'를 호흡하였던 그는, 서울 생활을 통하여 선배 및 동료들과 교류하고 특히 당대 문학의 쌍벽이라 할 유한준(兪漢雋), 박지원(朴趾源) 등과 교유하면서 그의 문학과 예술을 성숙시켰다. 이러한 학문과 문예의 소양은 그가 어린 정조를 가르치고, 훗날 정조 즉위 이후 규장각에서 정조의 학문정치를 보좌하여 조선의 학문을 발전시키고 문예의 융성을 이루어 가는 기초가 되었다.

전통주자학을 기본 교양으로 하였던 그는 그러나 시대의 변화에 역행하는 보수주의자는 아니었다. 전 사회적 변화 속에서 그 역시 시대의 흐름에 따라 노장(老莊)과 불교(佛敎)에 관심을 기울이는 등 새로운 정신세계를 모색하고 있었다. 신료들과 함께 정학(正學), 곧 주자학의 부양에 골몰하던 정조 스스로도 이단의 불교에 기울고, 그 휘하 학자들은 북학(北學)과 서학(西學)을 받아들여 새로운 사상과 문화를 창출하고자 노력하였다. 정조의 학문정치를 보좌하였던 그는 정조와 마찬가지로 이들의 후원자이기도 했다.

정조시대에는 사상계 일각에서 외래의 서양 종교까지도 수용하는 급격한 사상적 전환이 이루어지기도 한다. 그것은 주자학과 명분론을 내세우던 산림학자의 집안에서도 피할 수 없었던 시대적 흐름이었다. 즉지헌에게 주자학을 배웠던 손녀사위 김건순(金建淳)이 급기야 천주교 신앙으로 나아가 죽음을 당하기에 이르렀던 것은 이 시기의 사상적 전환과정이 얼마나 급격하였던지를 보여주는 사례였다.

그와 그의 일문이 겪었던 파란과 이러한 급격한 변화의 양상은 시대적 흐름의 일단이었다. 그런 까닭에 청론사류(淸論士類)의 핵심으로서 한 시대를 이끌던 즉지헌의 정치 행로도 이러한 격변의 추세를 비켜갈 수 없었다.

청론사류의 정치적 입장으로 일관하였던 즉지헌은 정조의 개혁정치를 보좌하면서도 사림정치론을 관철하려는 의지를 강력히 내세웠다. 이는 영조대 탕평정치의 폐단을 극복하려던 정조 개혁정치의 기본 입장이 되었다. 즉위 초 즉지헌의 보좌를 받으며 정조는 청론사류들의 주장을 받아들여 척족(戚族)을 배제하고 학문정치를 구현하는 등 정치 개혁을 시도하였고 이는 정조시대 사회적 안정과 문화적 융성을 가능하게 할 정도의 성공을 거두었다.

그러나 집권 후반에 접어들면서 조속한 왕권강화를 위해 삼당(三黨) 보합(保合)의 탕평에 집착하였던 정조는 사림, 특히 노론과 정국운영 방안을 놓고 갈등을 벌이고 급기야 정조는 청론사류를 배제한 채 시파(時派)만으로 득의의 탕평정국을 창출해 내기에 이른다. 이 시기 노론 청론사류의 영수였던 측지헌은 청나라 사행을 다녀 온 이후 1년여의 제주도 유배를 포함하여 전후 8년 간의 정치적 실각을 경험하기에 이르렀다.

그는 정동준(鄭東浚) 사건 이후 청론의 기치를 들고 중앙정계로 다시 나아가게 된다. 측근신료들까지 등을 돌리는 상황에서 정치적 무력감을 실토하며 대신(大臣)의 정치력에 의지하려던 정조를 보필하여 그는 정치적 안정을 앞당기기 위한 노력을 경주하였다. 그러나 정조대 최말년, 정작 그의 정치적 역량이 필요하였던 시점에서 그는 서거하게 된다. 갑자년구상(甲子年構想)을 입안하고 그를 위해 끊임없는 왕권강화의 노력을 기울임으로써 신료들과의 갈등이 야기되었던 상황에서 노론의 영수로서 그의 정치력이 필요한 순간이었다.

정조가 신료들의 지지를 얻지 못하고 측지헌이 견지한 사림정치론(士林政治論)이 정조의 지지를 얻어내지 못하는 상황에서, 정조 말년의 정치적 혼란이 초래되었다. 군신 간의 갈등과 신료들 간의 정치론의 대립은 결국 정조 사후 숙종대 이래의 탕평정치(蕩平政治)와 조선후기 이래 사림정치(士林政治)까지도 붕괴되어 버리는 결과를 초래하기에 이른다.

사후 측지헌은 정조 묘정에 배향되는 영광을 얻었지만 정조 사후 전개된 외척 세도정치 아래 정조의 정치적 지향은 물론 측지헌의 정치적 지향도 함께 무너짐으로써 오늘 우리에게 정조 묘정의 분위기는 어둡게만 느껴진다. 군신(君臣)의 공감대 위에 힘차게 들어올렸던 정조시대 개혁의 기치는 조선의 전통문화가 전성을 구가하며 새로운 문화와 융합하면서 스러져 가는 장엄한 역사의 전개 속에서 한껏 나부꼈다. 그러나 정조대 말년 이들의 공감대에 균열이 생기면서 측지헌이 내세운 정치적 지향과 노력도 서서히 역사의 어둠 속으로 사라져 갔던 것이다.

제3장
관료학자 이서구(李書九), 청론사류의 분열과 좌절[43]

1. 외척세도(外戚勢道)에 맞선 정치가
2. 여론의 기대를 걸머진 지도자
3. 북학(北學)과 청론(淸論)을 주도한 관료학자
4. 사후(死後)의 정치적 매장과 그 상흔(傷痕)

이서구 초상화

1. 외척세도(外戚勢道)에 맞선 정치가

경기도 영평의 은거지에서 72세의 노 정치가는 꺼져가는 자신의 운명을 예감하며 마지막 힘을 다해 임금(純祖)께 올리는 「유소(遺疏)」를 작성하였다.

"신(臣)은 나쁜 질병으로 여러 달 동안 고생하여 실낱같이 남은 목숨이 조석 사이에 끊어지려 합니다. 그러나 나라를 근심하는 일념이 간절하여 비록 어려운 중이지만 차마 아뢰지 않을 수 없어서 죽음을 앞둔 마지막 글을 감히 올리는 바입니다.

엎드려 원하옵건대 전하께서는 뜻을 굳게 가지고 분발하시어 정치에 더욱 힘쓰시고, 어진 선비를 널리 선발하시어 왕세자를 올바로 이끌어 가시기 바랍니다. 궁실과 정부의 기강을 바로 세워 재정을 절제하셔서 백성들의 부담을 덜어주시옵소서. 또한 서울과 지방을 하나로 살피셔서 인재들을 두루 등용하심으로써 민심을 수습하시기 바랍니다. 무릇 이 네 가지를 깊이 살피셔서 잘 실행해 가신다면 국가의 모든 일들을 제대로 해나갈 수 있을 것입니다.

원컨대 전하께서 부족한 저의 말씀을 받아들여 주신다면 저는 죽더라

> 도 제대로 눈을 감을 수가 있겠습니다. 제 정신이 혼미하고 기운이 막혀 글이 되지 못하므로 종이를 놓고 그 앞에서 눈물만 흘리며 애통한 마음으로 삼가 소(疏)를 올려 아뢰는 바입니다."[44)]

숨을 거두는 그 순간까지도 척재(惕齋) 이서구(李書九, 1754~1825)는 나라를 걱정하였다. 당시는 안동김씨와 풍양조씨를 위시한 외척과 서울의 일부 경화거족(京華巨族)들이 정권을 전단하는 세도정치(勢道政治)가 행해지던 때였다. 세도정치는 본질적으로 과두(寡頭) 독재체제였기에 왕권은 제 역할을 못하고 인재의 폭넓은 진출길도 막혀 있었다. 외척세도하에서 더욱 심화된 경(京)·향(鄕)의 분기(分岐)현상, 국가 재정의 방만한 운영과 민에 대한 가렴주구(苛斂誅求), 그리고 그에 따른 민심의 이반, 이런 문제들에 대해 척재는 간략하지만 간곡하게 대책을 개진하였다. 그는 무엇보다도 국왕의 분발을 당부하면서 재정운용과 인사정책의 혁신을 통해 국가적 위기를 타개해 나갈 것을 요청하였고 왕세자의 올바른 인도에 미래의 희망을 걸고 있었다.

가슴 속에 품어 온 절실한 문제들을 짧지만 완곡히 개진함으로써 「유소」를 마무리한 척재는 기진한 채 자리에 누웠다. 이윽고 자제들에게 어려서부터 즐겨 읽던 『초사(楚辭)』를 낭송하도록 명한 그는 그 소리를 듣는 가운데 평온하게, 실로 파란만장하고도 한많은 삶을 마감하였다. 때는 순조 25년(1825) 9월 29일, 1805년 이래 20년을 은거하던 경기도 영평(오늘의 포천군 이동면)의 선영(先塋) 아래 향저(鄕邸)에서였다.

그의 서거 소식은 바로 서울에 알려졌고 그로부터 며칠 후 조정에 척재의 「유소(遺疏)」가 올라 왔다. 이 소식에 접한 순조는 "문학(文學)과 정사(政事)의 능력을 이 대신처럼 갖춘 사람을 어디서 구해 오리오. 내가 반드시 한번 등용하려고 고심한 것도 이제 허사가 되었다"고 애석해 하면서 심심한 조의를 표하였다.

척재의 「유소」와 이러한 순조의 애도사(哀悼辭)는 그로부터 10년 후 순조가 돌아가자(1835년) 편찬된 『순조실록』에 상세히 실리게 된다. 그러나 『순조실록』이 편찬되던 이 시기에는 세도정권이 이른바 신의학 옥사(愼宜學 獄事; 1829, 순조 29년)를 계기로 척재를 벽파의 핵심인물로 단죄하고 추탈관작(追奪官爵)이라는 정치적 매장조치를 내린 이후였으므로 순조의 언급에 덧붙여진 척재에 대한 사관(史官)의 평가는 냉혹한 것이었다. 사관은 당시의 정치적 상황 속에서 척재의 삶과 정치행로를 바라보면서 다음과 같은 논평('卒記')을 덧붙였다.

"이서구는 종실(宗室) 낭선군(朗善君) 이우(李俁)의 후손이다. 젊어서는 서유린(徐有隣) 형제와 잘 지냈는데, 을묘년(1795, 정조 19년) 국세(局勢)가 일변하기에 이르러 지론(持論)이 사뭇 달라졌으니, 그 본말을 아는 자들은 그의 빗나간 성품을 의심했었다. 경신년(1800, 정조 24년) 5월 그믐날 정조의 연교('五晦筵教') 후에 곧 한 소장(疏章)을 올려 품고 있는 뜻을 언뜻 보이니, 온 세상이 놀라고 의심하게 되었다. 병인년(1806, 순조 6년)의 정치적 격변('丙寅更化') 이후 조정 의논이 용납하지 않아 향리로 물러가 은거하게 되었고, 오랜 세월이 지난 후 방폐된 상황에서 일으켜 세워 정승으로 임명하였으나(1824, 순조 24년) 한사코 사양하여 나오지 않았다.

대개 그의 문학은 잘 정련(精鍊)되어 있었고 경학은 범위가 넓고도 고아하였으며 행정사무도 두루 잘 처리하였다. 재주와 견식이 모두 뛰어났으며 더구나 청렴한 것으로도 이름이 나서 백성들의 기대('民望')를 모으고 있었다. 그러므로 임금(순조)께서는 그에게 가해진 정치적 처벌을 벗겨내어 등용하고자 하셨다. 하지만 남을 업수이 여기고 그 스스로 잘난 척하여 남을 인정하지 않았으니 이것이 그가 끝내 실패한 이유이다."[45]

그의 삶과 정치 행로를 이례적으로 상세히 소개하면서도 사관은 그의 실패를 당연시하는 냉담한 결론을 내리고 있다. 하지만 호평과 악평이 섞인 가운데 종잡기 어려운 사관의 평가태도가 척재의 삶과 정치행로의 기구함이 심상치 않았음을 암시하고 있다.

생전과 사후, 거듭 역적으로 몰려 단죄된 척재의 정치 행로에서 사관이 부각시킨 사실은 정조대 후반, 시파의 핵심이었던 서유린(徐有隣)과의 대립(1795), 그리고 정조 서거 직전 이른바 오회연교(五晦筵敎)가 나왔을 때(1800) 보인 의심스런 태도, 순조대 이후 김달순(金達淳) 옥사(獄事)로 야기된 병인경화(1806)와 벽파의 몰락, 이로 인한 척재의 숙청과 은거, 이후 거의 20년만의 복권과 우의정 제수(1824) 등이었다. 이런 사실들을 제시함으로써 사관은 정조와 대립하였던 벽파의 핵심 인물로 척재의 정치적 위상을 부각시키고, 이 때문에 척재가 순조대 이후 정계에서 축출되었으며 뒤늦게 출사의 기회가 주어졌음에도 나오지 않다가 서거한 것으로 설명하고 결국 정치가로서 그의 삶은 실패한 것으로 규정하였다.

그러나 이러한 사관의 정리에는 적어도 몇 가지의 중요한 사실이 왜곡되거나 누락되어 있었다. 1829년의 추탈관작 조치를 정당화하기 위한, 어쩌면 의도적인 이 왜곡과 누락이야말로 『순조실록』이 편찬되던 시기 외척세도정권이 척재를 바라본 시각을 반영한 것이었고 이는 오늘까지도 척재의 삶에 대한 가장 유력한 평가 방식으로 지속되어 왔다.

우선, 1795년 서유린과의 대립을 가져왔다는 것은 정동준(鄭東浚)이 정조의 측근 심복으로 활약하다가 숙청된 사건을 말한다. 정조는 1804

년, 갑자년(甲子年)에 왕세자가 15세 성년이 되면 왕위를 물려주고 상왕(上王)으로서 수원에 내려가 은거할 구상을 가지고 있었다. 이를 위해 1794년부터 10년 계획으로 화성(華城)신도시를 건설하면서 정조는 정동준을 측근 심복으로 키웠다. 당시 여론은 막후에서 실권을 행사하던 정동준을 '귀근(貴近)', 곧 특권세력이라고 공격함으로써 정동준을 정계에서 축출하고 정조와 그를 지원한 일부 시파관료들에게 타격을 가했다. 서유린을 위시한 정조 측근의 일부 시파들은 이 사건을 계기로 정조의 의리탕평론(義理蕩平論)에 대해 반대하던 벽파 정치세력과 본격적으로 대립하게 되었고, 훗날 이 사건에서 벽파의 역할을 부각시키게 된다.

그러나 이때는 물론이고 1800년 정조가 오회연교(五晦筵敎)를 내렸을 때 그에 대해 밝힌 척재의 비판적 입장은 사림청론의 오랜 정치적 입장에서 일관된 주장을 편 것이었을 뿐, 벽파로서의 당파적 주장은 아니었다. 어떤 특권세력의 양성도, 그리고 그들의 간정도 반대한다는 그의 입장은 순조대 이후 외척이 특권세력으로서 정치에 개입하고 시파, 벽파가 그들을 따라 이합집산하던 세도정치에 대하여도 비판적이었다. 그는 우의정이던 서용보(徐龍輔)와 함께 엄정한 중립적 입장('中立之論')을 견지하고 있었다.

그러므로 척재가 실각하여 은거하게 되는 계기도 벽파 정치세력이 시파에 의해 일망타진되었던 1806년의 병인경화가 아니었다. 순조 즉위 이래 경주김씨, 반남박씨, 안동김씨 세 외척의 간정이 전개되는 가운데 이조, 호조 등의 판서직을 역임하며 때때로 외척세도가들과 대립하였던 그는 병인경화 이전에 이미 숙청된 상태였다. 그는 권유(權裕)가 김조순의 딸과 순조의 대혼(大婚)을 비방하는 상소를 올렸다가 처단되자 그 배후로 의심받아 탄핵을 받기도 했고, 순조가 성년이 되어 정순왕후의 수렴청정이 끝났음에도 여전히 외척의 간정이 계속되는 상황에 대해 비판적이었던 까닭에 어려운 처지에 놓이게 된다. 1804년 5월에는 외직(外職)인 평안감사로 내몰리게 되고 여기서도 훗날까지 인구에 회자되는 신화적 치적을 남겼지만, 이듬해 1805년 윤6월에는 여기서도 물러나 결국 중앙 정계에서 축출되기에 이르렀다.

순조초 신유사옥(辛酉邪獄)이 일어났을 때, 지의금부사(知義禁府事)로서 서학(西學) 추국(推鞫)에 참여하여 시파와 신서파(信西派) 남인들을 처벌하는데 참여하고, 호조판서로서 벽파의 영수인 영의정 심환지(沈煥之)의 지원을 받으며 추진한 장용영 혁파 등의 시책 때문에 척재는 벽파라는 의심을 받았다. 그러나 그는 추국과정에서 죄인들의 억울한 상황을 조사하여 벌을 감해주자는 이른바 '평반지론(平反之論)' 을 주장하여 정약용(丁若鏞), 이기양(李基讓) 등이 극형을 모면케 하였다. 이런 정황은 척재 자신의 기록은 물론 정약용이 쓴 자신의 묘지명(「자찬묘지명(自撰墓誌銘)」)에도 명백히 나오고 있다. 장용영 혁파 역시 벽파의 사주에 의한 것이 아니라 그의 오랜 지론에 따른 것이었음을 밝히고 있지만 그에게 씌워진 벽파의 굴레는 강고하였다.

병인경화 이후 안동김씨와 반남박씨가 연대한 시파 세도정권이 서자 그는 '심환지와 몸은 다르지만 속마음은 같다('異身同腸')' 고 비난받으며 벽파로 몰리고 심지어는 생명의 위협을 당하기에 이른다. 외척들에 대한 비타협적 태도 때문에 그는 외척들로부터 반감을 샀고, 이 때문에 정조의 유지(遺志)를 내세워 정권을 공고히 해가던 시파 외척세도정권은 정조에게도 완강히 맞섰던 척재의 청론적 입장을 벽파와 동일시하며 외척세도에 대한 비판을 잠재우려 하였다. 이런 입장에 서서 사관은 그의 실각마저 병인경화 이후 벽파의 몰락과 함께 이루어진 일인 양 사실과 달리 기록하였던 것이다.

더욱이 1820년에 척재가 67세의 나이로 호남감사가 되어 정계에 복귀하게 되었던 것을 사관이 국왕 또는 세도정권의 은혜인 양 설명한 것도 실상과는 동떨어진 기술이었다. 40세의 나이로 역임했던 호남감사 직에 그가 27년 후 노년이 되어 다시 나가게 되었던 것은 호남지방의 연이은 흉년으로 위기에 처하였던 세도정권의 강권에 의한 것이었다. 외척세도에 반대하다 축출된 그는 이후 세도정권 하에서는 어떤 직위로도 출사하기를 거부하였다. 1818년 9월 그를 복권시킨 세도정권은 형조판서를 위시하여 여러 벼슬을 내렸지만 그는 나가지 않았다. 이윽고 1820년 3월에는 호남의 위기를 해결하고자 이미 정조대로부터 호남문제 전문가로 명망이 높았던 그에게 호남감사의 벼슬을 내리게 된다. 그러나 그가 완강히 거부하자 세도정권은 다급한 나머지 그에게 전라도 삼례로의 유배를 명하였고, 이마저 거부할 수 없어 죄인으로서 이곳에 이른 그에게 정부는 다시 호남감사 직첩을 내렸던 것이다.

유배가는 길에 민의 참상을 접하였던 그는 어쩔 수 없이 호남감사에 취임하여 2년 간 호남을 안정시키는 일을 수행하게 된다. 이 기간에 남긴 그의 치적은 놀라운 것이었으며 세도정권에게나 백성들에게 깊은 인상을 남기게 되었다. 임기를 마치자 곧바로 향리로 돌아가 버린 그에게 세도정권은 우의정의 직첩을 내리게 되었으며, 그를 향한 민중들의 기대는 설화 속의 '이인(異人)' 또는 초인적(超人的) 인물상으로 응결되어 인구에 회자되기에 이른다.

그는 사림청론의 정치적 입장을 견지함으로써 정조 사후 전개된 외척세도정치에 저항하였고 그에게 백성들의 여망('民望')이 쏠리자 결과적으로는 그 때문에 정치적 탄압의 희생자가 되었다. 엄연한 여론의 향배 때문에 사관은 순조의 애도사를 그대로 받아 들여 척재의 뛰어난 학문과 행정 능력을 소개하고, 그에 대한 여론의 광범위한 지지를 전하였다. 그러면서도 당시의 정치적 상황을 반영하여, 사관은 척재의 정치 노선과 정치적 사건을 일부 왜곡하면서 그의 삶에 대해 부정적 평가를 내리고 그의 실패의 원인을 비타협적이었던 그의 성품 탓으로 돌리는 얼핏 납득하기 어려운 설명을 덧붙이게 된 것이다.

결국 척재가 견지했던 사림청론의 정치적 입장은 세도정치 하의 이런 정황 속에서 벽파의 입장으로 호도되었고, 생전의 오랜 방폐와 사후의 정치적 매장 조치는 정당화되었다. 신의학 옥사 이후 외척세도에 대한 비판을 봉쇄하기 위해 척재에게 추탈관작이란 철퇴가 가해지고 청론까지도 벽파로 치부해 버리면서 이후 특권세력의 정치 간여를 반대하는 사림청론의 정치적 입장도 점차 잊혀지게 된다.

외척세도정권이 그에게 씌운 벽파의 굴레와 『순조실록』에 실린 이런 류의 평가는 그의 삶과 정치 행로를 평가하는 가장 유력한 견해가 되었다. 60년 안동김씨 세도가 끝난 후로도 이후 10년 간의 홍선대원군(興宣大院君) 세도, 그리고 그 이후 명성왕후(明成王后)와 여흥민씨(驪興閔氏) 일가의 세도에 이르기까지 오랜 동안 척족세도가 지속되었기 때문이다. 사림청론의 상징적 인물로서 외척세도정권에 의해 살아서는 물론이고 사후 다시 철저히 매장됨으로써 지금껏 그 실체가 왜곡되어 온 비운(悲運)의 정치가, 그가 바로 척재 이서구였다.

2. 여론의 기대를 걸머진 지도자

우현좌척론(右賢左戚論)을 견지하며 외척세도를 비판하고 사림정치를 복원하고자 한 척재의 정치적 지향은 당시의 억눌린 정치적 상황 속에 이채로웠고 그 영향력은 매우 컸다. 사후에까지 다시 그를 매장하여야 할 만큼 세도정권은 척재에게 쏠린 여론의 향배를 예의주시하고 그의 정치적 입장이 계승되는 것을 차단하려 하였다. 왕권의 회복을 희망하던 순조는 그를 등용하려는 뜻을 품었지만 그가 은거지에서 쓸쓸한 죽음을 맞을 때까지도 실천에 옮기지 못하였고 사후 애석함 속에 자신의 나약함을 절감할 뿐이었다.

외척세도를 반대하며 의연히 은거의 길을 선택한 그는 외척세도정치에 실망하였던 당시 여론의 광범위한 지지를 받고 있었다. 그러나 현실 정치 속에서 그는 실패하였고 이는 억눌린 백성들 가슴 속의 한으로 남아 오늘날까지도 널리 전승되는 민중설화 속의 이야기들로 정착되었다. 비극적 상황과 비운의 삶, 이 때문에 그는 백성들의 뇌리에 '이인(異人)'으로 각인되었고 다음과 같은 호남 지역의 설화 속에서 오히려 새시대의 희망으로 살아남게 된다.

> "전라도 무장현(현재 고창군) 선운사(禪雲寺) 도솔암 남쪽 수십 보(步)쯤 되는 곳에 50여 장(丈)이나 되는 층암 절벽이 있고 그 절벽 바위 전면에는 큰 불상 하나가 새겨져 있다. 전설에 의하면 그 석불은 지금으로부터 3천년 전에 살았던 검당선사의 진상(眞像)이라고 하는데 그 석불의 배꼽 속에는 신기한 비결(秘訣)이 들어 있다고 하며 그 비결이 나오는 날은 한양(漢陽)이 다된다(망한다)는 말이 자자하였다.
>
> 그 증거로는 지금부터 130년 전 전라감사로 살러온 이서구라고 하는 이가 도임한 후 며칠만에 망기(望氣; 기운을 보고 조짐을 알아냄)를 하고 남쪽으로 내려가 선운사에 이르러 도솔암에 있는 석불의 배꼽을 떼고 그 비결을 내어 보다가 그 때 마침 뇌성벽력이 일어나므로 그 비결책을 못다 보고 도로 봉해 두었다고 하며 그 비결의 첫머리에 쓰여 있으되 '전라감사(全羅監事) 이서구(李書九) 개탁(開坼)' 이라고 한 글자만을 보고 말았다고 하는데 그 후로도 여러 사람이 열어보고자 하였으나

벽력(벼락)이 무서워서 못한다고 말하는 것이었다.

어느날 손화중(孫化中) 접중(接中)에서는 선운사 석불 비결의 이야기가 나왔다. 그 비결을 내어 보았으면 좋기는 하겠으나 벽력이 또 일어나면 걱정이라고 하였다. 그 좌중에 오하영이라고 하는 도인(道人)이 말하되 그 비결을 꼭 보아야 할 것 같으면 벽력이라고 하는 것은 걱정할 것이 없는 것이다. 나는 들으니 그러한 중대한 것을 봉할 때는 벽력살(霹靂殺)이라는 것을 넣어 택일하여 봉하면 후인이 함부로 열어보지 못하게 되는 것이라 하는 말을 들었다. 내 생각에는 지금 열어 보아도 아무 일 없으리라고 본다. 이서구가 열어 볼 때에 이미 벽력이 일어나 없어졌는지라 어떠한 벽력이 또다시 나올 것인가. 또는 때가 되면 열어보게 되나니 여러분은 그것을 염려하지 말고 다만 열어볼 준비만을 하는 것이 좋다. … 석불의 배꼽을 도끼로 부수고 그 속에 있는 것을 꺼내었다."[46]

난세(亂世)로부터 희망을 찾고 있던 전라도 백성들의 간절한 염원이 이들 야담에 소상히 드러나고 있다. 한양으로부터의 세도정치의 폭정 아래 신음하던 호남 농민들은 한양, 곧 조선의 멸망을 기대하면서 척재와 같은 뛰어난 인물을 그 선봉으로 내세우기에 이르렀다. 야담 속에서나마 이들은 훗날 갑오년(1894) 동학농민항쟁을 통해 자신들의 희망을 직접 표출하기까지 그 조짐을 엿보아 벽력살을 없애는 선구적 역할을 할만한 인물로 척재를 지목하여 이야기에 등장시켰던 것이다.

그러나 척재에게 희망을 걸었던 호남의 백성들은 이때는 '벼락' 때문에 희망을 실현시키지 못하였다고 한다. 호남 백성들의 기대를 업은 채 중앙정치무대로 돌아간 척재가 오히려 세도정권에 의해 매장당하고 백성들의 희망을 이루어내지 못함으로써 척재는 백성들의 설화 속에 이런 식의 선구적 인물로 자취를 남기게 되었다. 초인적 지도자였던 척재가 비결을 확보하는데 실패함으로써 한양으로부터의 폭정은 계속될 수밖에 없었다는 것이고, 이 때문에 다음 시기에 가서 민중들은 전봉준, 손화중 등을 필두로 직접 떨쳐 일어나기에 이른다. 이때 사전에 벽력살을 제거한 척재의 선구적 역할로 손쉽게 비결을 확보하게 된 동학농민군에 의해 호남 백성들이 희망을 이루는 계기를 맞게 된다는 것이 야담의 내용이었다.

19세기 조선에서 척재에 대한 여론의 기대는 대체로 이런 정도였다. 백성들이 보기에 그들의 어려움을 해결해 줄 수 있는 거의 유일한 지도자가 척재였고 그에 대한 신뢰는 그들의 종교생활에까지 영향을 미쳤다. 동학과 함께 호남지역에 널리 유포된 민중종교인 남학(南學)이 그 사상적 연원을 척재에게서 찾을 정도로 호남지역에서 그의 영향력은 절대적이었다. 이는 호조판서로서 발휘한 뛰어난 실무적 능력과 평안감사, 호남감사 등 지방관으로서 보여주었던 그의 놀라운 치적에 근거한 것이었고 그에게는 비상한 능력이 있는 것으로 소문이 났다. 그의 행정 실무 능력('吏才')이 역대 제일이라는 것은 당대의 관료와 서리(胥吏)들 사이의 정평이었다.

> "대산(臺山) 김매순(金邁淳)이 항상 말하기를 척재의 행정 실무 능력(吏才)은 서애(西厓) 유성룡(柳成龍)에 비하여도 오히려 더 낫다고 하였다. … 호조의 늙은 서리들도 또한 말하기를 우리들이 재상(宰相)거공(鉅公)으로서 호조판서가 되신 분들을 많이 겪어 보았지만 문서와 장부를 환히 꿰뚫어서 마치 신경쓰지 않는 듯하면서도 손바닥을 가르키듯이 분명히 알고 계신 분은 오직 영평의 이정승(이서구) 한 사람 뿐이었다고들 하였다."[47]

이러한 그의 능력에 대하여는 정약용도 『목민심서(牧民心書)』 권3 「구재(救災)」에서 평안감사로서 그의 놀라운 치적을 예로 들어 찬탄할 정도였다. 특히 그가 호남감사로 있을 때 남긴 뛰어난 치적과 당시 미래를 예견했다는 실제적 사례들은 다음과 같은 설화를 통해서 두고두고 인구에 회자되었다.

> "이서구는 미래의 일을 알고 있는 경우가 많았다. 순조 때에 그가 다시 전라도관찰사로 부임하여 오래 쌓였던 폐단을 바로 잡으니 전라도의 백성들이 편안함을 얻었다. 임기가 차서 돌아갈 때 호적 문서를 거두어 여러 서리들에게 나누어 주며 그 문서를 베끼도록 해서 창고 하나를 마련하여 따로 보관하도록 하였다. 얼마 후 호적고가 불에 타버리자 다른 장부들은 모두 없어져 버렸지만 오직 따로 베껴놓은 호적만은 아무 탈 없이 보존될 수 있었다."[48]

척재의 초인적 능력에 대한 여론의 추앙과 기대는 외척세도에 대한 척재의 정치적 입장과 연관된 또다른 형태의 설화를 낳았다. 안동김씨 세도가의 첩이었던 나합(羅閤)의 출생을 예견했다는 다음 이야기는 훗날 외척세도에 대한 비판적 여론이 척재에 대한 기대와 연결되어 나타난 것으로 이해된다.

> "이서구가 전라감사로 있을 때 하루는 천강성이란 별이 나주 지방에 떨어지는 것을 보게 되었다. 그가 감영의 서리를 불러 이르되 네가 나주(羅州) 아무개 사람의 집에 가면 그 집 아낙네가 반드시 아이를 낳았을 것이다. 만약 아들을 낳았거든 반드시 죽여버릴 것이요 딸을 낳았거든 죽이지 말고 돌아오라고 하였다. 감영의 서리가 돌아와 아뢰기를 과연

딸을 낳았더이다 하니, 이서구가 말하기를 만약 아들이었다면 반드시 나라를 어지럽혔을 것이나 한갓 계집아이라면 어찌 족히 그렇게 하겠느냐, 그러나 반드시 권귀(權貴)의 첩(妾)이 되어 세도가 한 때 온 나라를 기울게 할 것이라고 하였다. 그 후에 과연 하옥(荷屋) 김상국(金相國; 안동김씨 세도가 金佐根)의 첩이 되니 이 여인이 바로 나합(羅閤)이었다." 49)

여론은 야담 속에서나마 외척세도의 폐해를 제거하여 나라를 구원할 수 있는 통찰력을 가진 인물로 척재를 상정하였다. 하지만 결국 희망은 이루어지지 못했고 잘못되어 간 현실에 대한 안타까움이 이런 이야기 가운데 배어난다.

척재에 대한 여론의 기대는 정조 임금에 대한 기대와도 연결되었다. 암담한 현실이 백성들로 하여금 '남조선(南朝鮮)' 과 같은 새로운 세상을 찾도록 만들었고, 이러한 문제의 해결은 정조와 척재에 의해 가능할 것으로 비춰졌다. 백성들의 상상 속에서나마 이미 서거한 이전의 성군(聖君)과 그들이 직접 겪어본 경이로운 능력의 '이인(異人)' 은 설화 속에 함께 등장하게 되었다.

"남조선(南朝鮮)이란 남해 가운데 제주도 밖에 있는 지역이다. … 연일 정씨(延日 鄭氏)들의 후예가 들어가 살면서 무리를 모아 큰 일을 경영하니 이는 바로 훗날 계룡산(鷄龍山)으로 도읍을 옮길 징조라고들 했었다. 이 일이 있은 지는 이미 백여 년이 되었는데 정조는 매번 이 때문에 걱정하셨다. 상국(相國) 이서구는 이인(異人)이었는데 임금께서는 그가 식견이 많다는 것을 알고 이 일을 탐지시키고자 특별히 호남감사로 임명하셨다. … 이서구가 부임하고 나서 감영의 한 귀머거리를 불러 밀지를 써 주었다. … 그 귀머거리가 돌아와 정탐한 내용을 글로 아뢰고

난 후 사또 생전에 다른 염려는 없을 듯하다고 하였다. 공은 나도 그러리라 짐작하고 있었다고 하였다."[50)]

야담 속에서 척재(1754~1825)는 자신을 신임한 정조(1752~1800)를 도와 국가적 환란을 사전에 기찰하여 대책을 마련하는 임무를 수행하고 있다. 여론은 이미 역사 속에서 검증된 훌륭한 임금과 유능한 신하, 이 두 사람이 힘을 모음으로써 어떤 난국이라도 타개할 수 있으리라는 희망을 표명하였다.

그러나 두 살 차이의 동년배로서 동일한 시대상을 호흡하며 임금과 신하로 만났던 이 두 사람이 여론의 기대처럼 그렇게 한 마음 한 뜻이기만한 것은 아니었다. 척재는 집권 후반에 가면서 정조가 왕권강화에 집착하면서 측근세력(이른바 '貴近')을 키우려 들자 사림청론(士林淸論)의 입장을 내세워 그를 비판하였고 군주에게까지도 고언(苦言)을 불사하였다. 그의 불굴의 태도와 그에게 쏠린 여론 때문에 정조는 간혹 척재에게 경원(敬遠)하는 태도를 보이게 되었고 두 사람 사이에 정치적 지향이나 사상적 경향에서 넘어설 수 없는 간극은 집권 후반기로 갈수록 더 커졌다.

박지원 문하의 북학론자이자 청론(淸論)의 관료학자로서 척재의 사상적 지향점과 정치적 행로는 일관된 것이었기에 정조대 후반에 들어 '만천명월주인(萬川明月主人; 군주는 만 갈래 개천을 비추는 밝은 달과 같은 존재라고 하면서 정조가 자신의 절대적 지위를 강조하여 지은 칭호)'을 자처하며 왕권 강화를 추구하던 군주의 입장과 점차 어긋나면서 갈등을 빚기에 이른다. 하지만 이는 다양성을 포용하던 개명한 군주와 변화를 추구하던 유능한 신하가 어울린 태평한 시대 정치상황의 한 측면일 뿐이었다. 정조 사후 세도정치의 파행적 정치상황에 대해 여론은 앞 시대와 같은 군신(君臣)의 출현을 대망하기에 이르렀고, 이들 군신이 힘을 합쳐 시대적 난제를 헤쳐 갔던 과거의 상황은 새 시대의 희망으로 떠올라 이러한 야담으로 정착하기에 이르렀던 것이다.

3. 북학(北學)과 청론(淸論)을 주도한 관료학자

외척세도의 암담한 현실 속에서 여론이 이상적 시대로 생각했던 것은 정조시대였다. 정조시대는 척재와 같은 초인적 능력의 '이인(異人)' 들이 국왕의 신임을 받아 뜻을 펼 수 있는 시기이기도 했다. 실제로 정조시대는 뛰어난 학자군주의 지도력과 휘하의 수많은 인재들의 능력이 조화를 이루면서 혁신의 가능성을 내보인 시기였다.

갖은 어려움 속에 등극한 정조는 사도세자의 죽음을 초래한 영조대의 여러 폐단을 척결하면서 정치적 혁신을 도모하였다. 선왕의 탕평정치를 계승하되 사림(士林) 청론(淸論)의 '우현좌척론(右賢左戚論)' 을 정치적 지침으로 내세워 척족 등 특권세력을 물리치고 청론의 사류(士類)를 대거 등용하였으며 사림정치를 복원해 가고자 하였다. 학문정치(學問政治)를 추구하였던 정조는 규장각(奎章閣)을 세우고 초계문신(抄啓文臣)제도를 운영하여 휘하에 여러 신진 관료학자들을 거느리게 된다.

이들 가운데 특히 두각을 드러내었던 것은 서울의 도시적 분위기를 호흡하며 성장하였던 경화사족(京華士族) 출신의 학자들이었다. 연암 박지원(燕巖 朴趾源, 1737~1805)과 담헌 홍대용(湛軒 洪大容, 1731~1783)을 중심으로 한 이덕무(李德懋, 1741~1793) · 박제가(朴齊家, 1750~1805) · 유득공(柳得恭, 1748~1807) · 이서구와 김조순(金祖淳, 1765~1832) · 남공철(南公轍, 1760~1840) · 심상규(沈象奎, 1766~1838) 등 노론 계열 지식인, 서명응(徐命膺)·홍양호(洪良浩)·서호수(徐浩修)·서형수(徐瀅修)·서유구(徐有榘)·이만수(李晩秀)·서영보(徐榮輔)·이상황(李相璜) 등 소론 계열 지식인, 그리고 채제공(蔡濟恭)·강세황(姜世晃)과 휘하의 이가환(李家煥)·정약용(丁若鏞) 등 남인과 소북 계열 지식인들은 정조의 후원을 받으며 조정에 나아가 그들의 학문을 펴고 이념을 실현할 기회를 맞이하였다.

이들 학자들은 조선 정통 성리학을 기본 교양으로 하면서도 여기서 한 걸음 더 나아가 청나라를 통해 북학(北學)과 서학(西學)까지도 수용하려 하였다. 이러한 학문적·사상적 개방성은 청나라와 일본을 잇는 국제적 교류와 사회경제적 발전의 중심에 서 있었던 서울의 개방적 분위기 속에 배태되어 나왔다. 경화사족 일각의 진보적 지식인 사이에서는 당색이나 계층을 뛰어넘는 개방적 교류를 통해 변화하던 시대상을 직시하며 나름의 사상적 공감대를 형성하게 된다.

정조 역시 이러한 분위기에 공감하며 즉위 후 이들을 적극 수용하였다. 학문정치의 중심기구였던 규장각에 명문(名門) 경화거족(京華巨族) 출신 학자들을 각신(閣臣)으로 기용하고 초계문신(抄啓文臣)으로 선발하였으며, 특별히 검서관(檢書官) 직을 신설하여 중서(中庶)층의 학자들도 포용하는 획기적 방안을 마련하였던 것은 정조가 이런 시대적 흐름에 주목하고 있었음을 보여준다.

척재 역시 경화거족 출신이자 청론사류의 일원으로서 성장하여 정조대의 사림정치와 학문정치 중흥의 분위기를 타고 정계에 진출하였다. 1754년(영조 30) 9월 14일 서울에서 태어난 그는 선조(宣祖)의 열두 번째 왕자인 인흥군(仁興君)의 6대 종손으로서 당대의 명필이자 금석학의 대가였던 낭선군(朗善君; 인흥군의 아들) 이래의 가학(家學)을 계승하였다. 어린 시절 외삼촌 신간(申暕, 1709~1770)과 숙조(叔祖)인 이언묵(李彦默,

1717~1771)에게서 학문의 기초를 닦고 경화학계 내의 선진적 문풍과 학풍도 받아들이게 된다. 가전(家傳)의 서고인 '만고장(萬古藏)' 에는 중국을 다녀온 선조들이 누대에 걸쳐 수집해 놓은 방대한 장서가 소장되어 있어 여기서 그는 폭넓은 독서를 하게 되었고 이를 토대로 시문(詩文), 금석(金石), 육서지학(六書之學)과 예학(禮學) 등 '전문지학(專門之學)' 을 연구하였다.

그는 15세에 평산신씨(平山申氏) 집안으로 장가들었는데, 장인인 신경한(申景翰, 1719~1770)은 앞시대 조선의 문원(文苑)을 주도했던 대문장가 상촌 신흠(象村 申欽, 1566~1628)의 5대손이었으며 대제학(大提學) 호곡 남용익(壺谷 南龍翼, 1628~1692)의 손자사위였다. 이로써 그는 문학으로 이름났던 처가를 매개로 호곡 이후 문명(文名)을 드날리던 남유용(南有容) · 남공철(南公轍)의 의령남씨 집안과도 깊은 관계를 가지게 된다.

한편 그는 어린 시절 이웃에 살던 이덕무의 지도도 받았다. 이때 대문을 마주하였던 연암 박지원의 집에 자연스레 드나들며 그 문하에서 학문과 문학을 익히고 여러 경화사족 학자들과 교류하게 되면서 '예악형정(禮樂刑政)' 과 '경제실용(經濟實用)' 의 학문을 익히게 된다. 당시 노론명사로 서울의 문단과 예원을 이끌던 김용겸(金用謙, 1702~1789)을 빈객(賓客)으로 모시고 관례(冠禮)를 올렸던 그는 홍대용 · 정철조(鄭喆祚) 등 선배와 박제가 · 유득공 등과 교류하면서 진보적 학풍에 접하고 '이용후생 경제명물지학(利用厚生 經濟名物之學)' , 곧 실용적 학문의 연구와 토론에 참여하면서 그 이해를 심화시켰다. 박지원이 제기한 '법고창신(法古創新)' 의 시문론에 공감하면서 이른바 '조선풍(朝鮮風)' 의 창작활동에 참여하고 '신시(新詩)' , '신문(新文)' 운동에 적극 참여하였던 것도 이때였다.

서울 어디서나 잘 보이던 13층의 대리석 석탑, 곧 '백탑'(白塔; 오늘날 서울 종로의 탑골공원 원각사13층탑)은 그들 교유의 한 상징이었다. 이 부근에 모여 살면서 수시로 모이던 연암일파의 경화사족 학자들은 백탑 부근에서 맺은 그들 간의 아름다운 관계('淸緣')를 증거하는 동인시문집(『白塔淸緣集』)을 내놓기에 이른다. 이덕무 · 박제가 · 유득공과 함께 척재는 청조로부터 신운설(神韻說)에 입각한 시풍을 들여와 조선시단에 적극적으로 소개하였으며, 『한객건연집(韓客巾衍集)』을 엮어서 이른바 '사가시인(四家詩人)'으로 청조문단에까지 이름을 날리기도 했다.

타고난 문벌과 재능도 남다른 것이었지만 무엇보다 학문과 문예의 성과에서 발군의 능력을 발휘함으로써 그는 일찍부터 주변의 기대를 받았다. 박지원이 가장 촉망하였던 제자인 그는 뛰어난 감수성으로 청신한 북학적 시문풍을 이루어 내어 16세의 나이에 『녹천관집(綠天館集)』이라는 시문집을 엮어 내었고 약관의 시절부터 문명(文名)을 떨치게 된다. 21세의 비교적 이른 나이로 과거에 급제하였지만 부친의 피화(被禍)와 홍국영(洪國榮)의 전횡으로 인해 몇 년 동안 침체의 시기를 겪었던 그는 청론사류가 대거 등용되는 정조대의 정치적 상황에 편승하여 31세부터 본격적으로 벼슬길에 나가게 되었다.

그는 영 · 정조대 문운의 융홍에 따라 대대적으로 벌어지던 서적 편찬사업에도 참여하고 있었다. 당시 노론계열 학자들이 주도하던 송시열(宋時烈)의 『송자대전(宋子大全)』 교정 사업에도 참여하였으며, 관료학자로서 정조의 지시에 따라 『규장전운(奎章全韻)』과 『여지고(輿地考)』, 『장릉지(莊陵誌)』, 『동문휘고(同文彙考)』, 『춘추(春秋)』 등을 교정하는 일에도 참여하였다. 특히 대외관계의 변화에 따른 대명의리론(大明義理論) 등 대외명분론의 정리 작업에서는 성해응(成海應)과 함께 『존주휘편(尊周彙編)』의 편찬을 주관하기도 했다. 전통사상과 북학 등 새로운 사상이 갈등하는 가운데 대명의리론과 북벌대의론 등 전통적 대외명분론을 전진적 방향에서 재정리할 수 있는 사람은 신·구의 흐름을 공유하는 사람이라야 했고 그런 면에서 그는 정조로부터 적임자로 인정받아 이 사업을 주관하게 되었던 것이다.

이처럼 척재의 학문과 문학은 전통적 토대 위에 청조로부터의 새로운 흐름을 수용하며 '창신(創新)' 적 경향을 드러내었다. 가학을 계승하여 '전문지학' 을 추구했던 그는 청조고증학까지도 자연스럽게 이해하면서 전통주자학을 넘어 보다 폭넓은 새로운 학문 세계로 발을 내디뎠다. 이와 함께 그는 청조로부터의 새로운 시문풍을 적극 수용함으로써 '신학(新學)' 과 '신문(新文)' 을 선도하는 위치에 서 있었다.

이는 당시의 일반적 흐름과 상충되기도 하였고 나아가 후원자였던 정조의 지향성과도 갈등을 빚는 경우가 있었다. 그러므로 정조가 남인 일부 학자들의 서학 경도와 함께 노론·소론 학자들의 북학적 시문풍을 문제삼으며 순정한 시문풍으로의 회귀, 곧 문체반정(文體反正)을 요구하였을 때 그 역시 견책의 대상이 되기에 이르렀다.

그러나 이런 상황에서 그의 대응은 남달랐다. 김조순·남공철·심상규 등 동료 대부분이 '순정고문(醇正古文)' 을 강조하는 정조의 문체반정책에 순응하여 반성하는 태도를 보이고 '자송문(自訟文)' , 곧 반성문을 써냈지만 그는 박지원과 함께 끝까지 자송문 제출을 거부하였다. 오히려 그는 「대책(對策)」을 올려 정조의 문체책을 비판하는 기개를 보이고 있었다.

> "가만히 살피건대 대저 근래의 문풍(文風)에는 가히 근심할 것이 두 가지가 있고 근심하지 않아도 될 것 또한 두 가지가 있습니다. 문장의 기상이 쇠약한 것은 딱히 걱정할 필요가 없고 오히려 기록해야 할 사실

이 제대로 기록되지 못하는 것이 근심스러운 점입니다. 또한 문풍이 유약한 점은 걱정할 필요가 없으나 문장에서 의리(義理)가 제대로 드러나지 못하는 점은 우려할 만한 일이라 하겠습니다. … 문체(文體)의 높고 낮은 수준은 오로지 세도(世道; 세상을 이끄는 도리)가 훌륭한가 아닌가 하는 상황에 달려 있습니다. 그러나 (반대로) 세도의 훌륭하고 나쁜 상황이 문체의 높고 낮은 수준에 연계되는 것은 아닙니다. 그러므로 오늘 전하께서 마땅히 근심하셔야 할 것은 여기 이 세도의 상황에 있는 것이지 저 문체의 상황이 아닙니다. … 저는 어리석어 죽을 죄를 지었습니다만 원컨대 전하께서는 이 시대의 문사(文士)들을 책망치 마시고 먼저 스스로를 돌이켜 생각해 보시기를 바랍니다."[51)]

그는 국왕의 문풍 주도의 한계를 지적하면서 문체는 세도(世道)에 좌우되는 것이라 갈파하고 정조의 문체반정책을 비판하였다. 신료들의 문체를 바로잡으려 들기 전에 군주는 세도를 바로잡기 위하여 선정(善政)을 베푸는데 더욱 노력해야 한다는 점을 충고하였던 것이다. 청론사류의 오랜 지론인 사림정치론에 충실했기에 척재는 이처럼 군주에게 순응하기보다는 그 충실한 비판자가 되고자 했다. 정조와 그의 학문정치를 지지했지만 정조의 문화정책이 지식인들의 학문과 문화예술, 그리고 사상의 굴레가 되는 것에 대해 그는 극력 반대의사를 표명하였다.

척재는 사림청론의 입장을 견지하면서 정조의 왕권이 절대화되고 국왕 측근에 특권세력이 등장하는 것도 경계하였다. 정조가 측근에 홍국영(洪國榮), 정동준(鄭東浚)과 같은 특권세력을 키우고자 하였을 때 그는 가차없는 비판을 제기하였다. 정조대 말년에 정조의 총애를 받았던 윤행임(尹行恁)에 대해 비판적 태도를 보였던 것도 마찬가지 이유에서였다.

집권 후반기에 정조가 스스로 '군사(君師)', 곧 임금이자 스승을 자처하면서 '교속(矯俗)'을 내세워 신료들의 일방적 순응을 요구하자 이러한 군주의 태도에 대하여도 그는 비판적이었다. 더구나 집권 초의 '우현좌척론'을 회의하는 태도를 보이던 정조가 탕평정치의 원리를 거스리면서까지 자의적 인사를 단행하고, 자신의 조치를 정당화하는 오회연교(五晦筵敎)를 내리게 되자 그는 신료 중 유일하게 그를 비판하는 상소를 올렸던 것이다.

그러므로 이러한 강직한 태도 때문에 그는 정조에게 꼭 필요한 인재이면서도 때로는 경원(敬遠)의 대상이었다. 정조는 '규장각(奎章閣) 각신(閣臣)이 아니면서도 각신보다 더 낫다'고 하는 외부의 여론을 알고 있었지만, 그를 승지로 기용하는데 머물고 끝까지 최측근의 규장각 각신으로 임용하지는 않았다. 다만 박지원의 문하에서 경제지학(經濟之學)을 연구한 경력과 뛰어난 능력, 그리고 여론을 감안하여 행정의 요직에 그를 중용하였다.

그는 40세의 젊은 나이에 호남감사가 되었고, 이후 비변사(備邊司) 호남(湖南)구관당상이 되어 정부의 호남 문제 전문가로 활동하게 된다. 정조 21년 이후로는 정조로부터 비변사의 실무를 거의 위임받아 처결하였고, 정조 사후에는 호조판서를 세 차례 지내며 난마와 같이 얽힌 국가재정을 정비하는 일을 전담하게 되었다. 순조 초년 단행된 내시노비(內寺奴婢)와 장용영(壯勇營) 혁파는 외척들의 복잡한 이해관계에 얽매이지 않고 그들의 간섭을 배제하면서 척재가 실무를 맡아 완수한 대표적 사업이었다.

그는 공적 국가기구들이 기능을 회복해야 한다고 생각하였고 그런 면에서 그 이외의 특권적 기구를 용납하려 하지 않았다. 탕평책으로 왕권을 강화시켜 가는 가운데 극도로 팽창된 내수사(內需司)의 재용을 과감히 줄여 나가고자 했던 그는 궁인(宮人)과 궁방전(宮房田)의 감축은 물론 궁극적으로는 내수사의 혁파까지도 의도하였다. 궁방전과 내수사의 재용 등 왕실 관할의 재정을 축소시키고 호조(戶曹)를 통해 정부의 일원적 재정 운용을 도모함으로써 국가재정 확충을 추진하였던 것이다.

공적으로 쓰여야 할 국가재정이 그 어떤 식으로도 사사로운 용도로 전용될 수 없다는 원칙론에서 그는 장용영의 혁파도 불가피한 것으로 보았다. 장용영은 기존 군영을 통합하는 방식으로 최대의 군영으로 등장하였지만 정조가 '갑자년(甲子年, 1804년)구상'을 구체화해 가면서 전위(傳位) 후를 대비한 정조 직속 군영으로서의 성격도 가지게 된다. 1804년 왕위를 물려주고 수원으로 내려간다는 계획에 따라 정조는 상왕(上王)으로서의 역할에 대비하여 수원의 장용영에 막대한 재용과 군사력을 비축하였다. 그러므로 척재는 순조 초 호조판서가 되자 선배들 이래 오랜 숙원사업이었던 내시노비 혁파를 단행하면서 그로 인한 재정의 부족을 장용영에 비축된 재원으로 충당하려 장용영 혁파를 단행하게 된다.

척재의 이러한 시도들이 순조 초 외척들의 대립과 간정 하에서 순탄하게 진행될 수는 없었다. 정조 사후 어린 순조가 등극하고 정순왕후가 대리청정을 하면서 정순왕후의 경주김씨 외척이 주도권을 쥔 가운데 반남박씨, 안동김씨의 세 외척이 각기 정치에 개입하게 되었기 때문이다. 척재는 이를 '삼척정립(三戚鼎立)'이라 표현하였다.[52] 이런 상황 속에서는 정조 초년 이래 정조와 청론사류들에 의해 표방되었던 우현좌척론이 방기될 수밖에 없었고 세 외척은 특권세력으로서 각기 전횡을 자행하게 된다. 이들은 국가의 공적인 영역에 개입하여 관료체제를 교란하거나 간정과 이권 침탈을 통해 사적 이익을 추구하는 일이 많았다.

이런 가운데 실무관료로서 척재는 외척들의 사사로운 이해 관계 때문에 공적인 국가사를 그르칠 수 없다는 입장을 강고히 견지하였다. 척족에게는 척족으로서의 본분이 있고 자신은 사림관료로서의 본분이 있다고 하면서 때로는 외척들과의 대립도 불사하면서 소신에 따라 정책을 추진하였다.

그는 경주김씨 척족의 김관주(金觀柱)에게 각기 본분을 지킬 것('各守本分')을 요구하고, 김관주가 지방재정과 관련하여 새로운 정책의 시행을 주장했을 때 법이 없는 것이 아니라 있는 법을 시행하지 않는 데 문제가 있다고 반박하면서 자신의 소신을 내세웠다. 장용영을 혁파함으로써 장차 장용영 제조인 김조순 등 시파의 세력이 약화되고 결과적으로 이 일이 벽파의 의도에 부합하게 되리란 점을 알고 있었지만, 그럼에도 방만한 국가재정의 정리가 시급하다는 자신의 소신과 원칙론에 따라 혁파를 강행하였다. 동래부사로 있던 김관주를 중앙의 내직(內職)으로 발탁하려는 시도에 우현좌척론을 들어 반대하고, 반남박씨의 박종경이 과거(科擧) 부정을 저지르고 요직을 차지하고자 하는 것에 대하여도 그는 비판적 입장을 표출하였다.

그러나 외척세도 아래 특권세력들의 전횡에 대해 언제나 단호한 입장을 취하였던 결과는 그의 정치적 실각을 앞당기는 것으로 나타났다. 1802년 겨울, 경주김씨와 반남박씨 외척들과 연결되었던 역관(譯官)들이 대왜(對倭) 인삼무역 이권을 놓고 각기 불법을 자행하면서 분란을 야기하자 여기에 그가 단호한 조치를 취했던 것은 그 분명한 사례였다. 이 사건의 추이는 외척들이 각종 이권에 개입하여 불법을 자행하던 실상을 보여주고 그에 대해 척재가 어떻게 대응하였으며 당시의 정치적 상황에서 그 결과가 어떤 식으로 나타났던가를 보여준다.

당시 호조판서로서 그는 역관들을 엄히 처단하고 무역질서를 바로잡고자 하였는데 이 조치에 대해 역관 배후의 후원자였던 두 외척들은 각기 척재에게 부당한 압력을 가해 왔다. 그러나 척재의 강경한 입장으로 이것이 통하지 않자, 뒤에는 안동김씨의 김조순까지 동원하여 관대한 처분을 요청하였다고 한다. 모든 외척들이 어떤 식으로든 이권 확보에 매달리는 상황에서 그는 '민국(民國)'을 위한다는 원칙적 입장을 굽히지 않았다. 그 결과 이 사건 이후 한 달도 못되어 그는 이조판서로 전보되게 되며, 세간에는 외척들과 맞서다가 호조판서가 밀려났다는 소문이 났다고 한다.[53)]

순조 초년 외척 간정으로 인한 정치상황의 혼탁은 이런 정도였다. 외척을 배후에 둔 역관들의 이권 다툼이 호조판서를 밀어낼 수도 있었던 정치적 현실은 조선의 전통적 사림정치 질서가 정조 사후 어떻게 붕괴해 갔던가를 보여주는 실제적 사례이다. 실무관료로서 척재는 자신의 권한 내에서 불법과 비리에 저항하였지만, 외척들의 과두독재체제는 이제 사림 일반이 침묵하는 가운데 어떤 견제도 없이 전횡을 일삼고 있었다. 조선의 공적 질서는 위기에 처하였고 '민국'은 이렇게 무너져 내렸다.

이 시기 척재는 우의정 서용보(徐龍輔)와 함께 그 어떤 외척의 편도 들지 않는다고 해서 '중립지설(中立之說)'을 표방한다고 세상에 알려졌으며, 청론사류의 오랜 정치적 지향인 우현좌척론을 고수하였던 까닭에 정책 집행과정에서 외척들과 자주 충돌하였다. 정조대 이래 청론사류가 시파, 벽파로 나뉘어 대립하게 되고, 이제 벽파는 경주김씨와 연대하고 일부 벽파 인사와 시파는 반남박씨와 안동김씨 두 외척과 각기 줄을 대며 분열하고 있었다. 이런 가운데 척족 간정의 배제를 추구했던 척재의 청론적 입장은 모든 외척들로부터 의심받으며 고립무원의 상황에 봉착하였다. 그는 실무관료로서 힘을 다하여 분투하였지만 1년 여 후에는 외직(外職)으로 밀려났고 결국 이듬해 1805년에는 정계에서 완전히 축출되기에 이른다.

하지만 그가 실각했다고 해서 그에 대한 탄압이 다 끝난 것은 아니었다. 영평의 향저에서 은거하였지만 청론의 상징적 인물이었던 그는 외척 등 적대세력들로부터 벽파로 매도되면서 계속 탄핵을 당하고 심지어는 생명의 위협까지도 받고 있었다. 특히 그와의 충돌로 원한을 품었던 반남박씨 척족의 박종경(朴宗慶)은 1806년 병인경화로 벽파가 일망타진되던 와중에 여기에 척재를 얽어 넣어 죽이고자 하였다. 그러나 이렇게 할 경우 반척족적 입장 때문에 척재를 죽였다는 비판이 박종경에게 집중될 것이라고 이병모(李秉模)가 경고함으로써 척재는 목숨을 건질 수 있었다. 안동김씨와 반남박씨가 연립하여 경주김씨와 벽파를 완전히 몰아낸 병인경화 이후 김씨와 박씨의 척족세도는 더욱 안정된 기반을 구축하였으므로 이 가운데 척재의 목숨은 오히려 더욱 위태로웠다.

그의 명성은 뛰어난 행정능력 외에 사림정치와 청론의 원칙론을 확고히 견지함으로써 이미 정조 때부터 구축된 것이었다. 정조대 후반 이후 정조가 '군사(君師)' 론과 '만천명월주인(萬川明月主人)' 론을 내세우며 일방적 왕권강화를 추구하고, 집권 초의 우현좌척론(右賢左戚論)에 회의를 표하면서 간혹 특권세력을 키우려 시도할 때 그는 이를 강력히 비판하였다. 정조에 대해서도 직접적 비판을 불사하는 강직한 성품과, 정조조차도 함부로 할 수 없었던 그의 확고한 정치적 입장 때문에 그는 언제나 정계에서 주목의 대상이었다.

그럼에도 정조는 관료학자로서 그의 뛰어난 학예 실력과 행정의 치적 때문에 그를 요직에 기용하여 능력을 발휘할 수 있도록 하였다. 그러나 외척세도정권은 달랐다. 그의 능력에도 불구하고 강경한 청론적 입장 때문에 정권은 그를 축출하였던 것이다. '하고픈 말을 못하는 것이 평생의 한' 이라고 당시 지식인들이 개탄하던 억압적 정치 상황 속에서 그 역시 세상을 등진 채 조용히 향리에 은거하며 오랜 세월 하고픈 말을 가슴 속에 쓸어 담고만 있었다.

그는 이러한 억압적 상황이 적어도 30년 내지 50년 정도 지속될 것으로 보았던 것 같다. 자신이 경험한 정치적 상황과 하고픈 말을 비밀리에 낱낱이 기록으로 남기며 그는 이 내용들이 '시휘(時諱)' 에 걸릴 것을 우려하였다. 『척재자술(惕齋自述)』과 『척재병거록(惕齋屛居錄)』이란 제목으로 묶인 생생한 기록 속에서 그는 30년 내지 50년 후 상황이 호전될 때까지 이 기록을 공개하지 말도록 후손들에게 당부하였다.

실제 그의 사후 더 심한 정치적 탄압이 닥쳐왔고, 이런 속에서도 그의 저술은 은밀히 보존되었다. 우연이었을까, 그의 예측이 들어맞아 실각한 해(1805년)로부터 정확히 50년 되던 1854년(철종 5), 척재가 서거한 지 30년 만에 복권의 계기를 맞게 되었다. 철종을 즉위시킨 후 정국운영에 완전한 자신감을 가지게 된 안동김씨 세도정권은 일부 벽파 인사에 대한 탄핵을 철회하였고 그 일환으로 그도 복권이 되었던 것이다.

하지만 척족세도가 계속되던 상황이었으므로 그가 남긴 기록들은 이 이후로도 세상에 공개되지 못하였다. 정조대 이후의 정치적 상황과 지식계의 동향을 생생하게 보여주는 이들 자료는 세도정치의 종식과 조선왕조의 붕괴에 이르기까지 문중에 그대로 보존되다가 국망(國亡) 이후 영락한 후손들의 손을 떠나게 되었고 아직도 본격적 정리나 공간(公刊)의 기회를 맞지 못한 채 곳곳에 흩어져 있는 실정이다. 현재까지 파악된 것만으로도 그의 저술들은 16권 8책의 『척재집(惕齋集)』 등 총 17종 29책에 달하는 방대한 양이다.[54)]

그의 완전한 복권은 1870년 흥선대원군(興宣大院君) 세도기에 가서 벽파에 대한 금제(禁制)를 모두 풀어버렸던 대대적 사면(赦免)과 함께 이루어졌다. 그에게 '문간(文簡)' 이란 시호가 내리고 안동김씨의 재상 김병학(金炳學)이 시장(諡狀)을 썼으며 그의 신도비명(神道碑銘)은 신응조(申應朝)가 짓고 박규수(朴珪壽; 척재의 스승인 연암 박지원의 손자)가 글씨를 쓰게 된다. 이제는 추탈되었던 관작까지 회복되어 완전한 복권이 되었지만 그의 정치론까지 복권된 것은 아니었다. 오랜 세월 속에 이미 후손들은 몰락하여 가세는 기울었고 외척세도정권이 씌운 벽파라는 굴레는 벗겨지지 못하였다. 이후로도 한말까지 여흥민씨(驪興閔氏) 척족세도가 계속되는 와중에서 그가 대표하던 청론적 지향은 결국 되살아나지 못한 채 역사의 뒤안길로 사라져 갔다.

4. 사후(死後)의 정치적 매장과 그 상흔(傷痕)

척재는 중앙 정치무대에 있을 때는 물론이고, 정계에서 숙청된 후 은거할 때에도 외척세도가에게는 언제나 경계의 대상이었다. 외척세도가 폐해를 남기고 민중에 대한 수탈이 가중될 수록 척재의 '이인(異人)' 으로서의 면모는 민중들의 입에서 입으로 전해져 확산되었고 외척세도를 비판하는 정치적 움직임도 척재의 주장을 되새기면서 간헐적으로 제기되었다. 척재에 대한 여론의 기대('民望')가 컸던 만큼 1805년의 정치적 실각과 이후 장기간의 은거에도 불구하고 그의 정치적 역할이 완전히 끝난 것은 아니었다. 그는 외척세도를 비판하는 사림정치론의 한 상징적 인물로서 남았고, 바로 이 때문에 그는 외척세도정권으로부터 사후 추탈관작이라는 가혹한 징벌을 당하기에 이른다.

1829년의 신의학 옥사를 계기로 외척세도정권이 가한 냉혹한 조치는 그에게 '벽파' 의 굴레를 씌우고 우현좌척의 사림정치론 자체를 벽파의 주장으로 등치시켜 버림으로써 다시는 이를 제기할 수 없도록 만드는 치밀한 계산의 결과였다. 그리고 이 고도의 계산으로 척재와 그의 사림정치론에 철퇴를 가한 가해자들은 다른 사람이 아니라 이제는 외척세도가로 전신한 김조순과 남공철 등 젊은 시절 이래의 벗과 동료들이었다. 특히 척재가 '그의 마음을 아는 자로 나만한 사람이 없다'(「思穎亭記」)고 자부할 정도로 친밀했던 남공철과는 누가 먼저 죽든지 서로의 묘비명을 쓰기로 생전에 약속했고, 이에 따라 척재의 비문(「右議政惕齋李公墓碣銘」)을 남공철이 썼을 정도였다. 그러나 바로 이런 지기(知己)에 의해, 그것도 사후에, 탄핵을 받아 매장당함으로써 척재의 비운은 너무나 처절한 것이 되고 말았다.

세도정국 속에서 초래된 청론사류의 분열이란 이런 정도로 냉혹하였다. 경화거족 명문가의 자제로서 박지원 문하에서 어울리며 학문을 하고, 청론사류로서 정조의 지우(知遇)를 받아 함께 조정에 진출하였던 이들은 이제 외척세도정치가 전개되는 가운데 전혀 다른 입장으로 분열하고 있었다.

정조에 의해 외척으로 선택된 김조순은 순조 초년 경주김씨와 벽파의 견제를 받았지만 어려움 속에 순조(純祖)와의 대혼(大婚)을 성사시키고 시파 세력을 결집하여 1806년 병인경화를 주도하게 된다. 그는 벽파를 일망타진하고 실권을 장악하여 가장 강력한 외척세도가가 되었으며 60년 안동김씨 외척세도의 기틀을 놓기에 이른다. 이런 가운데 남공철은 영의정을 다섯 번이나 역임하면서 김조순·심상규(노론)와 이만수·서영보(소론) 등과 함께 '천생오태사(天生五太史)'라 불리우며 안동김씨 세도정권의 핵심세력을 형성하였다. 스스로 외척세도가였거나 세도정치의 핵심이 되어 처지가 달라진 이들은 정조대 청론사류로서의 입장에서 벗어나게 된다. 이들은 더 이상 사림정치를 실현하고자 하지 않았고 이제 우현좌척론을 반체제적인 위험한 주장으로 경계하면서 과거 그들 스스로 내세우던 청론을 벽파와 동일시하여 탄압하게 되었다.

그러므로 이들은 1829년 신의학이 상소를 통해 척재와 그의 청론적 입장을 제기하자 이를 세도정치 체제에 대한 도전으로 간주하고 그에 쐐기를 박고자 이미 고인이 된 척재를 벽파로 몰아 다시 희생시키기에 이른다. 암울한 정치적 현실 속에서 여론의 기대가 컸기에 그만큼 많은 견제를 받았던 그의 삶은 사후 더 큰 탄압을 받게 되었다. 더구나 이미 유명을 달리하였던 그에게 가해진 가혹한 조치가 다른 사람도 아닌 제일의 지기(知己), 남공철에 의해 주도되었다는 사실에서는 그의 운명의 기구함과 인간적 불행을 절감하게 된다.

정치인으로서의 비운에 더하여 지기의 배반이라는 인간적 불행이 중첩됨으로써 그가 받은 타격은 더욱 컸다. 그를 가장 잘 아는 당대의 지도적 인물들에 의해 그에게 벽파란 굴레가 거듭 씌워졌으므로 이러한 평가는 지금껏 그대로 지속되어 왔다. 벽파로 낙인찍은 세도정권의 평가는 그에 대한 가장 유력한 역사적 평가가 되어 버린 것이다. 이런 가운데 그가 당한 인간적 배반의 상처는 잊혀진 듯하지만 아직도 그의 유택(幽宅)에는 그 상흔(傷痕)이 지워지지 않고 있다.

척재의 무덤은 춘천 산외면 오금리(현재는 춘성군 남면 박암리), 홍천강 짙푸른 물줄기가 내려다 보이는 언덕에 자리잡고 있다. 원래 아버지 이원(李遠, 1723~1770)의 묘소는 인흥군(仁興君)과 낭선군(朗善君)이 묻힌 영평의 선영에 있었다. 그러나 척재는 1800년 4월 부친의 묘소를 이곳으로 옮겼고 그도 이곳 아버지 유택 아래에 잠들게 된다. 현재 이곳은 분묘를 지키던 석양(石羊) 2구를 못된 이들이 들어와 파내 훔쳐가면서 생긴 구덩이로 어수선한 데다가, 근래 발굴해 세운 비석이 앞뒤가 바뀐 채 거꾸로 서 있는 등 어설픈 상황 속에 있다.

이 비석은 척재가 서거하자 당시 영의정이었던 남공철이 비문을 지었고 이듬해(1826년)에 한용구(韓用龜)가 쓰고 유한지(兪漢芝)가 전액(篆額)을 올려 세운 것이다. 그러나 1829년 척재가 남공철이 주도한 탄핵으로 추탈관작의 참화를 당하게 되자 이 비석은 후손들에 의해 쓰러뜨려져 땅 속에 묻히게 된다. 하지만 근래에 와서는 이런 기구한 내용을 전혀 모르게 된 후손들에 의해 백 수십 년만에 이 비석이 땅 속에서 발굴되어 앞뒤마저 뒤바뀐 채 척재의 유택 앞에 다시 서게 되었다. 순조대 이후 야기된 정치적 분열과 갈등, 척재 사후의 파란은 이처럼 오늘 척재의 유택에 깊은 상흔을 남겨놓은 것이다.

이러한 상흔은 척재의 삶과 함께 탕평정치에서 세도정치로의 변화, 나아가 사림정치와 청론의 붕괴라고 하는 순조대 이후 조선 정치의 거대한 변화과정과 그 속에서 야기된 정치적 분열과 갈등을 상징적으로 보여주고 있다. 정조시대 문운(文運)의 융흥을 정조와 함께 이끌었던 청론사류 지식인들은 격변하는 시대상 속에 정신적 공감대를 상실하면서 그들 간의 분열을 거쳐 스스로 해체되는 길로 나아갔다. 이와 함께 영·정조대의 탕평정치, 나아가 조선후기의 사림정치 체제가 무너졌다.

그러나 이러한 역사적 전환의 실상은 오늘날 왜곡되거나 많은 부분이 공백으로 남아 있다. 200년 전과 오늘의 시대 사이에는 많은 사회적 혼란과 역사적 굴곡이 있었기 때문이다. 사림청론의 상징적 인물이며 새 시대를 전망하던 북학사상의 선구자, 그리고 여론의 기대를 한 몸에 걸머졌던 뛰어난 능력의 관료학자는 보수적 사상의 벽파 정치인으로 매도되며 생전과 사후 거듭 매장되어 버렸고 역사의 단절 속에 진정한 복권의 기회를 가지지 못하였다. 사림청론의 일관된 입장을 고집하였던 그는 정조 사후 왕권이 약화되고 특권세력이 정권을 장악한 외척세도정국 속에서 오히려 실각이라는 쓰라린 실패를 맛보았고 망각의 늪 속으로 사라져 갔다.

그러므로 격동의 시대를 맞아 외로이 몸부림쳤던 척재의 정치 행로와 사상적 지향을 찾아내어 재조명하는 오늘의 작업은 지난 200년의 시간 속에 묻혀버린 한 정치가를 발굴하여 그의 실패에 역사적 의미를 부여하는 것 이상의 의미를 지닌다. 정조시대로부터 순조시대에 걸쳐 학문과 문학, 그리고 정치적 활동으로 뚜렷한 족적을 남겼던 척재 이서구의 행적에는 정조시대 이후 진행된 찬란했던 문운(文運)의 성격과 그 조락(凋落), 그리고 조선 사림정치의 비극적 운명이 단적으로 드러나 있다. 자료의 숲 속에 숨어 있었던 역사적 단편들의 발견을 통해 우리는 역사 왜곡과 단절의 일면을 확연히 인식하게 된다. 그리고 이러한 역사의 재인식을 통해 오늘과 맞닿아 있는 역사적 전환기의 상황을 보다 올바로 이해하고 오늘 우리의 방향성을 정확히 설정하는데 한걸음 더 다가서게 될 것이다.

제2부

새로운 사상과 개혁론

제1장 | 사상과 문화; 사상적 갈등과 문화의 추이

제2장 | 정치; 정치적 갈등과 정국의 추이

제3장 | 사회경제; 화성신도시 건설과 산업진흥책

제1장

사상과 문화; 사상적 갈등과 문화의 추이

김홍도 포의풍류도

정조시대 격동의 진원지는 서울사회, 그 중에서도 정조 조정이었다. 대도회지 서울과 인근 경기지역을 생활 근거지로 하였던 경화사족(京華士族) 지식인들은 조선 사회의 새로운 주도세력으로 등장하였고,[1) 이들 일각에서 제시한 새로운 정치론과 사상적 기준이 정조에 의해 수용됨으로써 변화와 혁신이 가속되었다. 정조(正祖, 1752~1800)는 24년의 치세기간 동안 휘하의 관료, 지식인들과 함께 조선 사회가 직면한 대내외적 문제를 해결하고자 혼신의 노력을 기울였다.

경화사족 일각 청론사류(淸論士類)의 주장을 수용하였던 정조는 이들을 정치적 기반으로 하면서 우현좌척(右賢左戚)의 사림정치론(士林政治論)과 의리탕평론(義理蕩平論)을 내세워 정치개혁을 추진하였다. 정조의 후원을 받으며 중앙정계에 진출한 학자들 중 일부는 기존의 북벌론(北伐論) 대신 북학론(北學論)을 제기하면서 북학을 선도하였고, 일각에서는 서학(西學)을 넘어 서교(西敎, 천주교)까지도 받아들이게 된다.

이에 따라 정조시대 정계와 학계에는 변화와 혁신을 둘러싼 심각한 갈등이 야기되었다. 정조가 학풍(學風)과 문체(文體), 악풍(樂風)과 서체(書體)를 바로잡고자 고심 끝에 제기한 '반정론(反正論)' 이나 연암 박지원의 '법고창신(法古創新)' 론은 이러한 문제들에 대한 포괄적 대안이었다.

정조가 국력을 기울여 건설한 화성(華城)신도시를 위시하여 정조시대에 창출된 문화 예술의 빛나는 성과물들은 이러한 갈등과 고민의 산물로서, 그 내면에는 당대인들의 다양한 지향성과 모색의 흔적은 물론 새시대를 향한 역사 발전의 과정이 뚜렷이 각인되어 있다. 그러므로 200년 후 오늘, 정조시대 학문과 문화 예술의 성과를 평가하고 그 이면의 사상적 갈등을 이해하고자 하는 것은 정조시대의 역사적 성격을 명확히 하는 것 이상의 의미를 지닌다. 정치적 통합의 문제와 신(新)·구(舊) 사상, 그리고 전통문화와 외래문화 사이의 갈등을 조정하는 문제는 정조시대 이래 지금까지 여전히 우리의 현안(懸案)이기 때문이다.

1. 탕평론(蕩平論)과 정국의 동향[2)]

사도세자의 죽음 이후 갖은 파란을 거쳐 왕위에 올랐던 정조는 선대로부터의 탕평정치의 지향을 계승하면서 일면으로는 그 극복을 시도하였다. 척족(戚族)의 발호를 불러온 영조대 탕평정치의 폐단을 절감하였던 정조는 즉위 직후부터 우현좌척(右賢左戚)과 우문지치(右文之治)의 사림정치(士林政治)적 지향을 천명하고, 그 실현을 위하여 영조대 후반 이후 등장한 청론사류(清論士類)를 자신의 정치적 기반으로 삼아 정치개혁을 추진하였다.

그는 숙종대 이래의 탕평정치를 '혼륜탕평(混淪蕩平)'이라 하면서 한 단계의 극복을 모색하여 '의리탕평(義理蕩平)'이라는 새로운 정치론을 제시하였다. 이는 신료들이 속한 각 붕당에 의리론이 있듯이 자신에게도 사도세자(思悼世子)의 아들로서 군주의 의리론이 있으므로 서로의 의리론을 인정하면서 대화합의 탕평을 이루자는 주장이었다. 이러한 의리탕평론의 기조 위에 정조는 청론사류를 등용하여 척족 등 특권세력을 배제하고, 노론 · 소론 · 남인 각 붕당 간의 보합과 상호견제 위에 정국을 안정시키며 왕권을 강화하려 하였다. 그는 이를 위해 즉위 직후 규장각(奎章閣)을 세우고 초계문신(抄啓文臣)제도를 운영하여 신진 관료학자들을 자신의 친위세력으로 키우는 한편 새로운 군영으로 장용영(壯勇營)을 설치하여 군권(軍權)을 장악해 가게 된다.

의리탕평론에 입각한 정조의 혁신정치는 어려움 속에서도 꾸준히 추진되어 정조 12년(1788)에는 노론 · 소론 · 남인의 세 정승이 참여한 정조 득의의 탕평정국이 실현되었다. 이윽고 그 이듬해(1789)에는 사도세자 묘소(현륭원)를 수원의 천하명당 터로 옮김으로써 사도세자에게 씌워진 죄인의 허물을 벗겨내고 왕통(王統) 상의 하자를 제거함으로써 정조는 오랜 숙원을 이루어내기에 이른다.

이즈음 정조는 사도세자를 국왕의 지위로 추숭한다는 다음 단계의 과제를 의식하며 대안을 마련하였다. 장차 왕세자가 15세 성년이 되는 갑자년(甲子年, 1804) 이후 왕위를 물려주고 수원으로 내려간다는 장기적 정국구상을 입안하고 화성(華城)신도시 건설을 추진하는 등 그 실현에 부심하게 된 것이다.

그러나 이 시기에 표면화된 정조 측근 신료들 간의 갈등이 정조를 심각한 고민 속에 빠뜨렸다. 즉위 이래 정조의 정치론과 향후 정치적 구상에 대한 상이한 평가, 그리고 신임의리론(辛壬義理論)과 임오의리론(壬午義理論)을 둘러싼 신료들 사이의 정치 노선의 갈등이 시파(時派) · 벽파(僻派)의 대립으로 전개되었고, 북학과 서학의 수용 문제를 놓고 정조 휘하 관료 지식인들 사이에 갈등이 드러났기 때문이다. 여기에 정조의 견책이 가해지자 이는 군신(君臣) 간의 갈등으로 비화하여 정조의 정치력은 도전에 직면하게 된다. 집권 후반기를 맞이한 정조의 정국운영은 중대한 전환점을 맞고 있었다.

더욱이 정조의 강력한 의지에 따라 화성신도시 건설이 갑자년까지 10년 계획으로 국력을 기울여 추진되자 여기에도 논란이 일어났다. 갑자년 구상을 실현하고자 이 대역사의 추진에 조급했던 정조는 측근에 특권세력을 키우고자 하였다. 1795년 초 정동준(鄭東浚) 사건으로 드러났듯이 이는 '귀근지폐(貴近之弊; 측근 특권세력이 발호하는 폐단)' 를 야기했다는 신료들의 비판을 받게 되었고 일각에서는 정조의 탕평정치 의지와 정국운영방안에 대한 의문이 제기되었다.

이에 고립감을 느끼게 된 정조는 즉위 이래 추진해 온 왕권강화의 한계를 절감하면서 새로운 정국운영방향을 모색하기에 이른다. 화성신도시 건설이 진행되는 가운데 맞은 어려움 속에 정조는 몇몇 신뢰할 만한 대신들에게 의지하여 그들로 하여금 여론을 주도하도록 하여 어려운 상황을 봉합하였다. 그리고는 1796년 10월, 원래의 10년 계획을 34개월로 단축하여 화성신도시 건설을 완료한 후 갑자년을 의식하여 본격적인 왕권강화책을 추진하였다.

군사론(君師論)과 교속론(矯俗論)을 내세우던 정조는 급기야 1798년에는 스스로 만천명월주인옹(萬川明月主人翁)을 자처하며 왕권의 초월적 권위를 주장함으로써 신료들의 복종을 촉구하였다. 정조의 이러한 주장은 그의 정치적 기반이었던 청론사류들의 사림정치론과도 배치되는 주장이었다. 연암 박지원은 국왕까지도 사(士)의 일원임을 분명히하면서 국왕의 초월적 지위를 인정하지 않고 있었다. 측근신료들의 냉담한 반응에 더욱 초조해진 정조는 갑자년을 4년 앞둔 1800년 5월, '호대(互對)' 라는 탕평정치의 오랜 인사 관행을 무시하고 이조(吏曹)의 주요 관직을 임의로 임명하는 충격적 조치를 취하기에 이른다.

그러나 이 시도는 신료들의 지지를 이끌어 내지 못하였으며 오히려 정치적 혼란만을 불러일으켰다. 신료들의 반발에 직면하여 오히려 위기에 몰린 정조는 5월 그믐날 신료들에게 이른바 '오회연교(五晦筵敎)'를 내려 자신의 정국 주도 의지를 강조하면서 신료들의 맹성과 복종을 강력히 요구하기에 이른다.

이즈음 정조는 자신의 뜻대로 움직이지 않는 신료들에 대한 실망감과 극도의 정신적 긴장감 속에 6월 초부터 병석에 눕게 되었다. 그러나 원래 쇠약하였던 데다 자주 병마에 시달리던 정조는 죽음을 보름 앞둔 6월 중순 경까지도 자신의 운명을 예감하지 못하였다. 그는 기왕에 외척으로 선택한 김조순(金祖淳)을 불러들여 장차 자신의 전위(傳位) 이후 신왕(新王)의 보좌와 세도 주도를 위촉함으로써 갑자년 이후 정국운영의 구도를 피력하게 된다. 외척세도를 촉구하였던 정조의 이러한 입장은 즉위초 표방했던 우현좌척의 입장에서 벗어난 것이었으며 결과적으로 탕평론 등 자신의 오랜 정치적 지향을 스스로 부정하는 모순을 드러낸 것이었다.

이런 가운데 정조가 거의 한 달 간의 투병 끝에 6월 28일 서거하고 어린 순조가 등극하자 정국은 미증유의 혼란에 빠져들게 된다. 국왕의 정국 주도가 불가능한 상황에서 이제는 척족 등 특권세력이 정권을 장악함으로써 척족 세도정치(勢道政治)가 등장하게 되었다. 정순왕후의 후원하에 집권한 경주김씨 등 벽파는 신유사옥(辛酉邪獄)을 일으켜 남인은 물론 시파에 대한 숙청을 감행하였고, 1806년 반격에 나선 안동김씨 등 시파가 벽파를 일망타진함으로써(丙寅更化) 이후 60년 간의 안동김씨 척족세도가 시작되었다.

순조 초년 시파와 벽파의 극한적 대립과 숙청과정을 거치면서 청론사류는 정치세력으로서의 의미를 잃고 와해되기에 이른다. 정계에서 탕평정치의 상호 견제구도는 실종되었으며, 외척의 전권에 따라 사림정치도 더 이상 지속될 수 없었다. 병인경화 이후 안동김씨, 반남박씨 등 외척을 중심으로 정조가 키웠던 시파의 친위관료들이 정권을 장악하여 이서구

(李書九) 등이 견지하던 청론사류의 사림정치론을 탄압하면서[3] 장기간에 걸쳐 세도정국을 주도해 나갔기 때문이다.

하지만 서울(京)과 지방사회(鄕)의 분기 양상이 극단화하였으므로 서울 소수 경화거족(京華巨族)들의 과두(寡頭) 독재체제였던 세도정권의 정치적 기반은 극히 취약하였다. 군주의 역할과 신료 간의 상호견제 구조가 실종된 상황에서 특권세력의 발호는 제어될 길이 없었으며, 지방사회 향유(鄕儒)와 민(民)의 정치참여가 배제됨으로써 사회 여론의 수렴도 극히 어려운 상황이었다. 주자학과 명분론이 사회적 지도력을 상실하였던 데다가 사림정치와 탕평정치의 정치적 전통까지도 무너졌던 변화의 와중에서 조선 사회는 새로운 단계로 나아가고 있었다.

2. 북학론(北學論)과 문화의 추이

조선은 병자호란(1636년)시 오랑캐의 무력에 무릎을 꿇었던 정신적 상처를 북벌대의론(北伐大義論)의 끊임없는 환기와 정통 중화문화의 유일한 계승자로서의 자기확인을 통하여 극복하고자 하였다. 주자학적 명분론에 입각한 반청적 북벌대의론(反淸的 北伐大義論)과 대명의리론(大明義理論), 그리고 조선의 문화자존의식(文化自尊意識)으로서 조선중화의식(朝鮮中華意識)은 삼위일체적 일관성을 갖는 것으로 정식화되었다. 이는 '천리를 밝히고 인심을 바로잡는 것(明天理 正人心)' 을 학문적 목표로 하면서 심성론과 예론 연구에 치중하던 주자학자들의 의리지학(義理之學) 연구에 의해 뒷받침되었다.[4]

이러한 지향성은 국가적 차원에서 확고히 정립되기에 이른다. 당시 조선 정계와 학계를 주도적으로 이끌던 서인, 특히 노론계의 학자와 정치인들은 우암 송시열(尤菴 宋時烈, 1607~1689)의 유지를 받들어 화양동에 만동묘(萬東廟)를 건립하였으며, 뒤이어 숙종 30년(1704)에는 창덕궁 후원에 대보단(大報壇)을 설치하여 조선국왕이 국가적 차원에서 망해버린 명나라 황제의 제사를 지내기에 이르렀다. 이는 명나라와 중화문화의 정통 계승자로서 조선이 바로 중화요, 조선문화가 바로 중화문화라는 조선의 문화자존의식, 곧 조선중화의식(朝鮮中華意識)의 발현이었다.[5)]

이들은 청나라와 청 문화를 배격하고 명나라와 명 문화, 나아가 역대 중화문화에 대한 본격적 연구를 진행하였으며, 이와 함께 현존하는 중화로서 조선의 문화적 개성을 확인하려 하였다. 영·정조대 조선의 지식인들은 조선의 역사적 전통과 자연산천, 의관풍물(衣冠風物)을 재인식하여 사실적으로 표현하는 문학과 예술활동을 전개함으로써 '진경문화(眞景文化)'라고 하는 조선 고유문화의 창달을 이끌었다.[6)]

그러나 이러한 문화적 움직임의 한편에서는 청의 현실적 위협이 소멸된 가운데, 청과 일본 사이에서의 중개무역으로 막대한 이익을 얻는 등 청과의 교류가 급속히 확대되는 상황 변화가 나타나고 있었다. 연암 박지원(燕巖 朴趾源, 1737~1805)의 「허생전(許生傳)」에 묘사되고 있는 바와 같은 경제 발전의 활기가 숙종대 이후 조선 사회에 충만한 가운데 조선의 지식인들은 확대된 청나라 견문의 기회를 통하여 청나라 경제 번영의 실상을 목도하게 되었을 뿐 아니라, 국가적 차원에서 중국 고전문화 연구를 진행시키던 청나라 학술과 문화의 활발한 동향에도 관심을 가지게 되었다.

그리하여 일부 지식인들은 점차 청나라의 문물과 학술을 사실적으로 평가하고 조선의 학술과 문물을 객관적으로 인식하게 되었으며, 나아가 조선의 상대적 낙후성을 인정하기에 이른다. 이들은 조선의 반청적 북벌대의론과 문화자존의식, 그리고 대외명분론을 각기 반성함으로써 그 논리적 일관성에 수정을 가하게 되고, 급기야 영조대 후반 이후 청나라의 문물을 배우자는 북학론(北學論)을 내세우기에 이르렀다.[7)]

실상 북학론은 숙종대 이후 급격한 사회적 변화를 경험하며 청조 문물의 접촉 기회를 더 많이 가졌던 경화사족(京華士族) 지식인들에게서부터 제기되었다. 서울과 지방 사이의 사회적 분기 현상이 심화되는 가운데 '귀경천향지풍(貴京賤鄉之風; 서울을 높이고 시골을 낮추어 보는 풍조)' 이 나타났으며, 경화사족층은 지방의 산림(山林)이나 향유(鄉儒)와 구별되는 생활방식을 가지며 학문을 함으로써 서울과 지방 사이의 학문적 분기 현상도 나타나게 된다. 서울의 경화사족 학자와 호서지역 산림학자 사이에는 사람과 사물의 본성(人物性) 문제와 성인과 범인의 본심(聖凡心) 문제를 둘러싼 호론(湖論), 낙론(洛論)의 심성논쟁이 장기간에 걸쳐 전개되었다. 이는 전시대 이래 주자주의적 의리지학 발전의 결과이면서, 경 · 향으로의 사회적 분기가 학문의 세계에까지 반영되어 나타난 현상이었다.

사림학자들은 학계와 정계를 이끌고 있었으므로 이 철학적 논쟁의 추이는 그대로 조선 학계와 사상계 나아가 정계에까지 영향을 미치게 되었다. 영조대 이후 전개된 탕평정국(蕩平政局)이라는 새로운 정치현실, 국제정세의 안정 위에서 나타난 청과의 교류 확대, 그리고 서울을 중심으로 전개된 조선의 사회경제적 발전의 활력은 경화사족이 조선의 학계와 정계를 주도하는 조건이 되었다. 경화사족층은 탕평정국 하에서 현저한 정치적 진출을 달성하였으며, 이제 호락논쟁(湖洛論爭)에서도 점차 우위를 점하여 경화사족의 낙론과 '경학(京學)' 이 학계를 이끌고, 반대로 호론과 향유들은 중앙으로부터 점차 소외되면서 몰락해 가게 되었던 것이다.

이들 경화사족층과 경학의 부상은 조선 사회의 전면적 변화의 결과였으며 경화사족들은 조선의 격변하는 현실 속에서 다시 계층 분화를 겪고,

급기야 서울 시정의 위항인(委巷人)까지 포함하는 보다 확대된 외연을 가지게 되었다. 이들은 사(士; 선비)의 위상 변화와 서울로부터 가속화되던 조선 사회의 역동적 변모를 직시하였으며, 사의 사회적 책임과 지도적 역할을 각성하면서 올바른 학문태도와 실천을 모색하였다.

이들은 서울에서 나타나던 발전의 활기를 확산시킬 방안을 강구하게 된다. 심성론과 예론 같은 관념적이거나 도덕적인 문제 외에, 사회가 시급히 요구하는 실용적 학문, 곧 경제지학(經濟之學)의 연구를 지식인, 곧 '사' 계층의 학문적 과제로 자각하고 농 · 공 · 상업에까지 학문 연구의 영역을 확대하고자 하였던 것이다. 이들은 경제지학의 연구를 통하여 당시 사회가 요구하는 현실적 대안을 강구해 내고('適用而需世') 이를 정책에 반영시킴으로써 지도적 지식인으로서의 사회적 책임을 수행하려 하였다. 또한 조선 사회의 전면적 변화와 국제관계의 변동을 직시하여 북벌론 대신 북학론을 주장하는 사상적 전환을 선도하였다. 낙론의 산림학자 김원행(金元行)의 제자였던 홍대용(洪大容)과 역시 낙론산림 민우수(閔遇洙)의 문인이었던 김종후(金鍾厚)가 대청태도와 학문관을 놓고 벌인 1769년(영조 45)의 논쟁은 경화사족의 핵심에서 진행되던 학문관의 변화는 물론 대외명분론의 수정, 곧 북벌론에서 북학론으로의 극적 전환을 예고하고 있었다.[8)]

영조대 후반 경화사족 일각의 학자들은 생산력 증대와 유통경제 발달을 배경으로 역동적 변화를 보이던 조선의 사회 현실을 직시하고 있었으며, 특히 정치와 경제, 문화의 중심으로서 국제무역로를 따라 중국, 일본과도 연결되었던 대도시 서울에서의 생활경험에 의해 사고의 변화를 겪고 있었다. 이들은 국제문화조류로부터 유리되어 낙후되어가던 조선문화의 실상을 반성하며 그 지양을 모색하였다. 결국 영조대 후반에 등장한 북학의 사상적 흐름은 경화사족 학자들에게 교육받고 그들의 이념에 기본적으로 공감하였던 정조가 즉위하여(1776년) 후원함에 따라 크게 확산되게 된다.[9] 정조가 등용하였던 청론사류(淸論士類) 학자들은 대체로 경화사족 출신으로서 대청무역로를 통하여 세계로 열려 있던 서울의 도시적 활기를 호흡하며 성장하였던 사람들이었다.

김조순(金祖淳) · 남공철(南公轍) · 심상규(沈象奎) · 이서구(李書九) 등 노론 계열의 학자, 이만수(李晩秀) · 서유구(徐有榘) · 이상황(李相璜) · 서영보(徐榮輔) 등 소론의 학자, 그리고 이덕무(李德懋) · 박제가(朴齊家) · 유득공(柳得恭) 등 중서층 출신 학자들은 관료로 진출하여 정조의 측근에서 북학풍을 선도하였다. 남인의 신진기예로서 역시 정조의 측근학자였던 이가환(李家煥) · 정약용(丁若鏞) 등은 북학은 물론 서학(西學)을 매개로 서교(西敎)와 같은 이단사상에까지 관심의 폭을 넓혀 새로운 정신세계를 모색하기에 이른다. 결국 이러한 추세에 따라 정조대 이후 서울에는 청조 문물과 학술이 대거 들어오게 되었고, 새로운 학풍과 문풍(‘新學’, ‘新文’)이 정조의 측근학자들과 서울의 학자들 사이에 유행하게 되었다.

정조는 당시 중국을 배운다는 북학의 풍조를 세 가지로 나누어 보았다. 첫째는 명 · 청의 소설(小說)과 잡서(雜書), 둘째는 서양의 수학과 천문학, 셋째는 북경의 시장에서 들어오는 장식품과 도자기 등 사치품으로,[10] 실상 이 외에 천주교와 청조고증학까지도 조선 학계와 문화계에 대폭 수용되고 있었다. 이에 따라 정조시대 학문과 문화의 다양성은 크게 증대되었다.

북학론자들은 청나라 문물의 선택적 수용론을 제기하여 북벌론과의 마찰을 최소화하면서 외래 학문과 문물의 수용을 통해 전통적인 것의 혁신을 도모하였다. 박지원은 『열하일기(熱河日記)』에 실린 「호질(虎叱)」이란 소설에서 낙론(洛論)의 철학적 입장에서 유래한 새로운 물론(物論)과 인간론(人間論), 그리고 경제지학(經濟之學)을 중시하는 학문론과 새로운 대외 인식을 결합시켰다. 그가 북학론과 함께 제기한 '법고창신(法古創新)' 론은 새로운 학문과 문학의 이론이면서 조선의 문화건설방안을 둘러싼 당시의 시대적 고민에 대한 포괄적 대안이었다.

이들은 조선의 전통문화와 문화자존의식을 존중하면서도 외래의 신문화를 수용하여 국제문화조류로부터 유리된 채 낙후되어가던 조선 문화의 혁신을 도모하고 조선 사회의 역동적 변화를 추구하였다. 우선은 학문적 연구의 범위를 확대하며, 이를 통하여 조선 사회 생산력의 증대와 유통경제의 발전 등 사회에 충만한 변화와 발전의 추세를 가속화하고, 여기에 수반되는 사회이념과 문화의 혼란, 그리고 경 · 향의 극단적 분기 현상의 폐해를 바로잡고자 하였다. 사회지도층으로서 사(士)의 책임과 역할을 환기하여 누대의 서울생활로 소비적으로만 흘러가던 경화사족의 생활을 반성하고, 실용적 학문의 연구와 생산활동에의 참여를 촉구하면서 이를 통해 사회의 발전을 주도하려 한 것이다.

이들의 외래 학문과 문물 수용 과정은 자발적이고 과감하였다. 퇴계 이황(退溪 李滉) 이후 미수 허목(眉叟 許穆), 백호 윤휴(白湖 尹鑴) 등 산림학자에 학문적 연원을 두면서, 성호 이익(星湖 李瀷)을 추종하던 '경남(京南)' 의 주자학자들은[11] 1780년을 전후한 시기, 북학은 물론, 그에서 한 걸음 더 나아가 서학 연구와 서교(천주교) 신앙으로까지 나아갔다. 사회상의 변화에 따른 사회지도이념의 변화는 불가피하였다. 이들은 사회지도이념으로서 전통주자학의 한계를 인식하면서 외래사상은 물론 이단사상까지도 수용하여 그를 극복하고자 하였다.

국왕으로서 정조는 측근 지식인들의 이러한 급진성을 우려하고 이런 점이 정치적 공격의 빌미가 되자 북학에 지나치게 경도한 부화(浮華)한 문풍을 문체반정(文體反正)으로 견책하고 서교(西敎) 신앙에 대하여도 상당한 처벌을 내려 막고자 하였다. 그러나 정조 스스로 사도세자의 명복을 빌기 위하여 용주사(龍珠寺)라는 원찰을 세워 자신의 안타까운 마음을 불교를 통하여 풀어내려 하고 있었으며, 북학과 서학에 관심을 기울여 적극적으로 받아들이던 상황에서 그 금단은 기본적으로 불가능한 일이었다.

정조의 비원(悲願)을 담아 단원 김홍도(檀園 金弘道)가 주관하여 이명기(李命基), 김득신(金得臣)과 함께 그려낸 용주사(龍珠寺) 대웅전의 〈후불탱화(後佛幀畵)〉는 이러한 정조의 지향성과 시대상황을 보여준다. 이 불화는 서양의 성화(聖畵)를 그리는데 사용하던 태서화법(泰西畵法)을 도입한 획기적 작품이었다. 이 불화를 그리기 위해 정조는 특명을 내려 김홍도와 이명기를 북경에 보내어 서양 그림을 연구해 오도록 하였다.[12] 전통문화의 절정을 구가하였던 정조시대에 전통적인 것에서 한 단계 더 나아가기 위해 북학, 서학까지도 망라하여 새로운 기준을 모색하던 의지와 지향성은 국왕으로부터 그의 휘하 신료들에게까지 공감대를 형성하고 있었다.

그러므로 정조시대의 이러한 혁신적 기운은 국가의 정책으로도 수렴되었다. 정조대 후반 화성(華城)신도시의 건설(1794년 1월~1796년 10월)에는 조선의 문화적 역량이 총동원되고 사회경제 개혁의 의지가 집중적으로 반영되었다.[13] 정조가 갑자년 이후 상왕(上王)으로 물러나 근거지로 삼으려 했던 화성신도시는 전통적 지식과 외래의 최신 지식을 융합하여 적용하려 한 개혁과 실험의 현장이었다. 화성에서는 정조 휘하 진보적 지식인들의 학문 연구성과와 새로운 구상들이 실천되는 계기를 맞았다. 이른바 '실학(實學)'은 재야지식인들의 관념 속에만 머물렀던 것이 아니라 노론·소론·남인·북인 제 정파의 학자들에 의해 연구되어 제안되었고 정조시대에 이르러서는 군주의 후원 아래 정책으로 수렴되어 실천되었다.

화성신도시의 건설은 조선후기 사회경제의 변화를 수렴하여 정책에 반영하면서 발전을 가속화하려는 시도였다. 삼남(三南)으로 연결되는 거점도시를 서울 남쪽에 건설함으로써 서울 외곽 동서남북의 사유수부(四留守府; 개성 · 강화 · 광주 · 화성) 체제가 완성되어 수도권의 범위가 확정되었으며, 이를 계기로 농업과 상공업의 발달 성과를 위시한 수도권에서의 변화를 전국적으로 확산하려는 정책이 추진되었다. 삼남으로 나아가는 도로를 정비하고 대규모의 시장을 설치하였으며 국영 시범농장도 설치하였다. 또한 당시 사회문제로 대두된 유리민(遊離民)과 유식(遊食) 양반층에 대한 대책으로 부역노동 대신 임금노동 방식을 전면적으로 채용하고, 양반층도 상업에 종사하도록 지원하는 조치를 취하였다. 비록 성공하진 못하였지만 국제무역시장을 설치하려는 시도도 있었다.

화성에는 진보적 학자들의 구상이 반영되어 당시로서는 가장 선진적인 도시기반시설과 도시환경, 그리고 생산기반시설이 갖추어졌다. 화성 외곽에 만석거(萬石渠), 축만제(祝萬堤; 서호)와 같은 수리시설, 대유둔(大有屯; 北屯), 서둔(西屯)과 같은 시범농장을 설치하고 선진 농업기술과 영농방식을 도입하여 최대의 생산성을 추구하였던 것은 박지원, 박제가 등이 연구하여 제안한 바 있던 구상이 실현된 것이었다. 정조가 지식인들의 농업론을 광범위하게 수합하고 화성에서의 실험의 성과를 전국적으로 확산시키려는 의지를 피력하는 가운데, 화성은 조선 사회의 변화를 선도하는 시범도시로 탄생하였던 것이다.

북학과 서학의 수용, 그리고 화성신도시 건설 등 정조대의 여러 문화적 양상에서 극명히 드러났듯이 정조년간은 정치적으로나 사상적 · 문화적으로 혁신의 노력이 두드러진 시기였다. 이미 북학이 거부할 수 없는 대세로 자리잡은 가운데 조선의 전통문화에 대한 재평가와 중국문화 수용(북학), 나아가 서구문화에 대한 새로운 이해(서학), 그리고 이 이질적 요소들의 새로운 융합이 극적으로 시도되고, 이런 가운데 전통주자학과 명분론의 영향력은 현저히 약화되었으며 문화는 새로운 방향으로 나아갔다.

사회 제분야가 급변하는 가운데 새로운 경향성이 폭발적으로 분출하고, 이를 직시하면서 문제를 해결하려는 군주, 신료를 위시한 지식인들의 적극적 노력이 경주되었으므로 정조시대 문화는 다양성 속에 전성을 구가할 수 있었다. 그러나 여러 사회세력과 경향성 사이에 잠복하였던 갈등이 대립을 심화시키고 여기에 정치적 혼란이 가중되면서, 사회적 역동성과 문화적 활력은 위기에 봉착하고, 절정에 도달한 정조시대 문화는 일면 급변과 조락의 조짐도 보이게 된다.

3. 반정론(反正論)과 사상적 갈등

정조 즉위 이후 경화학계 일각의 북학론이 정조 측근 학자들의 사상적 공감대로 자리잡고, 나아가 이들을 중심으로 서울의 정계와 학계에서 북학과 서학의 추구가 노골화되자, 기존 학계 및 사상계와의 마찰이 불가피하였다. 조선의 문화자존의식을 비판하였던 박지원의 『열하일기(熱河日記)』는 '로호지고(虜號之稿)' 라는 지탄을 받으며 북벌대의론을 거스른 문제의 작품으로 지목되었으며, 부화한 외래문풍의 근원이라는 논란을 불러 일으켰다. 박지원의 문생이었던 박제가는 『북학의(北學議)』라는 도전적 제목의 글을 발표하여 조선의 문화자존의식을 통열히 비판하고, 청조 문물의 우월성을 강조하면서 오랑캐의 문물일지라도 우리에게 유용한 것이라면 받아들일 것을 주장함으로써 '당괴(唐魁)' 라는 극단적 지탄을 받았다.

이제 북학은 그 주도세력이 정조조정에 포진하여 영향력이 커진 만큼 그를 둘러싼 갈등은 지식인 일각에서의 문제가 아니라 급기야 정치적 문제로까지 비화되었다. 노론·소론·남인 제 정파 간의 대립의 와중에서 상이한 사상적 경향성이 시비거리로 떠올랐으며, 특히 북학을 통해 들어온 외래의 사상, 학풍과 문풍을 어떻게 위치지울 것인가를 둘러싼 논쟁이 야기되게 된다.

정조 휘하 관료학자들 사이의 이 문제들은 일단은 그 후원자였던 정조에 의해 정치적으로 처리되었다. 정조는 북학적 문풍과 서학 신앙에 대해 문체반정(文體反正) 시책과 부정학론(扶正學論; 주자학을 우선 부양함으로써 서학 등의 기세가 꺾이도록 한다는 주장)으로 대처하였다. 하지만 정조 스스로도 청조문물 수용의 필요성을 절감하며 그 수용에 적극성을 보이는 상황에서, 이 조치들은 다분히 임시방편적인 것이 될 수밖에 없었다.

정조는 사학(邪學)을 극력 배척하는 '척사학(斥邪學)'이라는 강경책 대신 주자학, 곧 정학(正學)을 부양한다는 '부정학(扶正學)'이라는 온건책으로 이들 변화의 조류를 가로막는 것처럼 하면서 그 중심인물들에 견책을 가하였지만, 집권 이후 그 스스로 양성한 측근 관료학자들을 극단적 상황으로까지 몰아갈 수는 없었다. 그것은 바로 정조 문화정책의 실패를 의미하며, 정조의 정치적 지향이 잘못되었음을 보여주는 일이었기 때문이다.

정조는 북학과 서학을 같은 사학(邪學)의 차원에 놓고 이 두 흐름을 대등한 수준에서 처리하였다. 남인 학자들의 서학 신앙을 노론이 공격하자, 정조는 노론·소론 학자들의 북학적 문체를 문제 삼아 서학 신앙과 마찬가지로 견책하면서 측근 관료학자들 간의 균열을 막고 사회적 파문을 최소화하려 하였다. 이들 모두의 후견인으로서 정조는 이 조치를 통하여 이미 그의 핵심 측근이 되어 있었던 노론 · 소론 · 남인 학자들 간의 갈등을 봉합하였다. 그리고는 이들의 반성을 받아 용서를 베푸는 형식으로 사태를 마무리하게 된다.[14)]

이 문제의 처리과정에서 정조는 왕권의 포용력과 조정능력을 과시하였다. 또한 사상적 문제에 대한 국왕의 개입과 나름의 해결을 통하여 정치적 지도자이자 사상적 지도자라는 '군사(君師)' 로서의 국왕의 위상을 확고히 하게 되었다. 그러나 이러한 효과에도 불구하고 북학과 서학의 새로운 사상과 전통사상 사이의 갈등은 끝나지 않았다. 정조의 미봉적 조치와 용서는 결국 북학, 서학의 새로운 흐름이 거부할 수 없는 조선 사회의 대세로 자리잡았음을 보여줄 뿐이었다. 활기차게 발전하던 대도시 서울에서 경화사족을 자처하게 된 확대된 범위의 신지식층, 이들 사이에 형성된 새로운 사상적 · 문화적 공감대는 그들의 정치적 진출로 크게 확산되어 갔다. 정조의 측근 핵심 관료들에 의한 북학과 서학 수용의 추세는 이미 정조가 감당할 수 있는 범위를 넘어선 채 급진성마저 띠고 있었다.

신료는 물론 군주까지도 새로운 문화를 향해 제각기 이단(異端)과 사학(邪學)의 추구를 불사할 만큼 정조시대 사상의 변화양상은 확연하였다. 사회지도이념으로서 주자학의 현실적 한계가 분명해진 상황에서, 주자학의 정학(正學)으로서의 절대적 위상은 더 이상 보장되기 어려웠다. 청조고증학을 수용하여 고증학(漢學)과 주자학(宋學)의 절충론, 곧 '한송절충론(漢宋折衷論)' 을 펴면서 정조가 '부정학(扶正學)' 론을 폈을 때 이미 부양해야할 정학은 앞시대의 절대적 위상의 주자학은 아니었다. 정조의 '문체(文體)반정' 과 '악풍(樂風)반정', '서체(書體)반정'[15)]에서 돌이키고자 했던 올바른 문풍, 악풍, 서풍도 앞시대의 것 그대로는 아니었다. 문화 전반에 대한 정조의 '반정론' 에서 이미 지켜야 할 올바른 것으로서

'정(正)' 의 기준 그 자체가 흔들리고 말았던 것이다.

북학의 유행과 함께 조선에는 청조고증학(名物之學, 또는 漢學)이 수용되어 전통적인 경제지학과 명물도수지학을 보완하고, 그 경전 연구의 성과는 점차 전통적 의리지학과 경쟁하는 위치에 나아가게 되었다. 학문의 전체범위를 의리지학(義理之學)과 경제지학(經濟之學), 사장지학(詞章之學)의 셋으로 나누어 보던 것에서 나아가, 이제는 명물도수지학(名物度數之學)까지 포함하여 네 분과로 나누어 보는 경향이 일반화되었으며, 명물도수지학은 전통적인 개념의 것이 아니라 청조고증학적인 것으로 인식되는 등 북학의 영향이 커졌던 것이다.16)

북학의 유행에 따라 청조고증학의 경전 연구 성과가 활발히 수용되면서 『사고전서(四庫全書)』 편찬사업으로 대표되는 청나라의 방대한 고증학적 작업과 전통문화 정리방식이 조선지식인들의 관심을 끌게 되었다. 이를 바라보는 조선지식인들의 반응은 두 가지로 나타났다.

우선은 청조고증학의 다양한 경전해석을 받아들여 전통주자학의 주자주의적 편향을 반성하는 입장이었다. 이는 의리지학에 있어 경전의 해석을 둘러싼 논쟁을 유발하고, 주자주의적 경전 해석의 약점을 부각시켜 교조적 경학 연구를 불식하는 효과를 거두었다.

이와 함께 전통적인 의리지학(宋學)과 청조고증학(漢學) 사이의 학문적 우위논쟁인 이른바 '한 · 송(漢 · 宋)논쟁' 이 전개되었다. 이러한 논쟁 자체가 전통주자학이 이미 그 절대적 위상을 잃고 상대화되었음을 보여주거니와, 이는 변화된 사회상 속에서 정학의 영향력이 현저히 약화되던 경향을 더욱 심화시키게 된다.

한편, 외래 학문의 이해와 함께 그에 대응하여 조선 학문의 개성을 살리려는 노력도 경주되었다. 정조 조정에서는 학문적 토론 속에서 청조고증학의 번잡한 경전 주석이 가지는 의미를 꿰뚫으면서 여기서 야기된 관념성과 비실용성을 비판하였다. 오히려 경전의 큰 흐름에 따라 대의와 본뜻을 잡아내려는 경전 해독 방식을 제기하면서 이로부터 조선 경학(經學)의 개성을 찾으려는 경향이 나타났다.[17)]

연암 박지원이 『사고전서』 편찬 등 청조고증학의 방대한 사업을 오랑캐 청조 정부의 한족 학자들에 대한 사상통제책이라고 갈파하였던 것은,[18)] 북학을 하였던 학자에게서도 청조고증학이 아직 비판적으로 인식되던 정조대의 분위기를 보여준다. 박지원은 청조정부가 학자들로 하여금 번쇄한 고증작업에만 평생 매달리도록 하여 그들의 비판적 사회의식을 마비시키고자 하는 것이라고 청조고증학을 파악하였다.

고증의 정밀함, 서적 편찬사업의 방대함에 대해 그 성과를 인정하면서도 이처럼 조선지식인들은 학자로서의 사회적 책임을 환기함으로써 청조고증학의 본질을 직시하고 그를 비판적으로 바라보았다. 조선 학문이 지향해야 할 실용성과 비판의식의 재인식을 통하여 이들은 청조학문의 방대한 양에 대항할 수 있는 조선 학문의 질과 수준을 확보하고 독자적 개성을 살리고자 하였다.

그러므로 청으로부터 외래의 학풍 등을 받아들이고 그 영향을 받으면서도 정조시대의 학풍과 문풍, 악풍, 서풍 등은 법고창신(法古創新)의 기준을 내세워 조선의 주체적 입장과 개성을 강조하는 것으로 귀결되었다. 정조가 화성 건설과정에 외래의 건축기술을 받아들이되 '수지이이의(隨地而異宜)' 를 원칙으로 제시하여 조선 나름의 기준을 강조하였던 것이나,[19)] 서유구(徐有榘)가 『임원경제지(林園經濟志)』의 서두에서 중국의 지식을 망라하여 이 책을 짓는 목적에 대해 '오로지 우리나라를 위하여 이 책을 짓는다(此書 專爲我國而發)' 고 한 것도[20)] 전통적인 것을 발전시키기 위해 외래학술과 문물 선택의 주체적 기준을 가질 것을 강조한 것이었다. 그러므로 이 단계에서 청조고증학의 수용이란 전통적 주자학을 청조고증학으로 단련시켜 세련성을 가지게 하며, 이 새로운 조선적 주자학을 지도이념으로 하여 현실을 바로잡겠다는 현실인식이 전제되어 있었다.

그러므로 반정론에 따라 정조가 주도하였던 주자학 연구도 대체로 이러한 흐름에 따라 진행될 수밖에 없었다. 북학의 확산으로 청조 문물과 학술이 점점 더 많이 수용되면서 전통주자학은 절대적 지위를 잃고 점차 영향력이 약화되었으며 사회지도이념으로서의 한계도 분명해졌다. 사학(邪學)을 물리친다고 해서 조선의 학문적 흐름이 바로 정학(正學)으로 돌아가지는 않으며, 또 돌아갈 수도 없을 만큼 정학 자체가 한계를 드러내었던 상황, 이것이 정조대의 시대 상황이었다. 정조가 정학을 부양하기 위한 방안으로써 신료들을 이끌어 추진한 주자학 연구에는 어쩔 수 없이 정조 반정론의 한계가 드러나게 된다.

집권 후반기를 맞아 지도력의 한계를 느끼던 정조는 조선 사회 지도이념의 확립을 목표로 주자학 연구를 진행하고 주자학 관련 서적을 대대적으로 편찬하여 보급하려 하였다.[21] 이는 주자학을 집대성한 주자(朱熹, 1130～1200) 서거 6백주년인 정조 24년(1800)을 기하여 주자학을 총정리하려는 야심찬 시도로 전개되었다. 서형수(徐瀅修) 등을 중국에 보내어 주자학 관련 서적을 수집해 오게 하여 조선 나름의 독자적인 주자학전서('朱子一統之書')를 편찬하려 했던 것이다. 1798년 주자학의 기본경전인 사서오경(四書五經)을 정리하여 『오경백편(五經百篇)』, 『사서집석(四書輯釋)』 등을 내어놓고, 1799년 주자학적 정치이념의 대요를 정리한 『대학류의(大學類義)』를 펴낸 것이나, 1800년 정초에 단원 김홍도로 하여금 〈주부자시의도(朱夫子詩意圖)〉를 그리게 하여 주자학의 이념을 그림으로 형상화하려던 시도도 이러한 맥락에서 이루어졌다.

이러한 노력과 함께 정조는 전통적 대외명분론 가운데 대명의리론에 대해 이서구와 성해응(成海應) 등으로 하여금 『존주휘편(尊周彙編)』을 편찬하도록 함으로써 나름의 정리를 해보려 하였다. 북벌론 대신 북학론이 힘을 얻은 상황에서 전통적 반청의식은 더 이상 유지되기 어려웠으며 조선의 문화자존의식도 크게 약화되고 있었다. 정조까지도 때때로 조선에 대한 청나라 황제의 특별한 대우를 칭송하며 청나라에 대해 '지성사대(至誠事大)' 의 중요성을 강조하는 상황이 전개되고 있었으므로,[22] 전통적인 반청론이나 북벌대의론은 더 이상 조선 지식인들의 신념이 아니었다. 그럼에도 대명의리론만은 대보단의 제사를 통하여 국가적 차원에서 유지되고 있었으므로, 조선중화의식 및 반청의식과 유리된 채 유지되던 대명의리론에 대한 이론적 정리와 확인이 시급하였다.

그러나 이 시기 대외명분론의 재정립을 주도한 것은 산림(山林)이나 정통주자학자가 아니라, 정조 측근에서 북학을 선도한 인물들이었다. 그러므로 정조 말년에 두드러진 주자학과 대명의리론 정리의 노력은 실제로는 보수적 입장에 선 것이 아니었으며, 그런 까닭에 수구적인 것은 더욱 아니었다. 오히려 정조시대에 진행된 사상적 변화를 인정하며, 그 위에서 전통적 학문과 명분론을 정리하려는 것이었고, 이를 통해 변화를 가속화하려는 전향적 성격을 지니고 있었다. 전통적인 대명의리론의 정리는 이제 시대의 대세가 되었던 북학론의 원활한 전개를 위해서도 필요한 작업이었고 그런 면에서 정조와 신료들은 공통의 지향점을 발견하였던 셈이다.

정조로서는 도도한 변화의 물결 속에서도 정치적 지도자이자 학문적 지도자로 군림하고자 '군사(君師)' 론이나 '교속(矯俗)' 론을 내세우고, 스스로 '만천명월주인옹(萬川明月主人翁)' 을 자처하면서 이 작업을 후원하였다. 그러나 '부정학' 론과 '척사학' 론이 일치되지 못하고 괴리될 만큼 깊이 진행된 사상적 혼란 속에서 정학을 고수하려는 노력이 정조의 지도자로서의 권위를 어느 정도 보장해 줄 것인지, 더구나 새로운 학문과 사상을 가진 채 이 정리를 주도했던 학자들이 정조의 의도를 얼마나 충족시킬 수 있을지는 의문이었다. 예컨대 그 실력을 인정받아 『존주휘편』 편찬을 주도하였던 이서구는 정조의 문체반정 시책과 이후 드러난 정조의 왕권강화론을 정면으로 비판하였던 강경한 입장을 견지하였으며,[23] 정조의 견책에 순응하였던 측근 관료학자들도 내심으로는 그들의 새로운 학풍과 문풍을 결코 포기하지 않았기 때문이다.

이러한 상황에서 정조치세 최말년에 추진하였던 주자학의 총정리와 명분론의 재확인 사업은 순탄하게 진행되기 어려웠다. 결국 정조는 이 사업들을 완수하지 못한 채 1800년 6월 28일 49세를 일기로 서거하고 말았으며, 이후 벌어진 미증유의 정치적 혼란과 세도정국 속에 정조의 정치적 지향과 학문적 유업은 제대로 계승되지 못하였다.

신유사옥(辛酉邪獄)의 정치적 폭풍이 몰아치는 가운데 정조의 의리탕평론과 왕권강화론은 빛을 잃었으며, 조선 정계는 탕평정치와 기존의 사림정치적 지향까지도 저버린 채 외척세도정치로 나아갔다. 이 과정에서 정조의 갑자년구상이 수포로 돌아가 버린 것은 물론, 그의 개인적 유업들도 외면되고 말았다.

정조 사후 정권을 잡았던 벽파 세력은 남인과 시파를 대대적으로 숙청하였다. 그러나 6년 만에 이들을 일망타진하고 정권을 장악하여(丙寅更化) 외척세도정치를 해나가게 된 인사들은 정조 조정에서 정조에 의해 양성된 시파의 핵심적 인물들이었다. '천생오태사(天生五太史)' 로 불리우던 김조순, 남공철, 심상규, 서영보, 이만수 등 노론과 소론의 정조 총신(寵臣)들이 세도가로서 조선 정계와 사상계를 이끌게 되었지만 정작 이들도 정조의 유업을 충실히 계승하려 하지는 않았다.

이들의 집권에도 불구하고 정조가 정력적으로 추진했던 주자학 정리

사업은 중단되었고 화성신도시를 중심으로 하는 개혁의 실험과 확산 의지도 잊혀졌다. 그러나 정조에 의해 '사학(邪學)' 으로 배척되었던 '신학(新學)' 과 '신문(新文)' 은 조선에서 확고한 위치를 차지하게 되고, 이는 전통적 학풍과 문풍을 압도하게 되었다.

그러므로 정조의 서거와 함께 '정학' 을 부양한다는 '반정(反正)' 의 노력은 실질적으로는 중단되고 말았다. 조선의 지식인들은 더 이상 반정론을 의식할 필요 없이 새로운 시대 이념과 문화를 찾아 나섰고, 서세동점(西勢東漸)의 도도한 물결이 밀어닥치는 가운데 전통적 이념과 문화는 급속히 와해되어 갔다. 세도정국 하의 여러 정치세력들은 그들의 위상 변화에 따라 다양한 정치적 입장과 사상적 경향을 표출하였다. 조선 사회를 이끌던 산림학자의 권위가 추락하고 전통주자학과 명분론의 영향력은 이제 급속히 쇠퇴해 갔다. 중앙정계와 학계를 주도하였던 세도가와 경화거족에게서 북학이 대세로 받아들여지고, 탄압 속에서도 서학(천주교)이 확산을 보이는 가운데 조선의 사상적 혼란과 갈등은 가중되었다.

세도가와 경화거족의 주도로 서울에서 청조 문물과 학예가 풍미하자, 한학(漢學, 고증학) 송학(宋學, 주자학)의 분기 등 학문적 갈등과, 아(雅)와 속(俗)의 미의식을 추구하는 예술적 지향 사이의 대립이 심화되었다. 정치가 여론을 반영하지 못하고 사회통합의 기능을 수행하지 못하는 가운데 서울과 지방, 지배층과 피지배층 사이의 분기와 갈등은 극단으로 치닫게 된다. 정학(正學)과 사학(邪學, 천주교), 서학(西學)과 동학(東學)의 대립과 같은 극단적인 사상적 갈등도 야기되었다. 문예에서는 속태(俗態), 색태(色態)의 통속성이 난만하게 추구되면서 이제는 주자학적 명분론과 도덕률에서 벗어나 인간 욕구의 자유로운 표출을 정당화하는 흐름도 나타났다.

실상 이러한 사상적 · 문화적 갈등과 혼란은 조선성리학과 그 명분론,

그리고 문화자존의식 위에 수립되었던 전통적 사회질서와 사상·문화의 청산과정에서 나타난 현상이면서 조선후기 사회 발전의 귀결이기도 하였다. 조선의 변화된 현실을 직시하고 전통사상과 문화를 반성하면서 나타난 정조시대의 사상적 갈등과 문화적 격변은 조선의 지도이념과 문화에 전면적 변동을 초래하였고, 그 소용돌이를 헤쳐나가며 19세기 조선 사회는 새로운 역사단계로 진입하게 된다.

제2장

정치 ; 정치적 갈등과 정국의 추이

1. 우현좌척론의 대두
2. 의리탕평론의 전개
3. 외척세도론의 등장

용주사 대웅전 후불탱화(부분)

정조시대(1776~1800)를 전환점으로 하여 조선 사회는 전면적인 변화를 맞이하게 되었다. 정치 · 경제 · 사회 · 문화와 사상의 모든 부면이 난만한 전개와 함께 역동적인 변화를 보였으며, 이 가운데 전통적인 것과 새로운 것이 갈등을 일으키고 있었다. 이 변화와 갈등은 앞시대의 한계를 극복하려는 노력이자 새로운 시대를 향한 다양한 모색의 일환이었으며, 순조대 이후의 정치적 변동 및 전통적 사회체제 해체의 단서가 되었다.

정치사의 측면에서는 영조대 후반 청론사류의 대두와 이후 이들의 역할에 의해 정조대의 탕평정치가 진행되지만 정조 사후 탕평정치는 물론 사림정치까지도 붕괴하고 세도정치가 전개되는 등 조선 사회는 커다란 정치적 소용돌이를 경험하게 된다.

그간 정조대의 정치적 동향과 정치론 및 정치사상에 관하여는 여러 연구성과가 나왔다. 규장각과 문체책(文體策) 등 제 시책의 정치사적 의미에 관한 연구를 위시하여 정조 왕권의 성격이나 정조의 정치사상을 설명한 연구가 있었으며, 정조대의 탕평정치를 영조대와 비교하여 논한 연구, 그밖에 정조대 정국 추이를 몇 단계로 나누어 설명한 연구들도 제출되어[24] 정조대의 정치에 대해 상당히 심도있는 이해가 가능하게 되었다.

필자는 정조대 후반의 가장 중요한 시책이었던 화성신도시의 건설과정을 검토하면서 정조대의 정치상황을 정조 12년을 계기로 크게 두 단계,

그리고 세분하여 전기, 후기 각 3단계씩 총 6단계로 다음과 같이 구분한 바 있다.[25)]

정조시대 전기(정조 즉위년 1776년~정조 12년 1788년)

제1기; 정조 즉위(영조 52년 3월) 후 홍국영(洪國榮) 축출(3년 9월)까지

제2기; 김하재(金夏材) 사건(8년 7월)까지

제3기; 장용영(壯勇營) 설치(12년 1월)와 삼상(三相)체제 수립(12년 2월)까지

정조시대 후기(정조 12년 1788년~정조 24년 1800년)

제4기; 유성한(柳星漢) 사건(16년 4월)과 영남만인소(嶺南萬人疏, 16년 윤4월)까지

제5기; 정동준(鄭東浚) 사건(19년 1월)까지

제6기; 정조 서거(24년 6월)까지

이 시기구분에서 필자는 즉위초 우현좌척(右賢左戚)과 우문정치(右文政治)를 내걸었던 정조의 정치적 지향 자체도 정조의 왕권강화의 방향성이라든가 각 붕당의 조제보합(調劑保合) 상황 등에 따라 시기별로 크게 변화하였으며, 이러한 제 단계에 따라 상이한 논점의 정치론들이 제기되어 정치적 상황에 따라 부침하였음을 논하였다. 또한 세도가 김조순(金祖淳, 1765~1831)에 대한 검토를 통하여 순조대 이후 외척과 소수 경화거족의 세도정치는 정조대 정치적 추이의 연장선상에서 탕평정치의 귀결로서 성립하게 되었다고 보았다.[26)]

그러므로 영조대 후반 이후 정조대의 탕평정치론과 정치적 상황이 순조대 이후 척족세도의 정치적 상황으로 변화되어 갔던 과정과 나아가 우

리나라의 전통적 사상과 정치의 해체과정 및 근대적인 것으로의 전환과정을 설명하고자 한다.

1. 우현좌척론(右賢左戚論)의 대두

조선성리학과 명분론을 이념으로 하였던 사림파 학자들은 선조대 이후 중앙정계에 진출하여 훈척세력을 축출하고 정권을 장악하기에 이르렀다. 이들 사림이 성리학적 정치이념에 따라 훈척(勳戚)과 궁환(宮宦) 등 특권세력을 배제하면서 구현해 간 사림정치(士林政治)는 학문정치(學問政治)와 표리를 이루고 있었다. 사림학자들이 관료로 진출하여 이들이 학파를 중심으로 결성한 붕당들이 상호 견제하면서 정치의 실권을 담당하는 형태가 조선후기 정치의 기본틀이 되었던 것이다.

훈척 등 특권세력을 정치에서 배제한다는 사림정치의 원칙은 이후 붕당 또는 정파의 대립에 있어서 언제나 명분적 쟁점이 되었다. 사림 간에 분당 또는 분파가 일어나는 경우, '청론(淸論)' · '청류(淸流)' 는 항상 훈척 등 특권세력의 발호를 경계하고 사림으로서의 올바른 처신과 정치적 혁신을 요구하는 쪽의 표방이자 명분이었다.

일찍이 선조대의 동서분당(東西分黨) 과정에서 심의겸(沈義謙)과 김효원(金孝元) 모두 척족과의 관계에 따라 물의에 휘말려 이것이 동서분당의 한 계기가 되었던 경우에서부터, 뒷시기로 가서 동인에서 갈라진 남인이 서인을 공격하거나 남인 내에서 청남(淸南)이 탁남(濁南)을 공격하는 경우에서도 훈척과의 연결 등이 늘 문제가 되었다. 인조반정(仁祖反正) 이후 서인의 산림이 산당(山黨) 혹은 청서(淸西)를 자처하면서 공신계열인 한당(漢黨) 또는 공서(功西)와 대립하였다든가, 훗날 산당을 계승하였던 서인의 영수 송시열(宋時烈)이 훈척을 두둔하자 이를 비판하면서 소장파들이 청론을 자처하며 소론(少論)으로 분립하였던 것(老少分黨) 등도 모두가 특권세력의 정치 개입을 배제하고자 했던 사림정치의 성격으로부터 파생된 일이었다.

이러한 사림정치의 지향은 붕당 간의 대립이 격화되면서 환국정치(換局政治)가 이루어졌던 숙종, 경종대와, 그 폐단을 시정하고자 하여 탕평책이 추진되었던 영조대에도 양상을 달리하며 끊임없이 추구되었다. 신임옥사(辛壬獄事, 1721~1722) 이래 노론·소론 간의 극한적 대립을 반성하면서 탕평을 모색하였던 일부 세력이 '청류(淸流)'와 '청의(淸議)'를 표방하고 나왔으며, 이를 받아들인 영조는 황극탕평론(皇極蕩平論)을 내세워 신료들에게 당파적 이해를 떠나 국왕에게 추종할 것을 요구하게 된다.[27)]

영조대 전반은 이처럼 다양한 흐름이 각축하는 가운데 정치적 파란이 거듭되었던 시기였다. 당시 노론·소론의 일각에서는 국왕의 요구에 부응하여 붕당적 이해를 떠나 결집하는 움직임도 나타나게 되었으며, 이들은 급기야 국왕의 심복이 되어 특권세력으로 등장하기에 이른다. 이에 사림의 주류에서는 이들을 '탕평당(蕩平黨)'이라 지칭하면서 특권세력인 '권간(權奸)'으로 보아 비판하고, 이러한 자신들의 입장을 '청론'이라 하면서 정당화하였던 것이다.

영조대 이후 조선 정계의 주도세력이었던 노론은 산림학자를 중심으로 결속하여 호서지역의 호론(湖論)과 서울 주변의 낙론(洛論)으로 분기하였으며, 낙론 산림학자의 문하에서 성장한 일부 경화사족들은 영조대 탕평정국 아래에서 활발한 정치적 진출로 영향력을 확대하여 갔다. 이런 가운데 낙론계열은 다시 분파하여 이만성(李晩成), 이재(李縡), 이의현(李宜顯)에서 김원행(金元行), 송명흠(宋明欽), 이천보(李天輔) 등을 거쳐 그 문인까지 '노론청류(老論淸類)'를 칭하였던 화당(花黨)계열과, 조태채(趙泰采)-조관빈(趙觀彬) 부자(父子), 김유(金楺)-김취로(金取魯) 부자 및 민진원(閔鎭遠)에서 김치인(金致仁), 민우수(閔遇洙)를 거쳐 김종수(金鍾秀), 송재경(宋載經) 등으로 이어지는 낙당(駱黨)계열로 대별되었다.[28] 노론의 주류를 이루었던 이들 낙론의 경화사족 가운데에는 관료로의 길을 걸어 김재로(金在魯)와 유척기(兪拓基), 이천보(李天輔)처럼 재상이 되어 영조 탕평정국의 일각을 지탱하는 경우도 생겨났다.

그리하여 영조의 뒷받침과 이들 스스로의 노력으로 노론의 주도적 정치참여는 더욱 가속화되었으며, 신유대훈(辛酉大訓, 1740년) 이후로는 노론 주도의 탕평정국이 전개되었다. 뒤이어 을해옥사(乙亥獄事, 1755년) 이후 노론의 정국 주도가 확고해진 가운데 이제는 척족이 특권세력으로 발호하자, 이들 가운데 일부는 청론사류의 입장을 내세워 재결속하면서 대두하는 양상을 보이게 된다. 영조에 의해 외척으로 선택되었던 풍산홍씨(豊山洪氏), 경주김씨(慶州金氏) 등 척족이 남당(南黨)과 북당(北黨)으로 각립하며 전횡하는 등 영조대 후반 들어 탕평정치의 폐단이 나타나자, 이를 비판하는 분위기 속에 화당과 낙당은 다시 '노론청류'로 결집하고 일부 소장파들은 '청명당(淸明黨)'을 결성하기도 하는 등[29] 사림의 정통으로서 위상을 다지며 사림정치의 회복과 정치의 일신을 강력히 주장하기에 이르렀다.

정조의 정치적 지향은 영조대 후반의 이러한 흐름을 수용하여 영조 탕평정치의 폐단을 시정하고 사림정치의 명분 위에 탕평정치를 재정립하려는 것이었다. 정조의 생부(生父) 사도세자는 왕실 척족의 발호와 외척의 각축 속에 죄인으로서 비참한 죽음을 맞았기에 정치적 상황에 대한 정조의 인식은 남다른 것이었다. 그러나 파란 끝에 왕위를 계승한 정조의 정치적 기반은 대단히 취약하였다. 이에 정조는 즉위 직후 측근세력에 의

지하여 먼저 이들 척족을 과감히 처단하고, 일찍이 이들의 전횡을 비판하였던 청류 또는 청론사류 세력을 적극 등용하면서 '우현좌척'의 정치적 지향을 분명히 하기에 이른다.

정조는 사림정치와 학문정치의 흐름에 편승하는 동시에 영조의 탕평론도 계승하여 노론, 소론, 남인 세 붕당을 함께 등용하고, 이들 간의 상호견제 구도 위에 왕권을 강화하려 했다. 정조는 즉위초부터 우현좌척과 우문정치(右文政治), 그리고 탕평을 정치이념으로 내세우면서 그의 왕권을 뒷받침하는 정치적 기반으로서 노론만이 아니라 소론과 남인의 청론사류까지도 적극 수용하여 이들의 조제보합을 통한 탕평을 시도하게 된다.

정조가 등용한 사류 가운데 노론청류는 영조말년 '청명당'으로 결집하였던 이른바 '동원십삼학사(東園十三學士)' 등 소장 관료학자들이 그 핵심이었다. 이들은 노론의 산림, 그 중에서도 주로 낙론 산림의 문하에서 나와 관료로 전신하였던 인사들로 구성되어 있었다. 일찍이 낙론의 산림 김원행(金元行)과 김량행(金亮行), 송명흠(宋明欽) 등은 영조의 완론탕평(緩論蕩平)을 반대하고 '남북양척지론(南北兩斥之論)' 또는 '중립론(中立論)'을 펴서 남당과 북당으로 갈라져 각축을 벌이던 두 외척을 모두 비판하는 입장을 취하였다.[30) 이러한 입장을 계승한 산림학자의 문인들은 영조대 후반 이후 청론사류로서 활발한 정치적 진출을 이루고 정조대에는 핵심적 정치세력을 형성하게 된다.

소론(少論) 역시 산림학자의 후예들이 정조 즉위 이후 정조의 친위세력으로 진출하고 있었다. 이들은 일찍이 숙종대 후반부터 노론의 훈척과의 연결을 비판하며 청론으로서 사림의 정통성을 주장한 바 있었다. 더욱이 이들 가운데 준소(峻少)는 노론에 비타협적 태도를 취하며 영조의 완론탕평에도 비협조적이었던 까닭에 1755년 을해옥사(乙亥獄事)로 엄청난 타격을 받기도 하였다. 그러나 을해옥사 이후 재편되면서 탕평에 협

〈소론 학자의 학통 계승〉

* 실선(——) : 사승(師承) 관계
점선(·····) : 혈연(血緣) 관계

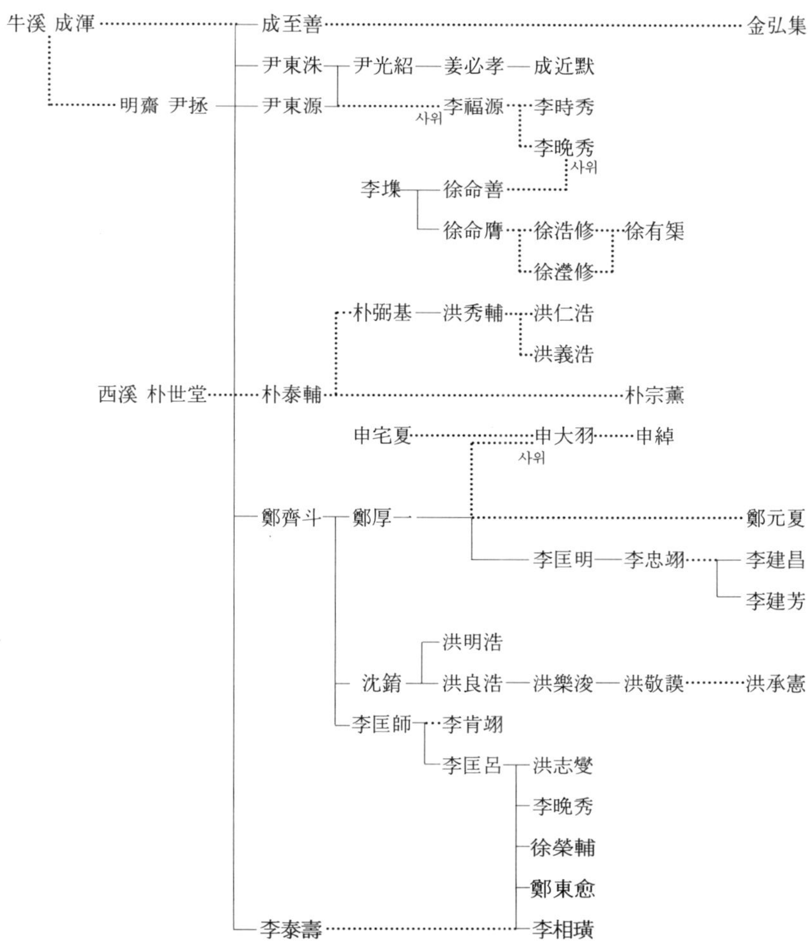

조하게 된 소론의 입장은 정조에게 왕권강화의 기반이자 노론의 견제세력으로서 그들의 위상을 각인시켰을 뿐 아니라, 척족을 제거하기 위해 청론적 입장을 요구하던 정조의 의중과도 맞아 떨어짐으로써 정조년간 이들은 눈부신 정치적 진출을 하게 된다. 특히 서명선(徐命善)은 영조 말년 이후 척족 등 특권세력을 공격하며 정조의 집권 기반을 안정시킨 공적을 세움으로써 정조 초년 '의리주인(義理主人)'으로 공인받으며 소론의 정치적 기반을 확고히 하였다.[31)]

서명선은 서명응(徐命膺), 홍양호(洪良浩), 이복원(李福源) 등과 함께 그 휘하의 서호수(徐浩修), 서형수(徐瀅修), 서유구(徐有榘), 이시수(李時秀), 이만수(李晩秀), 서영보(徐榮輔), 이상황(李相璜) 등을 거느려 정조 탕평정치의 한 축을 담당했을 뿐 아니라 그들의 학문능력으로 규장각에서 정조의 학문정치를 보좌하는 핵심적 역할을 담당하기도 했다.

남인(南人)의 경우도 청남(清南)–문외파(門外派)를 계승한 청론세력이 정조에 의해 각별히 주목받아 정조대에 큰 정치적 진출을 달성하게 되었다.[32)] 일찍이 척족에 접근해가던 탁남(濁南)을 청론의 입장에서 비판하고 우암(尤巖 宋時烈) 고묘론(告廟論)을 내세워 서인에 대해 강경한 입장을 표방했던 남인 청론은 갑술환국(甲戌換局, 1694년) 이후 남인이 결정적으로 실각하였음에도 오히려 남인의 중심세력으로 부상하였다. 이들은 퇴계 계열의 학문적 정통성을 내세우며 북인(北人)세력을 포섭하여 그 세력을 확대시키고, 영조대에는 준소(峻少)와 협력관계 위에 노론에 대해 일정한 견제 역할을 담당하면서 붕당적 입지를 유지하고 있었다.

이들은 숙종대부터 이미 사림정치의 원칙론에 입각하여 훈척 배제론을 고수함으로써, 같은 남인 내에서도 척족과 연결하여 정권을 유지코자 하였던 탁남(濁南)–문내파(門內派) 계열과는 입장을 달리하였다. 그러므로 '기무여종(己戊餘種; 기사년 남인정권과 무신년 이인좌난에 관여하였던 남인 가운데 남은 무리)' 이라고 하여 남인 전체를 역적으로 모는 노론의 공격에 대하여 이들은 이인좌난(李麟佐亂)의 주동세력이 되었던 탁남-문내파와 자파를 구별하면서 대응하고, 나아가 노론의 신임의리론(辛壬義理論)에 대하여 임오의리론(壬午義理論)을 제기함으로써 사도세자 사건에 대한 노론의 책임을 추궁하면서 정치적 진출의 명분을 가질 수 있었다. 이렇게 하여 이들은 정조대에 채제공(蔡濟恭)을 필두로 활발한 정치적 진출을 보이고, 정조 12년에는 삼상(三相)정권의 일각을 차지하기에 이르며, 16년에는 영남만인소(嶺南萬人疏)를 주도함으로써 노론, 소론과 대치할 정도로 세력을 키워 나가게 된다.

정조의 탕평책에 부응하였던 노론·소론·남인의 '사류(士類)', '청류(淸流)', 혹은 '청론(淸論)' 세력은 척족을 배제하고 사림정치를 구현하고자 하는 '우현좌척' 정치론에 공감하면서, 이른바 정조의 '이열치열(以熱治熱)'의 탕평구도에 따라 상호견제 구조를 이루어 정조의 정치를 뒷받침하였다. 이들은 대체로 누대에 걸쳐 서울과 그 주변에 살았던 경화사족(京華士族)들로서 산림(山林)의 문하에서 학문을 성숙시켜 관료로 진출하게 된 부류들이었다.[33]

각기 붕당의 입지는 대립적이었지만 이들 청론사류에게서는 경화사족으로서의 사상적 공감대가 형성되어 갔다. 이들은 학문적 정통성과 붕당의 준절한 입장을 내세워 각기 대립하면서도 정조의 탕평에 참여하는 가운데 일각에서는 학파와 당파의 차이를 넘어서는 교류를 이루어 결집하기도 하였다. 정조대 중반 시파와 벽파가 분기하는 가운데 시파로 결집하였던 정조의 친위관료 중 노론·소론의 명사들-이른바 '천생오태사(天生五太史; 金祖淳, 沈象奎, 南公轍, 李晩秀, 徐榮輔)'가 세도정국 하에서 긴밀한 유대를 유지하며 시파 세도정권의 핵심을 이루었던 경우나,[34] 정조조정과 규장각에서 맺어진 인연을 바탕으로 노론의 홍석주(洪奭周),

김매순(金邁淳)과 소론의 서유구(徐有榘), 남인의 정약용(丁若鏞) 등이 뒷시기까지 유지하였던 교유관계 등이 그 일례이다.

그러나 이러한 상황 전개 속에서도 청론사류를 등용하여 척족 등 특권세력과 적대세력을 물리치고 집권 기반을 안정시키려는 정조의 노력이 실효를 보기까지는 상당한 기간이 소요되었다. 정조는 영조대까지의 정치 주도세력이었던 노론을 견제하고자 소론을 중용하고, 뒤에는 남인의 세력을 신장시킴으로써 조정에서 노론 · 소론 · 남인의 관료가 각기 삼분의 일 씩을 차지하는 삼당(三黨)의 상호견제구도를 마련하고자 하였다.[35] 그리하여 노 · 소 · 남 삼당 출신을 삼정승으로 삼은 정부를 출범시켜 정조가 의도한 대로의 탕평정치 구도를 실현하였던 것은 즉위한 지 12년이나 지난 1788년에 가서였다.

'우현좌척론' 과 삼당 균형을 통한 정조대 전반기 탕평정치의 혁신은 정국의 안정과 정조의 지도력 강화를 가져오고, 이는 조선의 사회 · 문화적 발전 및 번영을 이루는 토대가 되었다. 그러나 이 과정에서 사류는 분열하여 청론은 다시 시벽으로 분기하는 양상을 보였으며, 정조의 배후에서 '귀근(貴近)' 으로서 발호하는 새로운 특권세력의 등장이 정치적 긴장을 야기하기도 하였다. 그리하여 정조대 후반, 이 문제를 놓고 책임의 소재와 대책을 둘러싼 정계의 갈등이 심화되게 된다. 영조대 탕평정치의 한계를 극복하려던 정조대 탕평정치는 청론사류의 분열과 특권세력의 등장이라는 또다른 문제의 해결 여부에 따라 성패가 나뉘기에 이르렀다.

2. 의리탕평론(義理蕩平論)의 전개

정조 12년(1788) 2월 삼상정부 출범 이후 정조의 탕평정치가 본궤도에 올라서고 왕권의 정치주도력이 어느 정도 확보되었다. 이것은 국왕 정조가 취하였던 우문정치와 우현좌척론의 지향이 사림정치론을 견지했던 청론사류의 지지와 참여를 얻고 이들이 정조의 친위세력으로 편성된 결과 가능한 일이었다. 이로써 영조 후반기에 드러난 척족 등 권귀, 곧 특권세력 발호의 폐단이 어느 정도 광정되었으며, 군주와 사림의 협력 아래 탕평정치가 재정립되는 방향으로 나아가고 있었다.

정조는 이를 위하여 즉위초부터 영조의 탕평론을 계승하겠다는 의지를 표방하고, 동시에 청론사류를 등용하여 척족을 제어하는 우현좌척의 정치적 지향을 제시하였다. 정조가 구현하고자 한 정치는 영조대 탕평정치에 대한 반성 위에 사림정치의 회복을 추구하는 것이었다. 그러므로 정조의 탕평정치는 실상 영조의 탕평정치를 계승하면서도 그 폐해의 극복을 모색함으로써 일단의 혁신적 성격을 가지게 되었다.

우선 정조는 영조가 신하들에게 색목(色目)이나 붕당적 이해를 떠나 국왕에게 귀의할 것을 요구하였던 것과 달리, 신료들의 색목과 의리 고수를 인정하면서 그 위에서의 탕평을 추구하였다. 붕당의 타파를 추구하던 영조대의 정국은 오히려 탕평당이란 새로운 붕당을 낳고, 후기에는 척족이 대두하여 특권세력으로 발호하는 폐단이 야기되었다. 그러므로 정조는 이를 직시하여 여러 붕당과 정파의 공존과 상호견제 위에 척족 등 특권세력의 발호를 막고 왕권의 강화를 꾀하는 방향을 취하였던 것이다.

이런 점에서 정조는 즉위 초부터 스스로의 탕평을 '의리(義理)의 탕평(蕩平)'이라 하면서 '혼륜(混淪)의 탕평'과 명백히 구별하였다.[36] '의리'란 천하의 공(公)적인 것으로, 이는 정조에 의하면 어느 한쪽만의 사사로운 독점물이 될 수는 없다는 것이었다.[37] 각 붕당은 당리(黨利)만을 추구하여 공적인 것을 저버려서는 안되며, 이때 각자가 가진 세전(世傳)의 붕당은 각자의 성관(姓貫)과도 같아서 버리거나 바꿀 수 없는 것이니 그 나름의 의리를 갖는 것으로 존중되어야 한다.[38] 이는 효자가 어버이의 마음을 자신의 마음으로 이어나갈 때 편안함을 얻는 것과도 같은 이치로서 정조의 사친(私親) 사도세자에 대한 정조의 의리에 대하여도 마찬가지이다.[39] 그러므로 조정에서는 각기 그 나름의 붕당과 의리론을 가진 군주와 사대부 출신 신료들이 공존하면서 탕평정국을 이루어 나간다는 것이 1792년(정조 16) 임오의리론(壬午義理論)이 대두되던 시기 정조의 생각이었다.

이러한 입장에서 정조가 표방한 '의리의 탕평' 정치론, 곧 '의리탕평론(義理蕩平論)'은 '우현좌척(右賢左戚)'이라는 사림정치적 지향과 표리를 이루며 추진되었다. 이는 정조가 인조대 이후 조선 정치사의 변화 과정을 세 단계로 구분하여 보고 이를 반성하는 가운데 설정한 것이었다.

그는 우선 인조반정 이후 훈신(勳臣)이 정권을 잡음으로써 훈구(勳舊) 발호의 폐단('勳舊之弊')을 낳았던 시기를 첫 번째 단계로 보고, 이후 효종이 '산림독서지사(山林讀書之士)'를 등용하여 이를 바로잡았던 시기를 두 번째 단계로 설정하였다. 그러나 이러한 산림 중심의 세도는 붕당 간의 대립이 격화되는 '문호표방지폐(門戶標榜之弊)'를 야기하였으며, 이에 국왕이 척족을 끌어들임으로써 척족이 정치에 개입하는 '척완간정지환(戚腕干政之患)'이 생기게 되었는데 영조대까지의 이 시기를 정조는 세 번째 단계로 보았다.[40]

영조대에까지 설정한 이러한 삼단계의 정치사 인식을 토대로 정조는 그 폐단을 시정하고자 훈구(勳舊)와 척리(戚里), 곧 훈척(勳戚)을 배제하고 사림(士林)을 등용하는 우현좌척의 정치적 지향을 취하였다. 훈신을 배제하고 사림 청의, 또는 청론의 뒷받침을 받아 청명한 정치('淸明之治')를 구현하였던 효종의 정치를 본받고자 하면서,[41] 정조는 영조대 후반 척족의 발호를 비판하며 대두하였던 사림 청론, 청류를 등용하여 자신의 정치적 기반으로 삼아 척족을 제거하고 정치의 혁신을 도모하였던 것이다.

이는 즉위하기 이전부터 정조가 의지하였던 측근 관료들의 헌신적 노력이 있어 가능하였다. 왕세손으로서 고단한 위치에 있었을 때 서명선(徐命善)과 홍국영(洪國榮), 정민시(鄭民始), 김종수(金鍾秀) 등 정조 측근의 관료들은 정조의 이러한 지향에 공감하여 온갖 위기를 넘기면서 정조를 보호하는 임무를 수행하였다.

정조 즉위 후 이들은 정조의 절대적 신임을 받으며 정후겸(鄭厚謙), 홍인한(洪麟漢) 등과 외척 풍산홍씨와 경주김씨를 정계에서 축출하고, 정조 위해(危害)시도 등 빈발하는 위험을 막아내면서 어려운 상황 속에서도 정국과 왕권의 안정을 도모하는 책무를 담당하였다. 이들은 이른바 '동덕회(同德會)'의 성원으로서 실권을 장악하여 정조대 정치의 핵심적 인물로 떠오르고 있었다. 그러나 뒤에는 이들도 정국의 급변하는 상황 속에서 급기야 정치적 입장의 차이를 보이고 그들끼리 각축, 대립을 벌이며 상이한 정치적 부침을 보이게 된다.

정조 즉위 직후 정조의 전폭적 신뢰 아래 실권을 장악한 사람은 홍국영이었다. 그는 기성세력의 각종 도전에 직면하였던 정조를 보필하면서 도승지와 숙위대장의 지위를 차지하고 국왕의 신임에 의존하여 공식적 직책의 범위를 넘어서는 막강한 권력을 행사하였다. 훗날 '세도정치(勢道政治)'의 원형으로 흔히 지적될 만큼 홍국영의 특권적 위치와 권력행사는 '권행(權幸)' 적인 성격을 띠는 것이었다.[42]

더구나 그는 자신의 권력을 공고히 하고자 누이동생을 정조의 후궁(元嬪)으로 들이고, 그가 후사없이 요절하였음에도 상계군(常溪君)을 양자로 하여 장차 대권을 계승하도록 시도하는 등, 귀근이자 권행으로서의 한계를 넘어서 외척으로 올라서고자 무리한 일을 감행하였다. 이에 정조는 우현좌척의 대원칙과 여론에 따라 그를 전격적으로 제거하기에 이른다.

이 과정에서 우암 송시열의 후손으로 특별히 등용된 산림학자 송덕상(宋德相)이 홍국영의 입장을 정당화하다가 함께 축출됨으로써, 낙론의 산림 홍계능(洪啓能)이 역모로 축출된 이후 다시 한번 산림의 권위는 크게 실추되었다. 이로써 산림은 조선 정계의 이념적 지도자라는 위상을 놓치게 되었고, 우문정치는 이들을 배제한 채 국왕과 측근 관료학자들에 의해 주도되는 양상이 나타나게 된다.[43]

이후 당론을 이끌던 산림의 영향력이 퇴조하는 가운데 정조는 보다 자유로운 상황에서 정치적 개혁과 탕평을 추구할 수 있었다. 정조는 기존의 정국 주도세력이었던 노론을 견제하며 서서히 소론을 부양하여 정국을 이끌어갔다. 특히 정조의 즉위과정은 물론 홍국영의 축출과정에서 정조를 도와 결정적 역할을 담당한 서명선은 이후 정계에서 '의리주인(義理主人)'의 명분을 차지하고 영의정에 이르기까지 현달하며 큰 영향력을 행사하기에 이르렀다.

이러한 가운데 정조의 탕평과 정국운영방식을 놓고 노론 일각에서 격렬한 반발이 일어났다. 정조 8년 김하재(金夏材)의 복주(伏誅)사건으로 표출되었듯이 정조의 정국운영에 대한 비판적 여론이 비등하는 가운데 정조에 추종하는 세력을 '시파(時派)'라고 폄하하면서 '벽파(僻派)'가 분립하는 등 노론 내부에서부터 사류와 청론의 분열상황이 전개되었던 것이다.

그러나 정조 10년 12월 소론 내에서 서명선과 대립하던 김상철(金尙喆)이 역모 혐의로 제거되자 소론의 진출에 문제가 야기되고 정조로서는 정국의 재편이 불가피한 상황에 직면하게 된다. 이에 정조는 남인의 본격적 등용을 의도하면서 '이열치열(以熱治熱)'의 방안을 언명하고(11년 1월) 탕평정국의 구조 조정을 모색하였다. 정조는 12년 2월 남인의 영수 채제공(蔡濟恭)을 정승으로 전격 기용하여 이제는 노소남 삼당(三黨)의 영수(領袖)를 삼정승으로 하는 삼당견제 구조를 이루어 본격적인 탕평정국을 조성하기에 이른다.

이 시기까지 정조는 우문정치를 표방하면서 규장각(奎章閣)과 초계문신(抄啓文臣)제도를 마련하고 서얼을 규장각 검서관으로 등용하는 등 중서층의 신흥사회세력까지도 수용하여 측근에 친위 관료학자군을 양성하였으며, 장용영(壯勇營)의 설치와 운영에 의해 친위군사력과 경제기반까지 갖춤으로써 탕평의 권력기반을 마련해 가고 있었다. 이 위에서 출범한 삼상체제로 인하여 정조는 대립하는 여러 붕당 간의 조정자로서 운신의 폭이 커지고 국왕의 지도력이 크게 강화되었다. 이를 기반으로 정조는 이듬해에는 숙원인 현륭원(顯隆園) 천원(遷園)을 실현시켰을 뿐 아니라, 이제는 '전랑통청지규(銓郎通淸之規)' 를 폐지하는 등(13년 12월) 점차 대신(大臣)의 권한을 강화함으로써 자신이 추구하는 탕평의 실효를 높이려 시도하기도 하였다.

더욱이 채제공이 독상(獨相)으로 있는 동안 남인의 진출이 확대되자 이를 활용하여 정조는 정치적 영향력을 더욱 키워 나갔다. 정조 16년 4월 노론의 유성한(柳星漢) 상소사건을 계기로 국왕에 대한 일체의 견제를 배제하면서 여론을 유리하게 이끌었으며, 시파의 영향력이 커진 가운데 정조는 이를 정국 반전의 계기로 삼았다. 유성한 상소사건에 뒤이어 16년 윤4월 영남만인소(嶺南萬人疏)가 올라온 것을 기회로 정조는 사도세자의 죄인으로서의 허물을 벗겨내고('先世子辨誣') 임오의리를 '천하만세공공지대의리(天下萬世公共之大義理)' 로 절대화하면서 자신과 남인의 정치적 입지를 크게 확충하였던 것이다.

그러나 곧이은 노론의 반발로 채제공은 정조 16년 10월에 실각하여 축출되기에 이르고 이후 노론시파의 정부가 수립되었다. 남인에 대한 노론의 공격이 격화되었던 이 시기부터 정조는 보다 본격적으로 '속습(俗

習)' 을 바로잡는다는 '교속(矯俗)' 의 명분을 내세워 국왕의 지도력을 강화하고 시파를 앞세워 직접적으로 정국을 주도하려 하였다.

이로써 시파의 입지는 강화되었지만 남인의 붕당적 입지의 약화로 삼당의 견제구도가 흔들리는 가운데 탕평정국이 불안해지고 있었다. 이에 정조는 노론의 공격을 받던 남인의 서학(西學, 천주교)신앙과 노소론의 부화(浮華)한 문체(文體)를 동시에 문제삼으면서 문체반정(文體反正)을 시도하여 자신의 주도적 역할로 위기를 돌파하고 정국의 안정을 도모하고자 하였다. 이 과정에서 정조의 측근으로 양성되던 김조순(金祖淳), 남공철(南公轍), 심상규(沈象奎), 이상황(李相璜), 이덕무(李德懋), 박제가(朴齊家) 등 규장각의 시파 친위관료들이 정조의 견책을 받게 되었다. 아울러 이때 노출된 이들의 허물은 역시 정조가 아끼던 정약용 등 남인 관료들의 서학신앙과 함께 벽파의 공격빌미가 되었으며 정조가 규장각을 통해 추진해 온 우문정치의 한계도 노출되어 버렸다.

이에 정조는 정치적 기반과 탕평정국의 구도를 보완하려는 의도에서 17년 6월 전격적으로 '금등(金縢)' 을 공개하여 임오의리를 내세우던 남인세력의 부양을 시도하였다. 뿐만 아니라 규장각의 친위관료들의 허물이 노출되어 발언권이 약화되었으므로, 다시 최측근에 '권행' 적 인물을 두어 신임을 주면서 이를 통해 탕평정국의 상호견제 구도를 유지하려 하기에 이른다.[44)]

이 시기 삼당을 모두 참여시키되 노론시파를 우위에 두는 정국운영의 현실적 대안이 실천되었으며, 정부 바깥에 소론 각신(閣臣) 출신의 정동준(鄭東浚)이 정조의 각별한 신임을 받아 또하나의 막후세력으로 등장하였다. 정조는 규장각의 친위관료 외에 다시 최측근의 심복을 정치적 지렛대로 하는 다중의 견제구조를 만들고 이런 구조 위에 정치적 영향력을 발휘하려 하였던 것이다.

그러나 이러한 정국 상황은 끊임없는 정파 간의 견제를 유발하여 국왕의 지도력이 강화되는 일면이 있었지만, 반면에 특권세력의 발호로 사림정치의 원칙이 방기됨으로써 정국의 경색이 더욱 심화되는 결과를 낳았다. 청론사류의 분열로 시파, 벽파의 대립이 생긴 위에, 정조 측근에서 다시 '권행(權幸)' 이 등장하고 '귀근지폐(貴近之弊)' 가 발생함으로써 그들 간의 분열도 심각한 상황에 이르렀다.

더욱이 보다 근본적인 문제는 정조가 규장각에서 근신으로 키웠던 친위 관료학자들이 정조의 희망이나 지향과도 달리, 정조가 허용할 수 있는 범위를 넘어서서 북학과 서학의 수용을 선도하는 세력이 되었으며, 그들 간의 학문과 사상이 크게 분열되고 있었다는 점이다. 이는 정조대 문화의 역동성과 다양성의 산물이었지만, 이러한 측면이 군주와 사류 일반에 의해 포용되지 못하는 한 그들 간의 분열은 대립으로 치닫고, 이는 결국 정조의 지도력과 우문정치의 한계를 노출시키는 방향으로 작용할 수밖에 없었다.

그러므로 정조도 어찌할 수 없었던 시대의 대세와 휘하 관료학자들의 분열로 정조의 우문정치와 탕평이 한계에 부딪친 상황에서 정조는 큰 실망감을 느끼며 이를 돌파하여 장차 의도한 대로의 정국을 연출할 장기적 대안을 찾고 있었다. 정조는 1804년 갑자년, 세자가 15세가 되고 혜경궁이 칠순이 되는 해에는 왕위를 물려주고 화성으로 은퇴한다는 이른바 '갑자년구상' 을 입안하고,[45] 이제는 장기적 정국운영 구도 위에 일부 친위관료를 이끌어 자신의 적극적 주도로 이를 실현시켜 나가고자 하였다. 정조는 왕위를 물려준 후 사도세자의 추숭사업을 수행하고 상왕으로서 막후에서 정치를 주도할 노후의 근거지로서 화성신도시 건설을 의도하였다. 이에 정조 18년(1794) 정월부터 국력을 기울여 집권 후반기 최대의 사업인 화성성역(華城城役)을 추진하기에 이른다.

이 시기에 정동준은 '귀근' 출신의 '권행'으로서 정조의 의중에 따라 장용영 강화와 화성성역 추진에 대한 비판여론을 잠재우는 등 막후에서 막강한 역할을 담당하였다. 그러나 이는 정조의 정국운영방식을 비판하는 노론 벽파의 결집과 세력 강화의 계기가 되었고, 권유(權裕)를 필두로 하는 노론 벽파의 탄핵이 가해지자 1795년 1월 정동준은 전격적으로 축출되고 노론 시파의 재상은 이러한 상황에 대한 책임을 지고 물러나게 된다. 노론 벽파는 귀근의 발호를 용인한 시파를 비판하면서 청론을 대표한다는 명분을 다시 내세우게 되었으며, 이후 현격한 정치적 진출을 이루게 되었다. 정치력의 한계를 드러낸 정조는 정국을 일변시켰다. 유언호(兪彦鎬), 윤시동(尹蓍東) 등 청론의 지도자와 김종수(金鍾秀), 심환지(沈煥之) 등 벽파를 중용함으로써 이들이 시파와 서로 견제하는 가운데 정국을 주도하는 상황이 나타나기에 이른다.

이 시기에는 노론 벽파의 발언권이 커지고 정치적 진출이 두드러지는 가운데 정조의 정국 주도능력은 한계에 봉착하였다. 1796년 10월, 원래 1804년 갑자년까지로 예정했던 10년간의 건설 계획을 앞당겨 34개월만에 화성신도시를 조기에 낙성시킨 정조는 숙원의 화성낙성연(華城落成宴)에도 참석하지 못할 정도였다. 이에 정조는 11, 12월 경에는 좌상 채제공과 우상 윤시동에게 자신의 심리적 갈등을 솔직히 토로하고 대신들의 협조를 당부하기도 하였다. 정조는 자신이 양성해 온 인물들에 의한 '귀근지폐'의 발생에 당혹감을 드러내면서, 근신(近臣)에 대한 실망감과 심지어는 우현좌척의 정치적 지향에 대하여서까지 회의를 표명했던 것이다.[46)]

이러한 정치적 상황은 정조에게 정신적 좌절감을 가져다 주었다. 신하들의 잘못된 정치적 태도('俗習')를 바로잡겠다고 '교속지정(矯俗之政)'의 정치적 명분을 내세웠지만 정조의 정치적 역량은 한계를 드러내고, 정조 자신도 기왕의 정치적 신념까지 회의하는 등 상당한 이념적 갈등을 겪고 있었다. 정조는 규장각에서 양성한 근신, 귀근에 실망을 표시하며 나아가 탕평과 사림정치의 운영 방식을 근본적으로 재고하기에 이른다. 이런 가운데 정조가 다시 한번 국왕 스스로의 강력한 정국주도 의지를 표방하였던 것은 1798년(정조 22) 7월이었다. 정조는 '임금과 스승을 겸한 위치(君師之位)' 에서 '속습(俗習)' 을 '솔교(率敎)' 로 다스리겠다고 하는 등 정국주도 의지를 재천명하고 스스로 '만천명월주인옹(萬川明月主人翁)' 을 자처하면서 궁궐 곳곳에 이를 표방하는 현판까지 내걸게 했다. 그러나 이는 신하들의 반발에 직면하여 반향없는 공허한 울림이 되고 말았다.

이제 정조의 탕평정치는 정조 스스로가 인정할 만큼 심각한 위기에 봉착하였다. 즉위 초부터 견지해 온 우현좌척의 정치적 신념과 의리탕평론에 입각한 탕평정치가 사실상 혼돈에 빠진 상황에서, 정조는 그간 근신에게 기폐되어 왔다고 하면서 '각신(閣臣)' 과 '근밀지신(近密之臣)' 과의 만남도 무의미하다고 하고, 나아가 이제는 '현사대부(賢士大夫)' 와의 접견 필요성조차도 회의하고 있었다. 정조는 을묘년(1795) 이후 표방한 '교속지정(矯俗之政)' 이 실패하였음을 개탄하면서 자신의 정국주도를 실현하고자 정국을 일변시키는 극단적 대책을 시도하기에 이른다.

1799년(정조 23) 초에 채제공과 김종수가 서거하고, 1800년 정민시도 서거하여 정조의 탕평을 떠받치던 노론과 남인, 소론의 노성한 중심인물들이 사라지자 정조는 그 공백에 즉위 후 키워온 친위관료들을 배치하기 시작하였다. 몇 년 후 갑자년(1804)의 전위와 은퇴를 염두에 두며 그의 의중을 실현할 새로운 세력으로서 그동안 키워온 친위관료 가운데서 일부를 선택하여 대신으로 전진배치하는가 하면, 이제는 외척에게도 전례 없는 정치적 역할을 요구하기까지 하였다.

척족 등 특권세력의 발호라는 앞시기 탕평정치의 한계를 극복하려던 정조의 의리탕평론은 정조치세의 마지막 단계에 와서 이렇게 다시 전대와 유사한 한계를 반복하기에 이르렀다. 정조의 정치력과 탕평정국의 위기가 초래되는 가운데 사림정치론과 의리탕평론의 원칙이 흔들렸으며 이제 외척세도론까지 등장하는 극단적 상황이 조성되고 있었던 것이다.

3. 외척세도론(外戚勢道論)의 등장

정조 12년 득의의 삼상(三相)견제구도를 구축하고 이듬해 사도세자 묘소 현륭원(顯隆園)의 천원을 성사시켰던 정조는 이윽고 1794년부터 화성신도시를 건설하여 장차 10년 후를 내다보는 '갑자년구상' 을 구체화하여 가고 있었다. 정조는 이미 이 때부터 갑자년 이후를 겨냥하면서 새로운 몇 가지의 정치적 표방을 제시하였고, 이를 정동준 사건 이후 보다 강력하게 추구하게 된다. 이러한 입장은 우선은 정조 자신이 군주로서 '사도(師道)' 를 겸하였다는 '군사(君師)' 로서의 자임(自任), 그리고 기왕의 잘못된 습속을 바로잡는다는 '교속지정(矯俗之政)' 의 표방으로 귀결되었다.

이 시기 정조는 스스로의 입장 변화를 신하들에게 분명히 알리고 있었다. 스스로 정국을 주도하는 군주이면서 속습을 바로잡는 스승이라고 주장하면서 '군사지위(君師之位)' 의 위상과 '군사지책(君師之責)' 의 책무를 자임하고 이를 신하들에게 확인시키려 하였다. 왕세자 시절 군자로서 크고 굳센 뜻을 가지고자 한다는 의미에서 '홍재(弘齋)' 라 자호(自號)하였던 그는, 즉위 후 '탕탕평평실(蕩蕩平平室)' 이란 현액을 내걸며 새로이 탕평군주로서의 의지를 표방한 바 있었다. 그러나 1798년 그는 다시 '만천명월주인옹(萬川明月主人翁)' 이란 호를 짓고 자서(自序)를 지었으며, 더구나 이를 신하 수십 명에게 직접 서사(書寫)하도록 명하여 궁궐 곳곳에 내어걸도록 하는 등 자신의 정치적 지향을 강요하였다.[47]

이러한 상황에서 정조 스스로 표방하던 '군자(君子)' 로서의 사대부적 지향성과 탕평군주로서의 정치적 성향은 즉위 20여 년을 지나며 상당히 변화되고 있었다. 이제 규장각과 초계문신제도로 키워낸 친위관료들이 대신급으로까지 성장하였던 상황에서 정조는 그 후견인으로서 정치적 지도자인 군주로서만이 아니라 학문적 · 이념적 지도자로서 '사도(師道)' 를 자임하고 이를 인정할 것을 신하들에게 요구하였던 것이다.

정조가 '군사지위' 를 강조하며 군도(君道)와 함께 사도(師道)를 자처하게 되었던 것은 당시 조선의 경 · 향으로의 학계 분기 상황에서 그가 취한 우문정치의 귀결이었다. 향촌의 유림이 퇴조하고 경화학계(京華學界)가 우위를 점하게 된 이 시기에 정조는 경화학계 산림의 문하 학자에서 관료로 전신한 사류들에게 수업하고, 이들과 자제들을 관료학자로 받아들여 규장각을 중심으로 학문 · 문학 활동을 함께하면서 친위세력으로 양성하였다. 이런 식의 우문정치를 통하여 지도력을 강화하여 간 정조는 산림의 현격한 퇴조에 편승하여 점차 정치 지도자일 뿐 아니라 학문과 문학의 지도자로서 군주 자신의 확고한 위상을 주장하기에 이르렀다.

1792년(정조 16) 정조가 주도하였던 문체반정은 세 붕당 간의 견제구조 위에 득의의 탕평이 구현되었던 시점에서 미구에 그 균형과 안정이 깨질 수 있다는 정세 판단에 따른 예방적 조치였다. 남인의 서학 경도에 대해 노론의 공격이 강화되자 정조는 측근 노론 학자들의 패관소품문(稗官小品文) 선호를 들어 양자를 모두 견책하는 방향에서 탕평정치의 위기국면을 봉합하였다.[48] 이때 정조는 전통적인 학문정치적 지향을 상기하며 사학(邪學)을 배척하는 '척사(斥邪)' 의 방향이 아니라 정학(正學)을 바로 세운다는 '부정학(扶正學)' 의 방향을 선택함으로써 사학 추종자에 대한 대대적 처벌의 국면을 우회하여 위기를 돌파하였던 것이다.

이처럼 정조는 산림학자를 배제한 채 사상과 학문, 문학에 있어서도 독자적이며 초월적인 위치에서 주도권을 행사하고자 하였고, 사대부들의 '속습'을 바로잡는 군사로서의 역할을 명실상부하게 수행하고자 하였다. 그러나 문체반정에 의해 견책을 받았던 이서구(李書九)가 이러한 정조의 역할과 논리에 대하여 강력히 반발하였던 것은 사림의 문체까지 지도하려는 정조 사도(正祖 師道)의 고압적 태도를 지나친 것으로 평가했기 때문이었다.[49] 비록 표면화되지는 않았지만 정조의 학문과 문학 지향성에 대한 회의와 나아가 정조의 군사론(君師論)에 대한 비판도 상당한 것이었으리라 생각된다.

그럼에도 정조는 즉위 20년이 경과하면서 사류와 사대부의 태도를 비판하고 그들에 대해 실망을 표명하며, 스스로 군주의 지위를 절대화하고 군사론을 더욱 강화하여 가고 있었다. 사대부에게서 '당습(黨習)'이 이미 고질적 병폐가 되어 '사(士)'는 국가의 원기(元氣)임에도 분당(分黨) 이후 이들에게는 이미 '공의(公議)'가 없게 되어버렸다. 그러므로 군주야말로 '공리(公理)'로서 이들을 파악하여야 한다. 군주의 직책은 하늘과 마찬가지의 역할을 하므로 '천리지공(天理之公)'으로 신하를 대하고 당습에도 대처하여야 한다고 정조는 언명하였다.[50] 그는 평범한 군주, 곧 '범주(凡主)'가 되고 싶지 않다고 하면서 스스로 풍속을 변화시키고 세도를 만회하여 일세의 치화를 일신하는 일을 자신의 임무로 내세우고 있었다.[51]

정조가 군주로서 '군도'와 함께 가져야 한다고 한 '사도(師道)'는 정조의 설명에 의하면 원래 삼대(三代) 이전에는 성인(聖人)이 임금으로서 이를 가져 실천하다가 삼대 이후로는 '사도'가 아래에 있게 되었다고 한다. 훗날 주렴계(周濂溪), 장횡거(張橫渠), 정자(程子), 주자(朱子)가 성리학을 통해 아래에서 이를 계승한 이후 사도는 아래에 있게 되었지만, 근세에 들어서 아래에 있던 '재하지사도(在下之師道)' 는 실종된 상태이므로 군주가 사도의 책무까지도 맡지 않을 수 없다는 주장을 펴고 있었다. 정조는 사도가 위에 있어 군왕이 풍속을 교정하였던 삼대(三代) 이전의 경우를 들면서 자신이 추진하고자 하던 '교속' 의 정치적 지향을 정당화하였다.[52)]

정조는 그간 조선의 사림정치에서 학문적 · 정치적 지도자로서 학계와 정계를 이끌었던 사림의 영수, 곧 산림의 '세도(世道)' 주도를 인정치 않고, 이들이 그간 의리와 명분을 제시하며 견지했던 의리주인으로서의 우월적 지위를 은연중 부정하고 있었다. 정조의 이러한 태도는 집권 전반기에 몇 차례 산림을 중용하였다가 그들의 허물이 노출되자 내친 일이 있었던 데다가, 이제 서울과 주변의 경화학계가 조선 학문의 중심으로 등장하고 그 핵심적 인물들을 조정에 거느리게 되면서 가지게 된 당시 학계 상황에 대한 자신감에서 기인했다.

그러므로 이제 군주는 정치적 지도자로서만이 아니라 학문적 · 정신적 지도자로서의 자신감을 가지게 되었으며, 따라서 정조는 스스로 이전에 산림이 담당하던 역할을 실질적으로 대신하고자 하였다. 정조가 생각하는 '군사' 로서 군주의 책무는 '다스리는 일(治)' 과 '가르치는 일(敎)' 을 겸하는 것이었다. 군주가 시행하는 '예악형정(禮樂刑政)' 의 일들이 그런 것으로[53)] 그는 탕평정치와 우문정치에서 군주의 주도적 역할을 확대하여 이제 '군사' 론과 '교속' 론으로 이를 정당화하기에 이르렀다.

이러한 정조의 군사론과 교속론은 국가의 원기인 '사(士)' 와 '사기(士氣)' 가 제 역할을 못한다고 하는 현실인식을 전제로, 이를 초월적 위치에서 군주가 바로잡고자 한 것이었다. 정조는 이러한 군사론을 일찍이 영조가 애용하였던 '군부(君父)' 론과도[54)] 결합시키고 있었다. 군신의 관계는 정리(情理)로는 부자관계에 유사하며 명분으로는 하늘과 땅의 관계와 같아서 군신 간의 분명한 차등이 있다는 점을 놀랍게도 천주학(天主學)의 천관(天觀)까지 동원해 가며 강조하였던 것이다.[55]

정조는 여기서 한걸음 더 나아가 만천명월론(萬川明月論)을 제기하여 군주와 신민 사이의 관계를 하늘에 뜬 달과 땅 위의 개천으로 비유하면서 천하의 인재가 모두 왕의 운용에 종속되어야 한다는 주장을 펴고[56] 이를 신하들로부터 직접 확인받으려 하였다.[57] 정조의 만천명월론은 정치현실에서 사대부의 위상과 역할에 결정적 한계를 설정하고 군주의 초월적 위상을 주장하는 것으로 명백히 군주 중심의 명분론이었다. 그리하여 이는 천자(天子)로부터 농공(農工)의 민(民)에 이르기까지 모두가 '사(士)'일 뿐이라고 하여[58] 군주까지도 '사' 집단의 일원으로 보는 같은 시기 연암(燕巖) 박지원(朴趾源) 등이 제기하였던 청론사류의 논리와 상충될 수밖에 없었다.

사실 규장각 검서관의 역할에서 보듯이 정치 참여층의 폭이 중서층에게까지 확대되던 정조대의 정치현실과, 사의 외연이 극도로 확대되던 사회현실 속에서 군주와 신민의 위상 설정은 조정이 불가피한 상황에 놓여 있었다. 이는 사가 중심이 되는 사림정치의 실현 방향에 대해서도 마찬가지였다. 이 시기 정조와 청론사류 일각의 근본적 의견차이는 군주의 역할에 대한 탕평정치론과 사림정치론의 갈등이라는 의미도 갖게 되었다. 만천명월론을 통해 추구하였던 정조의 왕권강화론과 정국주도론은 그의 정치적 기반이 청론사류였기에 이러한 사론과 상충되는 양상을 야기할 수밖에 없었다고 생각된다.

실상 만천명월론과 표리를 이루었던 군사론은 원래 군주의 학문적 소양을 강조하면서 주자의 「대학장구서(大學章句序)」 이래 등장하였던 것으로, 군주의 학덕을 촉구하고자 할 때 신료들이 제기하곤 하던 이론이었다.[59] 이는 이미 정조가 세손이던 시절 김종수가 제시한 바 있고, 다시 정조 5년(1781) 정조의 친위관료였던 정동준에 의해서도 고취된 바 있었다.[60] 정동준이 '요적(妖賊)' 으로 단죄되어 제거된 이후 정조의 지도력이 약화된 정치상황의 변화 속에서 이 군사론을 이제는 신료들이 아니라 정조 스스로 다시 제기하기에 이르렀던 것이다.

이 시기 정조는 사대부 중심의 사림정치와 우현좌척의 기존 정치적 지향에서부터 근신과 나아가 관료, 사대부 일반의 역할에 대하여서까지 실망감을 피력하고 이들의 속습(俗習)의 변화('正士習'), 곧 '교속(矯俗)'과 '솔교(率敎)' 를 강력히 요구하고 있었다. 그러나 국왕이 솔교를 강조하며 탕평의 '대거(對擧)' 의 원리도 부인하는 자의적 인사와 정국운영을 시도할 때, 이는 정조가 그간 표방하였던 의리탕평론이나 노소남 삼당의 조제보합론과도 괴리될 수밖에 없었다. 궁극적으로는 사대부 붕당 각각의 의리론을 인정하면서 그들 간의 상호견제 위에서 군주권을 강화시키려던 정조 집권 전반기의 정국운영방안은 이처럼 정조 스스로에 의해 일각에서부터 부인되고 있는 셈이었다.

정조도 인정하듯이 그의 정치력이 한계를 드러내고 있었으므로, 이 시점에 강행된 정조의 이러한 시도는 성실하고 유능한 군주였지만 정조 혼자의 능력만으로는 힘겨운 일임이 분명하였다. 이에 정조는 애초에는 대신에게 세도의 책임을 부여하면서 이들의 적극적 역할을 고취하고 여기에 의존하여 '교속' 을 실현하려 하게 된다.[61]

이 시기 근신, 귀근에게서 떠난 정조의 신임은 점차 대신에게로 이동하고 정조는 이들을 회유하며 새로운 정국운영을 모색하고 있었다. 1789년 이미 전랑통청(銓郎通淸)의 규정을 폐지한 위에 사대부 일반의 당습을 비판하면서, 이제는 삼사의 간관들이 대신과 재상에 대해 침척(侵斥)하는 것까지도 '교속' 의 차원에서 정조가 나서서 억제하였다.[62] 세도(世

道)를 이끌어갈 책임은 대신이 맡아야 한다고 하면서 이들에게 힘을 실어주고 대신급 인물들과 정조 자신의 그간의 관계에 대하여도 해명하였다. 그간 소원했던 노론청론의 영수 유언호와 윤시동을 다시 등용하고 정조는 그들에 대한 기왕의 퇴출이 시련을 거친 후 장차 등용하고자 한 자신의 의도적인 조치였다고 설명하는 등, 훗날 오회연교에서 8년 간격으로 대신을 용사(用捨)하였다는('間八年用之') 언명과 똑같은 논리를 이미 전개하고 있기도 하였다.[63)]

그러나 대신을 중용하면서 그에 의존하고자 한 왕권강화론도 결코 순탄한 진행을 보이지 못하였다. 군사론과 '교속', '솔교'를 내세우는 정조의 왕권강화론은 유언호와 윤시동 사후 정승이 되었던 이병모와 심환지 두 노론대신의 반발과 외면에 봉착하고 있었던 것이다(1798년 7월 壬午). 이제 사류를 불신하게 되고 대신들로부터도 적극적 지원을 얻지 못하는 상황에서 정조는 스스로가 나서서 군주의 초월적 지위를 주장하지 않으면 안되는 궁색한 상황에 봉착하였다. 그리하여 그는 마침내 척족의 정치 개입을 고취하는 길을 고려하기에 이른다.

정동준사건 직후 대신을 중용하여 새로운 정치운영방안을 모색하던 정조는 귀근지폐를 개탄하면서 당시까지만 하더라도 척족의 등장을 완강히 경계하고 있었다.[64)] 1790년(정조 14)까지만 하여도 수빈박씨(綏嬪朴氏)의 아버지 박준원(朴準源)에 대한 처우에서 보듯이, 척리(戚里)는 벼슬의 맛을 알아서는 안된다고 하고 이들의 정치 개입을 봉쇄하는데 정조는 철저하였다.[65)] 그러나 이러한 정조의 정국운영방향은 정조 24년 오회연교를 발하게 되는 경색된 정국상황 속에서 정조 스스로에 의해 반전되는 양상으로 전개되었다.

이는 원하는 방향으로의 인사와 왕권의 강화가 한계에 부딪치자 사림정치를 기반으로 하였던 기존의 의리탕평론에 회의하였던 정조의 판단에 따른 것이었다. 20여 년 간 추진해 온 사대부 중용의 정치적 성과에 실망하고 이제 군사론을 부르짖으면서 스스로 강력한 왕권을 구축하고자 하였던 정조는 친위관료들을 대신과 중신으로 중용하면서 국왕 자의로 인사권을 행사하고자 하였다. 윤행임(尹行恁)을 최측근의 근신으로 두어 깊은 신임을 주고, 이어 24년 2월에는 근신 출신의 김조순(金祖淳)을 외척으로 선택하여 갑자년 전위 이후 신왕을 보필하며 정국을 주도하도록 의도하였다. 더욱이 1800년 5월 정조는 소론의 이시수(李時秀)가 우의정인 상태에서 그 동생 이만수(李晩秀)를 이조판서로 임명하고 그 아래 이조참의에 역시 소론의 윤광안(尹光顔)을 임명하는 등, 일거에 소론을 인사권을 쥔 요직에 중용하는 파격적 인사를 단행한다.

정조의 이러한 선택은 군사의 초월적 지위에서 '교속'을 이끌어가려던 자신의 능력에 승부를 거는 것이었다. 갑자년구상에 따른 왕위의 전위와 화성으로의 이어(移御)를 4년 앞둔 1800년의 시점에서 정조는 자신이 원하는 정국을 창출하고자 노소남 삼당의 균형을 깨는 자의적인 인사를 단행하였다. 정조로서 이는 일면으로는 신료들의 반응을 시험하여 장차의 정치적 변혁의 가능성을 엿보는 시도였다.

하지만 정조의 이러한 시도는 안동김씨의 김이재(金履載)를 필두로 측근 관료들에게서조차 반발을 불러일으키고 정계에 파란을 야기하였다. 한계에 부딪친 상황에서 감행된 국왕의 정국 주도의 의지는 그간의 정치구도는 물론 즉위 이래 견지해 온 탕평에서의 '호대(互對)'의 원리까지도 부인하려는 것이 아닌가 하는 신료들의 의구심을 불러 일으켰으며, 이렇게 조성된 심각한 위기국면에서 정조의 정치력은 다시 시험에 직면하였다. 그리하여 정조는 군권과 신권, 군주와 사림 사이의 균형에 변화를 이끌어 정국의 돌파구를 마련하려는 비상한 의지를 가지고 1800년 5월 그믐날 오회연교(五晦筵教)를 발하기에 이른다.

그러나 정조의 이러한 시도와 오회연교의 정치적 입장은 측근의 시파 관료는 물론 조정의 그 누구로부터도 호의적 반향을 얻지 못하였다. 오회연교 이후 거듭되는 정조의 다그침과 맹성 요구에도 십여 일이 지나도록 신료들은 대신과 근신, 노론 · 소론 · 남인과 시파 · 벽파를 막론하고 모두가 침묵으로 일관하였다. 오회연교에 대해 유일하게 대응한 이서구의 상소조차도 정조의 입장에 대한 이해와 일부 동의를 표하면서도 노론청론의 의리론과 사림정치의 대원칙을 재천명하는 정도의 것이었다.

정조로서 정치적 운명까지도 걸었던 이 중대한 정국전환의 시도는 이처럼 신료들의 침묵 속에 무위로 돌아가는 분위기였다. 그러므로 이 시도가 곧이은 정조의 서거 이후 시파 친위관료들이 지은 「(正祖)행장(行狀)」(李晩秀撰)과 「(正祖)시장(諡狀)」(洪良浩撰) 등에 단 한 줄 정도로 소략히 실리거나 아예 소개되지 못하였던 것도 오회연교에 대해 당시 신료들이 가졌던 일반적인 의구심과 당혹감을 반영하였던 결과였다고 하겠다.

한편, 스스로 자초한 이러한 경색된 조정의 분위기와 극도의 정신적 긴장 속에 6월 초 병환을 얻게 된 정조가 오회연교의 무산을 감지하며 6월 중순 병석에서 은밀히 추진한 최후의 선택은 그가 키운 핵심 친위관료로서 이제는 외척으로 전환하게 된 김조순을 불러 그의 적극적 역할을 촉구하는 것이었다.[66] 김조순의 집안에 비전되었던 「영춘옥음기(迎春玉音記)」의 기록에 의하면, 정조는 오회연교로부터 보름 후인 6월 14일 김조순에게 외척의 간정(干政)을 촉구하고 그에게 갑자년 이후 정국운영의 책임을 위촉하였다는 것이다.[67]

이때 김조순은 정조에 의해 외척으로 내정되었으나 아직 대례(大禮)를 올리지 못한 것은 물론 세자빈 간택과정도 완료되지 않은 상태였다. 김조순이 사림으로서의 원칙론을 들어 완곡히 주저의 뜻을 밝혔음에도 불구하고 정조는 즉위 후 자신의 우현좌척론이 실패하였다고 하면서 갑자년 이후에는 그동안 자신이 취해 온 정국운영방법이 아니라 외척이 군주와 정신(廷臣) 사이에서 정국을 주도하여야 한다고 강조하였다.[68] 막다른 골목에 몰린 정조로서는 우현좌척의 원칙을 부인하면서 정국을 재편하고 이제 외척의 역할에 기대어 왕권의 강화를 기대하였던 것이다.

이러한 정조의 정국구상과 기대는 모두 갑자년 이후까지 정조의 적극적 역할을 전제로 하였으며, 정조 자신의 서거 가능성은 전혀 고려치 않았다. 그러나 긴박한 상황 속에서 병석에 누웠던 정조는 6월 28일 서거하기에 이른다. 대망의 갑자년을 4년 앞둔 시점에서 정조의 불의의 서거는 전혀 예기치 못한 정국의 격변을 초래하였다. 정조 사후 왕권강화를 위해 정조가 꾀하였던 정국재편 노력은 수포로 돌아가고 말았으며, 11살의 어린 나이로 순조(純祖)가 즉위하자 정순왕후(貞純王后)가 수렴청정을 하는 가운데 김조순이 아닌 경주김씨와 벽파 주도의 척족 세도정국이 전개되었던 것이다.

이 시기에 정순왕후의 친정인 경주김씨 척족은 노론벽파와 연결하여 정국의 주도권을 장악하고 1801년 신유사옥(辛酉邪獄)을 일으켜 정조 의리탕평의 한 기둥이었던 노론과 소론의 시파와 남인세력을 대대적으로 숙청하였다. 또한 이들은 정조말년 정조의 심복으로 등장했던 윤행임(尹行恁)을 다시 '귀근(貴近)' 으로 지목하여 제거하고, 정조에 의해 외척으로 정해진 채 갑자년 전위(傳位) 이후 세도를 위탁받았던 김조순과 일파를 고립시키며 압박하고 있었다.

그러나 이러한 격변의 시기에 김조순은 벽파의 위협에도 은인자중하면서 벽파의 선봉 권유(權裕)의 공격을 감내하는 등 파란 끝에 순조와의 대혼을 성사시키게 된다. 그리고는 순조의 외가 반남박씨 일문과 연결하여 세 척족이 대립하던 '삼척정립(三戚鼎立)' 의 정국을 유리하게 이끌어 1806년 경주김씨와 벽파를 축출하고(丙寅更化) 세도를 장악하였다. 그리고는 정조의 '유명(遺命)' 을 내세워 순조를 보도하여 이끌며 본격적인 외척세도정치를 해나가기에 이른다. 안동김씨 세도정치는 이러한 과정을 거쳐 성립하고 이후 반세기에 걸쳐 지속되게 된다.

척족의 발호는 탕평정치의 폐해로서 이미 영조말년에 야기되었던 바 있었다. 그러나 이 폐단은 정조의 우현좌척과 의리탕평의 정치론에 의해 시정되었다가 정조대 후반 정조 스스로가 이에 대한 회의를 표명하는 가운데 다시 재연의 조짐을 보이게 되었다. 집권 후반기에 화성신도시 건설을 감행하며 갑자년구상을 실현코자 하였던 정조는 정치력의 한계를 드러내는 가운데 청론사류 출신의 근신과 대신에 의지하였던 것에서 떠나 결국은 전위 이후 외척에게 세도를 위임하려는 듯한 태도를 드러내기에 이르렀다.

그러나 1804년 갑자년, 서울에 친위관료와 외척 주도의 정국을 조성해 놓고 전위 후 상왕이 되어 화성으로 물러나고자 한 정조가 김조순에게 한 언질처럼[69] 이후 정계로부터 완전히 물러나 국사에 전혀 간여하지 않으려 했을 것인지는 의문이다. 화성에 장용영의 막강한 군사력을 주둔시키고 장용영에 엄청난 재용을 비축하려 하였던 것은[70] 은퇴 후에도 그가 조선의 실질적 지도자로 계속 군림하려 하였다는 심증을 갖게 한다.

경주김씨와 벽파의 집권은 정조의 뜻하지 않은 서거로 야기된 것으로, 그로서 전혀 원치 않았던 결과임이 분명하다. 하지만 병인경화 이후 김조순 등 외척의 일방적 전권도 정조가 내심으로 원하였던 결과는 아니었으리라고 판단된다. 순조대 이후 안동김씨 외척세도의 단서는 정조대 정국동향과 정조의 정치적 지향에서 마련되었던 면이 있지만, 정조로서는 상왕이라 할지라도 여전히 자신으로 대표되는 군주의 역할이 허구화되는 정국구도를 결코 원하지 않았을 것이기 때문이다.

그런 면에서 왕권이 허구화되고 정파 간의 상호 견제가 배제된 형태의 외척세도정권의 성립은 우현좌척론과 의리탕평론에 입각하였던 정조대의 정치구조가 무너진데다가, 그 연장선상에서 야기된 정조 사후 척족의 정치 개입과 시·벽파 상호간의 극단적 대립의 결과였다. 벽파의 공격을 받은 시파가 안동김씨와 반남박씨 외척을 중심으로 대동단결하여 경주김씨와 벽파에 대해 필사적 반격을 가함으로써 나타난 외척 등 노론·소론 경화거족 몇 가문의 과두독재(寡頭獨裁) 형태가 외척세도의 본질이었다.[71] 이는 앞시기 사림정치와 탕평정치를 언제나 위협하곤 했던 척족과 귀근 등 특권세력의 발호가 극단화하여 왕권을 허구화시키면서 등장한 새로운 형태의 지배구조였으며 그런 면에서 이는 사림정치와 탕평정치의 전통을 근본적으로 붕괴시킨 것이었다고 하겠다.

실상 영조대 이후 탕평정치는 척족의 발호를 초래하였으며, 정조는 집권 전반기에 사림정치의 복원이라는 정치적 지향을 내세웠다. 우현좌척론과 의리탕평론의 정치적 지향은 특권세력을 배제하여 탕평정치의 폐단을 억제하는 혁신적 성격을 지님으로써 탕평정치는 한 단계의 진전을 이룰 수 있었다. 그러나 정조대 후반 이러한 지향이 퇴조하였으며 정조가 왕권강화를 위해 부심하는 가운데 정치상황은 우현좌척의 사림정치론과 괴리를 보이게 되고, 정조 스스로가 특권세력에 의지하고자 함으로써 다시 나타났던 탕평정치의 위기는 정조 사후 순조초의 정치적 혼란을 거치는 가운데 극단적 상황으로 치닫고 말았다.

병인경화 이후 두 외척을 중심으로 노소론 시파의 정조 친위세력들이 정권을 장악하였지만, 이들은 정조의 의리탕평론을 계승하거나 정조대의 노소남 삼당 조제보합의 탕평정국을 재연하려 하지 않았다. 순조초년 정조의 지도력에 의존하던 남인은 벽파에 의해 결정적 타격을 입고 축출되었으며, 다시 병인경화로 벽파가 재기불능의 상태에까지 전락하고 일부 소론과 연대한 노론시파가 일방적 승리를 쟁취하였기 때문이다. 청론사류가 분해되고 정파 간의 상호견제 구도가 무너졌으며 군주의 정치적 역할이 설 땅을 잃어버린 상황에서 집권세력은 사림정치와 탕평정국의 복원 대신에 몇몇 경화거족의 연립에 의해 외척세도라는 과두독재체제를 고착시켜 갈 뿐이었다.

이들은 정조대의 우문정치와 융성했던 문운(文運)은 물론 정조의 군사(君師)로서의 덕망과 권위까지도 극도로 미화하였다.[72] 하지만 이는 정조와 자신들의 돈독했던 군신관계를 드러내어 정조의 근신 출신인 세도 문벌의 권위를 높이고 이를 통해 시파의 집권과 척족세도의 정당성을 주장하려는 것일 뿐, 이런 이면에서 정조시대의 우현좌척과 의리탕평의 노력은 물론 조선의 사림정치와 탕평정치의 오랜 전통마저도 잊혀져 갔다.

제3장

사회경제 ; 화성신도시 건설과 산업진흥책

1. 갑자년구상과 화성신도시
2. 대도회의 조성과 산업진흥책
3. 화성성역과 산업진흥책의 역사적 의의

만석거와 영화정도

200여 년 전 정조시대에 건설되어 지금껏 화려하고도 웅장한 자태를 과시하고 있는 화성은 단순한 성곽이 아니라 자족적 신도시로 건설되었다. 정조의 노후 거처로 설계된 대규모 행궁(行宮)과 이를 옹위하는 화성 성곽, 그리고 서울에 버금가는 대도시를 지향하며 그 자족적(自足的) 발전을 뒷받침하였던 도시기반시설과 생산기반시설의 설치와 수준 높은 도시 조경사업 등은 화성신도시를 선진적인 꿈의 도시이자 '개혁의 시범도시' 로 탄생시켰다.[73)]

총괄하여 '화성성역(華城城役)' 이라 불렀던 신도시 건설 사업은 정조 18년(1794) 정월에 시작되어, 불과 34개월만인 정조 20년(1796) 10월 16일 낙성연을 가짐으로써 일단 마무리되었으며, 1800년 정조의 서거에 이르기까지 지속적으로 신도시의 발전이 추진되었다. 1394년의 서울 정도 후 꼭 400년 만에, 왕조 초창기의 한양 건설을 의식하며 추진된 화성성역에는 정조시대 조선의 모든 역량이 총동원되었다. 정조임금의 남다른 의지와 지도력에 따라 여러 학자와 관료들의 지혜와 노력이 기울여지고 수많은 백성들의 기술과 힘이 효과적으로 결집되어, 화성은 중흥을 맞이한 조선의 사회경제적 번영과 문화적 전성을 상징하듯 건설되었다. 그러기에 화성신도시는 왕조중흥과 왕권강화의 표상이요 문화적 금자탑이라고 할 수 있다.

화성신도시의 건설은 정조의 원대한 정치적 구상의 결과였다. 1804년(갑자년) 세자에게 왕위를 이양한 후를 겨냥한 정조의 정치적 포석이면서, 화성에서부터 조선 사회 변화의 방향성을 수렴하고 선도해 나간다는 의지의 실현과정이었다. 이에 따라 화성신도시의 정치적 위상과 규모가 결정되었으며, 신도시 건설의 실제적 구상과 작업 과정에는 정조 측근 학자들의 새로운 학문과 경륜이 반영되었다. 정조의 후원 아래 새로운 문물의 수용을 통한 문화적 혁신이 도모되고 '법고창신(法古創新; 옛것을 모범으로 새로운 것을 창안함)'의 기치 아래 북학과 서학이 추구되던 시대 상황 속에서 화성성역 과정에는 조선의 전통적 문물과 새로운 문물의 융합이 시도되고 전향적인 사회·경제 시책이 실천되는 특징적 양상이 나타났다.

특히 장차 전국적 확산을 의도하며 화성에서 시범적으로 시도되었던 상공업과 농업진흥을 위한 선진적 경제시책들은 조선의 사회경제적 발전이 도달한 극점을 보여주면서 조선 사회가 나아가던 방향까지도 시사하고 있다. 화성신도시 건설과정과 여기에 구현된 제 시책에 관한 연구는 조선 사회의 역사상과 발전의 방향성은 물론 정조의 사상적 경향과 지향성을 이해하는 데에도 중요한 의미를 지니고 있다. 정조대의 역사적 현실 속에서 화성신도시의 성격과 화성성역의 역사적 의미가 명확히 설명된다면, 여기서 조선 전통사회의 근대사회로의 변화 추이도 보다 선명히 드러날 수 있을 것이다.

1. 갑자년구상과 화성신도시

1) 정조의 정국운영과 갑자년구상

1762년(영조 38년) 사도세자의 죽음으로 죄인의 자식이라는 굴레를 썼던 정조가 갖은 파란 끝에 왕위에 오른 것은 14년 후인 1776년이었다. 즉위 후에도 적대세력의 위협이 계속되는 위태로운 상황에서 정조는 왕권의 강화와 정국의 안정을 위하여 남다른 결단을 내려야만 하였다. 52년간 지속된 영조의 탕평정치를 계승하되, 이제 새로이 '우현좌척(右賢左戚; 사림을 등용하고 척족을 물리침)'과 '우문지치(右文之治; 학문을 숭상하고 학자를 우대하는 정치)'의 개혁적 명분을 전면에 내세워 정국을 새롭게 이끌어 가고자 하였다.

영조가 신하들에게 색목(色目; 당색)이나 붕당적 이해를 떠나 국왕에게 귀의할 것을 요구하였던 것과 달리, 정조는 신료들의 색목과 의리 고수를 인정하면서 그 위에서의 탕평을 추구하였다. 붕당의 타파를 추구하던 영조대의 정국은 오히려 탕평당이란 새로운 붕당을 낳고, 후기에는 척족이 대두하여 특권세력으로 발호하는 폐단이 야기되었다. 그리고 이런 정치적 상황 속에서 사도세자의 비참한 죽음이 초래되었던 것이다. 그러므로 정조는 이를 직시하여 여러 붕당과 정파의 공존과 상호견제 위에 사림세력을 이끌어 정국을 재편하고 그 위에서 왕권의 강화를 추진하였다.

정조는 우문정치를 표방하면서 규장각(奎章閣)을 설치하고 초계문신(抄啓文臣) 제도를 마련하여 청론사류를 주위에 결집하였으며, 서얼(庶孼)을 규장각 검서관(檢書官)으로 등용하는 등 중서층(中庶層)의 신흥사회세력까지도 수용하여 측근에 친위 관료학자군을 양성하였다. 또한 장용영(壯勇營)의 설치와 운영에 의해 친위군사력과 경제기반까지 갖춤으로써 탕평의 권력기반을 마련해 가고 있었다. 정조는 12년 2월, 남인의 영수 채제공(蔡濟恭)을 정승으로 전격 기용하여 노론(老論), 소론(少論), 남인(南人) 세 붕당의 지도자를 삼정승으로 하는 삼당견제 구조를 이루어 본격적인 탕평정국을 조성하고 집권의 후반을 열어나가기에 이른다. 삼당견제체제를 출범시킨 정조는 여러 붕당 간의 조정자로서 운신의 폭을 넓히고 국왕의 지도력을 더욱 강화하였다. 그리하여 정조는 이듬해 13년에는 전격적으로 숙원의 사도세자 묘소(顯隆園) 이전을 실현시켰던 것이다.

이후 정조는 점차 대신(大臣)의 권한을 강화함으로써 자신이 추구하는 탕평의 실효를 높이려 시도하였다. 정조는 남인의 영수 채제공만이 정승으로 있는 동안 남인의 진출을 확대시키면서 국왕의 정치적 영향력을 더욱 키워 나갔다. 정조 16년 4월 노론의 유성한(柳星漢) 상소사건을 계기로 국왕에 대한 일체의 견제를 배제하면서 여론을 유리하게 이끌었으며, 시파의 영향력이 커진 가운데 윤4월 영남만인소(嶺南萬人疏)가 올라온 것을 기회로 이른바 '임오의리(壬午義理)'를 '천하만세 공공의 대의리(天下萬世公共之大義理)'로 절대화하면서 자신의 정치적 입지를 크게 강화하였다.

그러나 노론의 반발로 채제공이 실각하고 이후 남인의 붕당적 입지의 약화로 삼당의 견제구도가 흔들리는 가운데 탕평정국이 다시 불안해졌다. 이에 정조는 노론의 공격을 받던 이가환(李家煥), 정약용(丁若鏞) 등 남인학자의 서학(西學) 신앙과 노론·소론 신진학자들의 부화(浮華)한 문체를 동시에 문제삼으면서 문체반정(文體反正; 문체를 올바른 방향으로 되돌림)을 시도하여 자신의 주도적 역할로 위기를 봉합하고 정국의 안정을 도모하였다.[74] 이제 정조 조정에는 삼당이 모두 참여하되 노론시파가 우위에 서는 정국운영의 현실적 대안이 실천되었다. 그러나 정부 바깥에 또 다른 막후세력이 등장하는 등 끊임없는 정파 간의 견제가 유발되었다. 이에 국왕의 지도력은 강화되는 듯하였지만, 막후세력의 발호로 사림정치의 원칙이 흔들리고 정국의 경색이 심화되는 결과를 낳았다.

청론사류의 분열로 시파, 벽파의 대립이 생긴 위에, 정조 측근에서 다시 '권행(權幸; 임금의 총애를 받아 권력을 잡는 사람)' 이 등장하고 '귀근의 폐단(貴近之弊)' 이 발생하였다. 게다가 정조가 규장각에서 근신으로 키웠던 친위 관료학자들이 정조가 허용할 수 있는 범위를 넘어서서 북학과 서학의 수용을 선도하는 세력이 되면서 학문적 사상적으로 분열한 점은 정조의 정국운영에 커다란 부담이 되었다. 이는 정조대 문화의 역동성과 다양성의 산물이었으며 시대의 대세이기도 하였다. 하지만 이러한 측면이 군주와 사류 일반에 의해 포용되지 못한다면, 이는 결국 정조의 지도력과 우문정치의 한계를 노출시키는 방향으로 작용할 수밖에 없었다.

어찌할 수 없는 시대의 대세 앞에 정조의 우문정치와 탕평이 한계를 드러내고 국왕의 정치주도력에도 한계가 명확해지는 상황에서 정조는 이를 돌파하여 왕실의 권위를 높이고 왕권을 강화할 장기적 대안을 찾고 있었다. 그리하여 1804년 갑자년(甲子年), 세자(世子)가 15세가 되고 어머님 혜경궁(惠慶宮)이 칠순이 되는 해에는 왕위를 물려주고 화성으로 은퇴한다는 이른바 '갑자년구상(甲子年構想)' 을 입안하고, 이제는 장기적 정국운영 구도 위에 자신의 적극적 주도로 이를 실현시켜 나가고자 하였다. 정조는 왕위를 물려준 후 신왕을 시켜 사도세자의 추숭사업을 완수하고 상왕(上王)으로서 막후에서 정치를 주도할 노후의 근거지로 화성신도시 건설을 의도하였다. 이에 정조 18년(1794) 정월부터 국력을 기울여 10년 계획으로 집권 후반기 최대의 사업인 화성성역(華城城役)을 추진하기에 이르렀다.

2) 화성신도시의 계획과 추진

집권 초기 일련의 개혁정책을 통하여 정치적 기반을 확보해갔던 정조가 자신의 오랜 숙원이었던 사도세자 묘소의 이전을 이룰 수 있게 된 것은 즉위 후 무려 13년이나 지나서였다. 정조는 의도한 대로의 삼당 견제 구도를 출범시킨 후 양주 배봉산(현재 서울시립대학교 뒷산) 아래에 있던 사도세자의 초라한 묘소를 원래 수원 읍치가 있던 화산(花山) 아래의 천하명당 자리에 옮겨, 여기에 현륭원(顯隆園)이란 이름을 올리고 왕릉에 버금가는 위격을 갖추어 놓아 장차 사도세자의 완전한 복권을 모색하기에 이른다.

즉위 이래 꾸준히 추진하여 온 사도세자 추숭사업은 아버지 영조로부터 죽임을 당함으로써 불륜의 죄인이 되었던 사도세자의 완전한 명예회복과 나아가 국왕 위격의 부여까지를 겨냥하였다. 이는 죄인의 아들이므로 왕위계승의 자격이 없다고 하면서 정조 왕통의 정통성을 부정하였던 일각의 움직임에 쐐기를 박으면서 왕실의 권위를 높이고 왕권을 강화하고자 한 것이었다. 사도세자 묘소를 이전한 후, 다음 단계의 이러한 계획을 입안하고 정조는 다시 5년을 기다려, 1794년부터 10년 계획으로 갑자년(1804년)을 바라보는 장기적 정국구상 위에 화성신도시 건설이라는 야심찬 사업을 추진하였다. 마침 1794년은 태조 이성계의 한양 정도 400년이 되던 해이기도 하였다. 이를 의식하면서 정조는 자신의 주도로 조선의 국력을 기울여 한양에 비견할 만한 신도시 건설사업을 벌이고, 화성에 장용영의 막강한 군사력과 상당한 재화를 축적하여 미래를 대비하였다.

실상 정조로서는 사도세자 묘소 이장 후 이듬해 1790년 6월에 바로 왕세자를 얻은 일을 천하명당(天下明堂)의 효험인 것으로 받아들였으며, 이를 계기로 사도세자 추숭사업에 대한 확고한 의지를 굳히게 되었다. 정조는 현륭원 외곽 수원에 대도회를 건설하여 장차 갑자년에 왕세자가 십오 세 성년(成年)이 되면 그에게 왕위를 넘겨주고 혜경궁 홍씨를 모시고 가서 노후를 보내고자 하는 뜻을 가지게 된다.

이는 사도세자를 국왕의 위격에까지 올려 추존하고자 하는 정조의 오랜 숙원을, 정조 자신이 아니라 사도세자의 음덕(陰德)으로 태어난 후사왕(後嗣王)으로 하여금 실현하도록 하는 고도의 정치적 계산에 입각한 것이었다. 정조로서는 할아버지 영조의 각별한 당부를 어기면서까지 자신이 사도세자 추존을 추진하는 것은 유교국가의 철칙인 효(孝)를 부정하는 일이기에 애당초 불가능한 것인 줄 알고 있었다. 그러므로 정조의 전위(傳位) 후 후사왕이 정조의 뜻에 따라 사도세자의 추존을 이룬다면, 이는 정조로서 영조의 당부를 지키고, 후사왕은 아버지의 비원을 이루어 줌으로써 효도하는 셈이 되므로, 모두가 효를 실천하는 가운데 사도세자 추숭을 할 수 있게 된다는 점에 착안하였던 것이다.

그러므로 화성성역은 개인적으로는 정조가 갑자년에 상왕으로 물러나 웅거할 정치적·군사적 거점을 마련하는 사업으로 추진되었다. 화성은 사도세자의 산소가 있어 정조로서는 선산이 있는 고향과도 같은 곳이 되었고, 더욱이 노후에 상왕으로서 신료 및 백성들과 함께 살 곳이었다. 따라서 화성신도시에는 장차 정조의 정치적 근거지로서 기능할 수 있도록 행정 군사 조직과 재정규모를 갖추었다. 상왕의 거처이자 행정시설로서 기능적으로 설계되어 건설된 화성행궁의 규모는 6백 칸에 달하는 유례없이 거창한 것이었다. 이를 옹위하기 위한 군사시설인 화성성곽도 6km에 달하는 웅대한 규모에 첨단 시설을 갖춘 것으로 계획되어 건설되었다.

그러나 이 대사업이 단순히 정조 개인의 비원을 실현하는 방편이기만한 것은 아니었다. 화성신도시 건설과 같은 거대한 사업이 신료들의 협조 없이 정조의 개인적 의지만으로 조성될 수는 없었다. 화성성역은 조선 사회의 발전방향이나 당시의 시대적 요구에 부응하면서 시대의 변화를 선도하고 새로운 사회경제 시책을 시험해 보는 기회가 되었기에 추진의 명분을 얻고 거국적 사업으로 승화될 수 있었다. 중흥을 맞이한 조선의 사회경제적 번영과 문화적 전성을 수용하고 그 발전을 가속화하는 '개혁의 시범도시' 로서 화성은 계획되고 추진되었던 것이다.

경기 남부의 대도회로서 화성신도시의 건설은 조선 사회 발전의 귀결로서 시대적 요구를 반영하였다. 우선 대도시로 발달하던 서울의 팽창이 서울 북쪽의 개성, 동쪽의 광주, 서쪽의 강화와 함께 수도권 남부에 새로운 거점 도시를 요구하고 있었다. 그러므로 서울에서 100리 거리의 1일 생활권인 수원에 화성유수부(華城留守府)를 두어 서울 외곽의 개성, 강화, 광주와 함께 4유수부의 하나로 그 행정적 위상을 높이고, 이곳을 삼남으로 연결되는 교통과 상업의 요충으로 발전시키고자 하였던 것이다.

정조는 특히 화성에 장용외영(壯勇外營)을 두어 서울 외곽 방어의 핵심 기지가 되도록 하였다. 국왕의 친위군단인 장용영의 강력한 군대가 화성에 집결되어 화성유수부는 어느 지역보다 중요한 군사적 거점으로 부상하였다. 화성신도시의 건설을 통하여 4유수부가 서울 사방을 옹위하는 행정 군사의 거점으로 연결되어 오늘날 수도권의 기본적 형태가 이루어지게 되었다.

화성신도시에는 당시 국제무역과 상품화폐경제의 발달을 반영하여 시장과 상인을 유치하고 시흥대로(始興大路) 등 새 교통로를 내어 수원이 국제무역과도 연결된 상업도시로서의 성격을 갖추어 발전하도록 구상하였다. 따라서 이곳에는 당시로서는 첨단의 도시기반시설과 생산기반시설이 갖추어졌다. 행궁 바로 앞에 삼남과 용인으로 통하는 십자로(十字

路)를 개통하고, 여기에 상가와 시장을 배치하였으며, 도로망과 교량, 하천의 정비가 행해지고 계획적 식수로 아름다운 도시 환경도 함께 조성하였다. 또한 정부가 자금을 투입하여 상품 유통을 위한 시장은 물론 농업 생산을 위한 국영농장(둔전)도 대규모로 설치하였던 것이다.

화성성역 과정에서는 당시 조선 사회가 당도했던 여러 변화를 받아들여 그 성과를 활용하는 현실주의적 지향성이 나타나고, 중흥의 극점에 올랐던 정조대 문화예술과 사회경제, 과학기술 발달의 모든 성과들이 반영되었다. 정조에 의해 발탁된 여러 정파와 계층의 관료, 학자, 예술가들의 지식과 능력이 동원되었으며, 그간 축적된 규장각에서의 학문연구성과도 적용되었다.

화성성역의 지침이 되었던 「어제성화주략(御製城華籌略)」은 이러한 기초 위에 정약용이 정리하여 정조의 이름으로 제안되었으며, 화성에서의 상업진흥책은 채제공, 조심태, 정민시, 서유린 등 관료학자들에 의해 제안되고, 특히 국제무역시장 설치 구상은 정민시에 의해 구상되어 정조의 후원 아래 추진되었다. 농업생산력의 비약적 발전을 위한 수리시설과 국영시범농장 설치운영안은 박지원, 박제가 등 진보적 학자들의 구상이 받아들여져 정조의 전폭적 지원 아래 조심태와 홍원섭 등에 의하여 실천되었다. 실험적이기까지 했던 화성에서의 이 시도들은 조선 사회의 변화를 선도하고 가속화하는 결과를 낳게 된다.

그런가 하면 신도시의 발전 과정에서는 사회변화에 따라 대두한 신흥 사회세력의 참여를 유도하여 그들의 경제력과 자본을 활용하는 등의 새로운 시도도 행해졌다. 정조의 화성 행차 때, 한강을 건너는 배다리 가설에 신진 상업세력인 경강(京江)상인들의 상선을 동원하고, 정부는 그 대가로 세곡(稅穀; 세금으로 납부하는 곡식) 수송의 특권을 주어 사상(私商)의 성장을 정부가 뒷받침하는 양상이 나타났다. 정부가 화성상인의 상점 개설을 지원하고 이들이 화성의 식목(植木)사업 비용을 부담하였던 것이라든가, 장차 둔전 확대에 부민(富民)들의 자본을 활용하고 이들을 관리로 받아들이려 하였던 구상도 마찬가지 양상이었다. 또한 축성작업에 백성을 강제동원하는 방식(부역노동)을 청산하고, 성과급 방식의 임금노동을 이용하여 작업효율을 높이고자 하였던 것도 임노동자층이 광범위하게 형성되었던 당시의 사회적 변화에 부응하는 것이었다.

화성성역 과정에는 중흥의 극점에 올랐던 정조대 문화예술과 사회경제, 과학기술 발달의 모든 성과들이 광범위하게 수용되고 활용되었다. 만석거(萬石渠) 등 대규모 저수지를 설치하면서 이곳에서는 외래의 최신식 수차(水車)를 실험하고, 수문과 갑문을 설치하는 등 선진 수리시설과 수리기술이 시험되었으며, 북둔(北屯; 大有屯) 등 국영시범농장에서는 선진적 영농방식이 적용되었다. 축성 작업에 다산 정약용(茶山 丁若鏞)이 고안한 거중기(擧重器) 등 여러 기계를 제작하여 적극 이용하고, 중국식의 최신 벽돌가마를 설치하여 벽돌을 대량생산하였으며, 석재·목재 등 모든 건축 부재를 표준화하여 활용하는 등, 최신 과학기술과 경영방법을 적용하여 생산성과 성과를 극도로 높이며 시간과 비용도 절감하였던 것이다.

화성성역에서는 전통적 지식과 기술에 중국으로부터의 외래적 지식, 기술이 종합되어 적용됨으로써, 정조대의 새로운 문화건설 방향이 구체적으로 드러나기도 하였다. 임진왜란 이래 서애 유성룡(西厓 柳成龍), 반계 유형원(磻溪 柳馨遠)이 일찍이 제안하였던 축성방식과 숙종, 영조대의 전국적 축성 경험 등 전통적인 것을 광범위하게 수용하면서, 공심돈(空心墩)과 벽돌 등 중국으로부터 배워온 북학의 성과도 적극 활용되었다. 또한 화성의 모든 시설물들의 건설과정과 외관에는 전통적 토대 위에 외래적 요소를 적절히 접합시키는 창의성이 특징적으로 드러났다.

화성은 성곽도시로서 외관의 일신과 함께, 대도시로서의 여러 기능을 갖추어 자족적으로 발전할 수 있도록 계획되었다. 모든 시설물에는 건설 과정에서부터 선진적 방안이 강구되어 적용되었다. 수원의 자연조건에 유의한 치수책으로 수원천을 준설하고 여러 저수지와 연못을 마련하였으며, 여기에는 인공적 구조물을 설치하고 많은 수목을 계획적으로 심어서 이들 시설이 실용적 기능을 발휘하면서도 아름다운 경관을 가지도록 구상하였다. 화성 안팎의 인공적 시설물들은 군사시설이자 도시기반시설로서 평상시와 유사시의 복합적인 기능을 가지면서도 수원의 자연과 어울리는 외관을 가지도록 하여, 이들이 화성 낙성과 함께 수원 춘팔경(春八景)과 추팔경(秋八景) 등 여러 명승으로 모습을 드러냄으로써 수원은 언제나 활기와 아름다움이 가득찬 신도시로 태어났던 것이다.

더욱이 화성성역의 전과정을 기록 정리하여 세계에 유례없이 방대하고도 세밀한 자료를 남겨놓았던 것은, 당시 조선 사회가 얼마나 완벽한 책임성을 바탕으로 모든 일을 운영하고 있는가를 보여주고 있다. 전체 화성성역의 공사보고서로서 책 속에 또 하나의 화성을 보존하고 있는 『화성성역의궤(華城城役儀軌)』와 조선후기 최대의 문화예술행사이기도 했던 혜경궁 수원행차 및 회갑연의 행사 보고서 『원행을묘정리의궤(園幸乙卯整理儀軌)』를 통해 우리는 화성성역의 진행과정과 준공된 원형, 행사일정과 행사내용 등을 완벽하게 알아낼 수 있다. 이 완벽한 자료들은 부실과 졸속을 원천적으로 배제하였던 조선의 관리능력과 책임성, 그리고 시설물이 훼손되고 전통문화가 단절되는 경우에도 언제나 완전한 복원을 이루어낼 수 있도록 한 후대에의 배려와 차원 높은 역사의식을 보여준다.

정조의 의지와 신료들의 능력이 결합되어 추진된 화성신도시의 건설은 이러한 특징을 지니며 놀라운 속도로 진행되었다. 그리하여 정조 18

년(1794) 정월에 갑자년까지 10년 계획으로 시작하였던 대역사는 예정 공기를 3분의 1 이하로 단축하여 불과 34개월(중간의 6개월 停役을 감안하면 28개월)만인 정조 20년(1796) 10월 16일 낙성잔치(落成宴)를 벌임으로써 마무리되었다. 정조의 지도력 아래 조선의 경제적 · 문화적 역량 등이 총체적으로 동원되었던 이 사업의 추진에 의해 화성신도시는 조선 사회 개혁의 시범도시이자 왕조중흥과 왕권강화의 표상으로 창출되었던 것이다.

2. 대도회의 조성과 산업진흥책

사도세자의 묘소를 화산 아래 수원 읍치 자리에 이장하고, 수원을 팔달산 기슭으로 이전한 직후부터 정조는 이곳을 대도회로 발전시키는데 남다른 의지를 보이게 된다. 1793년 1월 팔달산에 오른 정조는 멀리 사도세자 묘소가 있는 화산(花山)을 바라다 보며 화산의 '화(花; 華와 통용)'를 따다가 수원의 새로운 이름을 '화성(華城)' 이라 명명하였으며, 행정 위상도 유수부로 격상시켰다. 이미 화성은 장용외영이 주둔한 서울 남쪽의 중요 거점이자, 삼남으로의 교통요지('三南要路')로서 정부의 지원에 힘입어 천여 호의 민호(民戶)와 오천여 명의 인구가 집결한 상업중심지로 발돋움하였다. 이듬해 1794년부터는 여기에 화성성곽이 건설되고 여러 도시기반시설이 갖추어졌으며, 상업 · 농업 등의 자족적 발전 기반을 마련하여 실질적인 서울 남쪽의 대도회로 급성장하기에 이른다.

이처럼 수원이 대도회로 급성장하고, 화성성역을 통해 도시적 발전이 추진되는 과정에서 도시와 상공업, 그리고 농업 등 산업의 발전에 관한 정조의 생각과 지향성이 분명히 드러나게 된다. 정조는 사회 전체의 생산력 증대를 위해 고심하면서 화성을 상공업과 농업 진흥의 전국적 모범으로 생각하고, 이곳에 여러 진보적 학자들의 구상을 받아들여 시범적으로 실천하면서 조선 사회 전체의 변화를 이끌고자 했던 것이다.

1) 대도회의 조성과 상공업진흥책

수원을 대도회로 발전시키겠다는 정조의 구상은, 애초에는 수원에 특별 과거를 시행하여 수원 사람들에게 관직 획득의 기회를 주며, 10년간 세금을 감면하는 조치 등 부분적 '시혜(施惠)'에 국한되어 있었다. 그러나 사도세자 묘소의 이장 이후 국왕 등 대규모 인원의 정례적 왕래가 예견되는 가운데, 그 제반 준비와 진행, 현륭원에의 제향(祭享)과 행궁의 유지 등을 위한 재정적 뒷받침과 인력 동원의 문제가 당장 해결해야 할 문제로 떠오르게 되었다. 그리하여 정조조정에서는 우선 인구의 집중과 상업의 진흥을 위한 적극적 대책을 강구하여 시행하게 된다.

현륭원 이장이 끝난 지 넉 달 후, 정조 14년 2월, 조정에서는 좌의정 채제공의 발의로 수원에 부민(富民) 등 민인을 모아들이는 방안이 본격적으로 논의되었다.[75] 그는 거리에 가게 등 건물이 즐비하게 늘어서도록 하여 도회지의 면모를 갖추도록 하는 방안으로 서울의 부자 삼십여 호에게 무이자로 일천 냥씩을 빌려주어 이들이 수원에 와서 집을 짓고 장사를 하도록 하자는 방안을 제시하였다. 또한 수원과 부근에 한 달 여섯 번 5일장을 열어 수원을 중심으로 장시의 상설화를 실현하고, 이들에게 세금을 걷지 않는다면 얼마 지나지 않아 사방의 상인들이 모여들어 전주, 안성과 같은 성황이 전개되면서 읍치의 면모를 바꾸어놓게 되리란 구상도 피력하였다. 그러면서 채제공은 모여든 상인들이 기와집을 짓기 위한 기와를 수원부에서 일만 냥 정도의 재원으로 이익을 남기지 말고 구워팔도록 하면 많은 기와집들이 들어서게 되리란 생각도 덧붙이고 있었다.

이 같은 채제공의 구상과 함께 조정의 여러 신료들도 각기 견해를 내어놓았다. 엇갈리는 논의 가운데 정조에 의해 채택된 견해는 수원부사 조심태(趙心泰)의 제안이었다. 조심태는 우선 수원에 시전을 설치하려 할 때, 전국에서 부호를 모아 시전을 설립하려 하는 것은 실제로는 여의치 않다고 하고, 차라리 수원사람 가운데 여유도 있고 상업도 좀 아는 자를 택하여 자금을 지원하며 이들로 하여금 읍에 살도록 하는 것이 상책이라는 견해였다. 수원부에서는 무이자로 6만 냥 정도를 얻어 이들 수원지역 부자들에게 나누어주고 매년 이자를 쳐서 3년 기한으로 원금을 걷어들이며, 이들에게 마음대로 업종을 정하여 장사하게 하자는 것이었다. 또한 이 돈은 왕실 원찰인 용주사(龍珠寺) 중들에게도 분배해서 종이와 신발을 만들게 하자는 수공업 진흥방안도 덧붙이고 있었다.

이 새로운 제안에 대해 정조는 대신들에게 논의를 명하였으며, 좌의정 채제공과 우의정 김종수(金鍾秀)도 전폭적 찬성을 표하여 실천에 이르게 된다. 그리하여 수원에는 균역청 관하 진휼청(賑恤廳)의 자금 6만 5천 냥이 대여되어 수원 상공업 발달의 토대를 마련하게 되었다.[76] 화성성역 직전에 편찬된 『수원부읍지(水原府邑誌)』에 따르면 이때 1만 5천 냥이 장사도 좀 아는 부유한 수원 사람들('邑中有食根稍解商業者')에게 대여되어 시전을 개설하도록 되었고, 이에 입색전(立色廛), 어물전(魚物廛), 목포전(木布廛), 미곡전(米穀廛), 유철전(鍮鐵廛), 관곽전(棺槨廛), 지혜전(紙鞋廛) 등 가게가 대로 주변에 개설되어 완연히 대도회의 모습을 이루게 되었던 것으로 기록하고 있다.[77] 이들 시전상인들은 관의 지원을 받아 도고행위를 하였던 만큼[78] 수원의 도시적 발전에 적극 협력하기도 하였다. 예컨대 시전이 설치된 그해에 이들은 자진하여 일만 주에 이르는

식목사업을 부담하고 있었다.[79]

이들은 수원 인근의 수공업자들과 협력하여 수공업의 발전을 유도하기도 하였다. 4천 냥을 대여하여 안성의 종이기술자(紙匠)를 유치하려 하기도 하는 등[80] 애초에 공장(工匠)이 없었던 수원에 공방을 설치하고 장인을 모아들이는 조치가 지속적으로 취해졌다.[81] 이 시기 수원에 지원된 균역청전 중 일부는 용주사에 제공되어 승려들의 수공업으로 종이와 신발 등을 제조하도록 되었다고 한다. 수원에서는 관의 지원에 의해 수공업자가 유치되고, 시전상인과 인근 수공업의 연관 분업관계가 형성되면서 수원의 상공업 발달이 진행되고 있었다. 이렇게 하여 수원에는 상공업이 진흥되면서 상인들이 중심이 되어 집을 짓고, 수공업과 연관하여 장사를 하고, 수원 도시발달을 촉진하는 가운데 수원은 급속히 대도시로서의 면모를 갖추게 되었다.

수원의 인구 증가는 조세 감면과 특별 과거시험 시행 등 관의 인구유인책에 힘입은 것이기도 하였다. 그리고 이 인구 증가는 정조 14년 경 신읍에 집 지은 자의 태반이 유생(儒生)이라는 강유(姜游)의 지적에서 보듯, 처음엔 양반계층의 증가가 특징이었던 것 같다. 더구나 상점 개설의 특혜와 특별 과거에서의 급제를 위해 자원해서 이주해온 '서울 이외 지역의 유생(京外儒生)' 들이 있었다고 하는 정조의 지적에서 보듯이,[82] 수원 신도시의 대도회로의 발전과정에서 당시 연암일파(燕巖一派) 등 일부 학자들이 주장하던 양반의 상업 종사가 현실화되고 있음은 대단히 흥미로운 점이다.[83] 또한 이 과정에서 남인 등용 등 정조의 정책방향에 크게 고무되었던 남인의 명가(名家)들이 적극 호응하고 있었던 흔적도 찾아볼 수 있다. 윤지운(尹持運), 윤지섬(尹持暹), 윤지홍(尹持弘) 등 해남 윤씨 여덟 사람의 시권(試券)이 올라온 것에서도 보이듯이, 수원의 인구집중책에 호응하여 멀리 전라도 해남 등에서 남인인 고산 윤선도(孤山 尹善

道)의 후손들이 수원으로 대거 이주하기까지 하였던 것이다.[84)]

양반과 일부 관료층의 이러한 적극적 호응과 함께 수원은 대도회로 급속한 발전을 이루어갔다. 그리하여 다음해 15년 1월의 원행에서 정조는 거리에 가옥이 즐비하여 대도회의 면모를 갖추게 된 수원의 상황을 둘러보며 크게 기꺼워하고 있다. 정조 17년 이미 수원의 성내 인구는 1347호 5천여 명으로 급증하여 있었으며, 수원신읍치에는 천여 호의 집이 즐비하게 늘어서 대도회의 모습을 갖추었다. 게다가 이는 1790년 이래 10년간의 토지세 면세와 정조 19년 진위, 용인, 안산, 그리고 과천, 시흥의 수원부 이속(移屬)으로 더욱 가속화되었다.

수원의 인구는 곧이어 진행된 화성성역 기간에 이제는 양반층보다는 일반민을 중심으로 더욱 급증하였던 것으로 생각된다. 정조 14년 강유(姜游)가 세금 감면과 둔전 설치의 방안에 의한 일반민의 확보책을 제안하였던 바 있으며, 실제 화성성역 기간 동안 대규모의 임금노동을 이용하고, 화성 외곽에 둔전이 설치되어 일반민을 수용하는 대대적인 조치가 취하여졌기 때문이다.

화성성역에는 한 사람에게라도 민폐를 끼칠 수 없다는 정조의 강력한 뜻에 따라 부역노동 대신 고가(雇價)를 주는 임금노동이 전적으로 이용되어, 조선후기의 수취체제와 경제관계의 변화를 가속화시키는 면모를 보이고 있었다. 정부의 적극적 모민(募民)정책의 연장선상에서 임금노동을 대량으로 수용하는 호대한 성역사업이 장기간 지속되어 수원에는 전국의 유리(遊離)농민 등이 모군(募軍), 곧 임금노동자로 집결하였다. 이는 당시 농민층 분해 등으로 광범위하게 형성되었던 유리민을 모군으로 수용함으로써 사회적 안정을 이루는 효과를 얻었으며, 갈 곳 없이 된 빈민들에 대한 대표적인 '구활(救活)'과 '구황(救荒)' 대책으로도 기능하였다.[85)] 그러므로 돌아갈 곳이 없었던 이들 중 일부는 성역이 끝난 뒤에도 수원에 눌러앉아 수원 인구증대의 한 요소가 되었던 것으로 추정된다.

수원의 대도회로의 발전과정은 이처럼 양반층의 상업종사와 임금노동자의 수용 등 일부의 진취적 주장을 받아들여 실천함으로써 사회적 변화를 현실화시키고 그 추세를 가속화하면서 여기서 나온 활력을 이용하는 것으로 귀결되었다. 그런 만큼 화성성역과 수원 신도시의 발전과정에서는 도시재정의 확보와 민생의 문제가 함께 중요성을 가지는 사안으로 다루어졌다.

정조로서는 장차 십수년 후를 대비하기 위한 수원의 적절한 도시규모와 인구, 그리고 재정적 뒷받침의 문제가 당장 해결해야 할 과제였으며, 이를 위해 당시의 사회경제적 변화에 편승하고 이를 이용하는 현실적 방안을 채택하였다. 그러므로 정조는 수원의 산업을 진흥시켜 재정 수입을 확보하고 민생을 안정시키고자 하는 대책을 늘 함께 고려하고 있었다. 정조의 화성건설은 단순한 축성작업에 끝나는 것이 아니라, 수원의 재정과 민생을 해결해야 한다는 점에 유의하여 상업과 농업진흥책 등 구체적이고 적극적인 방략을 강구하는 것으로 이어졌다.

이러한 면은 화성성역이 일단 끝난 직후인 21년 1월, 화성을 둘러보고 난 정조가 취한 조치와 이에 따라 작성된 비변사의 「화성부호모삼절목(華城富豪帽蔘節目)」이 잘 보여주고 있다.[86] 정조는 축성이 끝난 상황에서 세금 감면의 혜택과 함께 수원 사람들을 부유하게 할 구체적 방안을 비변사로 하여금 강구하도록 지시하였다. 이에 따라 2월 비변사가 보고한 방안이 고급 수입 모자와 인삼의 무역과 판매 독점권을 화성 상인에게 주어 이들로 하여금 대로 남북으로 기와집을 지어 살도록 조치하는 방안이었고, 이에 따라 「화성부호모삼절목」이 작성 제출되었던 것이다. 정조의 의향에 따라 이 절목을 실질적으로 주도한 사람은 비변사유사당상(備邊司有司堂上) 정민시(鄭民始)였다. 정민시는 구체적으로 화성에 모집된 부호 20인으로 계를 만들어 이들에게 경상감영(慶尙監營) 등에서 염출한 10만 냥을 대여하며, 그 이식은 화성의 수성(修城) 비용, 곧 도시 재정으로 충당할 것과 이들 부호 중 성실하고 부지런한 자는 발탁하여 기용하자는 것을 건의하여 정조의 허락을 받아내기도 하였다.

당시 조선의 대청무역 결제 수단은 은에서 인삼으로 변화되어 가는 추세였다. 따라서 인삼상인이 미리 재배농가에 자금을 지원하여('先期散繙') 다음해에 거두어들이는 방식으로 대대적으로 재배되었던 인삼의 유통은 국가경제에서 극히 중요한 위치를 차지하게 되었다. 이에 정조와 최측근의 정민시는 이 독점권을 화성에 이주하는 서울의 부호에게 주어서, 수원에 특권상인을 양성하여 국제무역의 이권을 나누어 가지고자 하였다. 그리고 이를 통해 수원 인구를 늘리고 수원을 대도회로 발전시키고자 하였으며 심지어는 이들을 관료로 등용할 구상까지도 하고 있었다.

이 방안은 숙종대 이후 서울과 지방(京·鄕)의 사회적 분기(分岐)가 심화되는 가운데 나타났던 서울의 도시적 발달과 상업적 융성의 성과를 수원에 이식시키려는 시도였다. 서울의 생활권이 서울교외로 확대되어 나가는 가운데, 서울의 일부 상업세력은 화성성역에 편승하여 삼남으로의 요로에 위치한 서울 남쪽의 새 거점 수원에 새로운 근거를 마련하고자 하였던 것이다. 그러나 이는 수원과 지역민의 자체 역량을 무시하고 추진되는 서울과 서울부호 중심의 방안이라는 한계를 드러내었다. 정조와 정민시는 당대의 사회경제적 변화를 직시하고 그에 편승하는 현실성을 보였지만, 경·향의 사회적 분기의 산물이었던 서울(京華)중심적 성향에서 벗어나지 못했다.[87]

이 방안대로라면 권력과 결탁하여 복잡한 세력관계를 형성하고 있었던 서울 대상인들의 판도와 이들을 중심으로 전개되고 있었던 조선후기 무역질서와 경제상황에 커다란 변화가 야기될 수 있었다. 더구나 일부 대상인에게 특권을 주어 독점상업을 하도록 하는 일은 정조 15년 채제공이 주도하여 특권상업체제에 타격을 가하였던 신해통공(辛亥通共) 이래 상업발달의 추세를 거스르는 일이기도 하였다.

그러므로 이 방안에 대한 비판이 즉시 제기되어, 며칠 후 판중추부사 이병모(李秉模)가 여섯 가지 조목을 들어 이에 반대하고 나섰다.[88] 이미 절목이 공표된 상황에서 제기된 이병모의 의견은 정조를 당혹하게 하였던 것 같다. 정조는 이 방안을 강행할 뜻이 없음을 밝히고 좌의정 채제공에게 좋은 방도를 강구하여 조치하도록 위임하였다. 이에 채제공은 여론을 수합하여 며칠 후 정조에게 저 절목의 시행을 중지하도록 건의하기에 이른다. 채제공은 화성과 관련된 일에 털끝만큼도 구차한 정사가 있어서는 안된다는 점에서 이병모의 의견에 동조하였으며[89] 이에 정조는 아쉬움을 표하면서도 채제공의 건의에 따름으로써 정조의 화성 상업진홍책은 좌절되고 말았다.

이 이후 서울의 대상인을 유치하여 이권을 독점하도록 해서 수원의 발전을 도모하려던 상업진홍의 방안은 좌절되었다. 이 시기에는 '경외유생(京外儒生)' 을 유치하여 이들로 하여금 가게를 개설하고 교화를 주도하도록 하려던 시책 등 정조의 10년 가까운 노력도 무산되어가고 있었다.[90] 반면 화성성역 과정에서 추진되었던 만석거(萬石渠)와 대유둔(大有屯)의 설치 운영이 대성공을 거두고 있었으므로,[91] 정조로서는 이제 수원과 장용영의 발전은 수원 일반백성에 대한 지원과[92] 수리시설 건설을 통한 둔전 확대, 그리고 장용영의 운영 개선에 의한 재정 확보책 등에 초점을 맞추어갔다. 이 시기 수원에서의 시험을 거쳐 전국적 파장을 가지게 된 새로운 농업기술 개발과 둔전경영, 수리사업 등 농업진홍책은 화성성역을 뒤잇는 사업으로서 정조대 말년의 대표적 시책 중 하나로 등장하게 되었다.

2) 농업진흥책

사도세자 묘소를 수원으로 옮긴 이후 화성성역과 신도시 건설과정에서 언제나 중요하게 다루어졌던 시책은 치수를 위한 도시기반시설의 마련, 그리고 수리를 위한 제언의 조성과 둔전 경영 등 농업진흥책이었다.[93] 이미 팔달산 아래 새로운 읍치를 마련하고 화성성역을 준비하면서부터 정조와 신료들은 이 점에 유의하고 있었다. 정조는 중국 기전(畿甸) 지역의 예를 들어 축성의 기본이 수로를 잘 다스리는 일('治水道')임을 언명하고 있었고[94] 이에 따라 화성성역 기간 중 수원에서는 수원의 하천 상황에 유의하여 성곽 내의 도심을 통과하는 수원천과 기타 팔달산에서 흘러나온 지천(支川)을 관리하는 여러 조치와, 성밖 진목천 등 물줄기를 저수하여 농업용수로 이용하는 등 여러 대책이 마련되고 있었다. 하천을 준설하여 제방을 쌓고, 연못과 수로를 만드는가 하면, 대규모 저수지를 건설하여 이곳에 수문과 갑문(水閘)을 설치하였으며, 하천의 준설을 정례화하고 대대적인 식목사업을 진행하였던 것이다.[95]

이에 따라 화성성역 첫 단계부터 광교산에서 흘러내려 장마철이면 상습적으로 범람하던 수원천에 대한 대대적 준설과 관개 공사가 이루어졌다. 준설된 토사는 천변 양옆에 제방을 쌓는데 이용했으며, 이와 함께 남수문 바깥 구천(龜川) 하류의 많은 토지가 관개되고, 북문 바깥으로도 수원천으로부터 4천여 보에 달하는 작은 도랑(渠)이 개착되어 북서로 8~9리에 달하는 토지가 관개되었다. 더구나 이를 계기로 그 외곽의 버려진 넓은 땅을 관개하기 위해 대규모의 제언을 갖춘 만석거(萬石渠)가 조성되기에 이른다. 이곳에는 자주 범람하던 진목천(眞木川)을 막아 제언을 쌓고 최신의 수문과 갑문을 설치하였으며, 여기에 모인 물을 농업용수로 이용하여 대규모 국영시범농장인 대유둔(大有屯, 北屯)을 설치하는 조치가 취해졌다. 이는 훗날 정조가 언명하였듯이 정조의 '고심(苦心)'의 결과였으며 이 성공에 힘입어 대규모 수리시설과 둔전을 설치하는 작업은 이후 만년제(萬年堤, 1798년), 축만제(祝萬堤, 1799년)와 둔전 설치로 이어졌다.

조선후기 수리기술의 발전선상에서 이루어진 이 수리정책은 농업생산력의 증대와 농업기술의 발달 성과에 부응하는 것이었다. 정조 2년 1월에 시행된 「제언절목(堤堰節目)」에서 보듯이 조선전기 이래의 방천인수(防川引水) 위주 정책에서 벗어나 농업정책에서 제언(堤堰)을 중시하는 획기적 변화를 보인 것이 바로 정조대이다.[96] 이 시기에는 이앙법(移秧法)과 벼(水稻) 재배가 확대되면서 수리기술도 발달하여 국가와 개인은 수문과 수차에 대한 연구를 진행시키고 있었으며, 중국의 서광계(徐光啓)가 지은 『농정전서(農政全書)』의 농업지식 등을 수용하여 그를 연구하고 이에 따라 여러 기술이 활발히 실험되기도 하는 시기였다.[97] 만석거 등 여러 저수지에는 바로 이러한 기술적 성과를 시범적으로 적용하였던 것이다.

만석거는 여러 가지 효과를 동시에 의도하면서 설치되었다. 1794년 전국적 흉년을 맞아 화성성역에 모여들어 품을 팔다가 이제 오갈 곳 없이 된 사람들에게 그들의 노동량에 따라 임금을 보장해주는 '구황대책(救荒之策)'이면서, 나머지 사람들도 이들에게 술과 음식을 팔아 생활이 가능하도록까지 고려하였던 것이다. 또한 이는 '척박하기로 이름났던' 수원지역에 농토를 개간하고 농업생산을 늘려서 백성의 생활을 안정시키고 수원 도시재정도 안정적으로 확보하려는 장기적 방안이었다.

만석거와 대유둔의 건설에는 화성 축성에서처럼 임금노동이 활용되었다. 다만 임금은 일당제(日當制)가 아니라 나른 짐의 수에 따라 품삯을 지불하는 성과급제를 채용하여, 철저히 경쟁적인 방식으로 작업효율을 높였다. 토지 매입과 임금 지급 등 비용을 충당하기 위하여 정조는 정리소(整理所)에서 쓰고 남은 돈 등 2만 냥의 별도 비용(別下錢)을 마련하여 내려보냈다. 화성성역의 비용은 당초의 예산을 초과하고 있었고 백성의 여론도 만석거 건설을 반대하고 있었으므로, 이에 정조는 몹시 '고심(苦心)' 하였다.[98] 그러나 정조의 결단에 따라 화성의 생산기반이자 유지비용을 마련하기 위한 토대('後托')로서 대유둔 조성과 만석거 건설이 착수되어, 그해에 101석 5승락의 둔전이 조성되고, 둘레 1,022보 규모의 만석거는 거의 석 달만인 5월 18일에 완성되었다.[99]

이곳 만석거 저수지에는 선진적인 기술을 반영한 수문과 갑문(水閘) 각 1개소가 설치되어 인근 둔전에 물을 대도록 하였다. 그러면서도 이곳은 평소 '전국적 명승지(國內名勝)' 로서 유락 시설로 이용되도록 주변의 송림지대와 연결되는 경수 간 교통로(老松지대)와 호수 주변에는 아름다운 수목들이 계획적으로 식수되었다. 또한 호수 남단 약간 높은 곳, 부근이 잘 조망되는 곳에는 영화정(迎華亭)이란 정자를 세워서 이곳에서 바라보는 봄, 가을 경치가 수원 춘팔경과 추팔경의 하나('大有農歌; 농요소리 드높이 봄농사가 한창인 대유둔 들녘 경치', '石渠黃雲; 누렇게 익은 벼가 황금물결 이룬 만석거의 가을 경치')가 되도록 꾸몄다. 연못 가운데에는 작은 섬을 두어 화목을 조화롭게 심고, 호수에 연꽃을 심었으며, 둘러친 광교산과 솔숲, 들판, 호수, 영화정의 어울림은 장관으로 널리 알려졌다. 이곳은 시인 묵객의 뱃놀이와 유락의 명승지가 되고, 영화정과 주변의 아름다운 경치는 궁중에서 어용화가들(差備待令畵員)의 그림제목으로 출제되기까지도 하였다.[100]

이러한 만석거와 대유둔 건설의 구상과 실천에는 당시 화성유수였던 조심태(趙心泰)와 판관이었던 홍원섭(洪元燮)이 함께 주도적 역할을 하였다. 특히 이들의 기본 구상이 나오기까지에는 연암 박지원(燕巖 朴趾

源)의 동년배로서 연암일파의 일원이었던 홍원섭의 역할이 컸다.[101] 그는 일찍이 연안부사(延安府使)로 있으면서 「제언절목」에 부응하여 연안의 와룡지(臥龍池)를 수축하고 여기에 수문과 갑문을 설치하였던 바 있었다.[102] 더구나 1795년 12월 만석거와 대유둔 설치에 대한 조심태의 보고를 받은 정조는, 이 내용을 홍원섭에게 정리하여 제출하도록 특별히 명하였고, 이에 따라 조심태의 이름으로 올라간 장계[103]는 실제 그가 짓게 되었기 때문이다.[104]

한편 대유둔(大有屯)에서는 만석거의 관개시설에 힘입어 이미 1795년부터 농경이 시작되었다. 「대유둔설치절목(大有屯設置節目)」으로 작성하여 개진한 대로, 만석거와 대유둔의 전체적 관리와 경영은 고등동 둔사(屯舍)에 상주하는 양반 출신의 둔도감(屯都監) 1인과 장교 출신의 둔감관(屯監官) 1인, 모두 8명의 인원이 담당하였다. 병농일치(兵農一致)의 이상을 실현하려던 이곳 대유둔에서는 장용외영의 '장리예졸(將吏隸卒)', 즉 장교 서리와 군졸, 관예 등을 경작자로 우선 선발하고, 둔전의 3분의 1은 경작지가 없는 일반 수원부민에게도 분급하였다. 다만 이들에게는 능력에 따라 분급지의 다과를 정하여 주되, 한 사람에게 주는 토지는 1석락을 상한으로 하여 한전(限田)의 이념을 관철시켰다.

이곳에서는 만석거의 수리 혜택을 받으며 둔소(屯所)에서 종자를 공급받아 영농이 이루어졌다. 농부들은 제공된 농기구를 가지고 소 1마리에 2인의 농부가 협업하는 방식('二人通力合作')으로, 당시로서는 선진적인 협동농업을 했다. 생산물은 당시 지주제의 병작반수(幷作半收) 관행에 따라 분배되어, 생산물의 반에 해당하는 곡식이 수성고(修城庫)에 들어가 화성의 보수 관리 비용으로 충당되었다.

대규모 수리시설이 마련되었던 대유둔에서는 당시 수전의 확대 경향에 편승하여 대단위의 논농사가 이루어졌다. 둔전에는 최신의 영농기구와 어느 곳보다 많은 축력(畜力)이 이용되었다. 화성성역소(華城城役所)에서는 공사에 동원된 소(牛)의 분뇨를 거름으로 제공하기도 하였으며, 2인이 짝을 이룬 영농단위에서는 경험 많은 농부의 기술이 적극 활용되면서 그의 주도로 농업기술의 전수가 이루어지도록 하는 등 농업실습교육의 효과를 거두면서 영농이 이루어졌다.[105]

이 시기 정부에서는 수전의 확대에 부응하는 제언 확충정책을 밀고 가면서, 과학적 수리 기구를 도입하고 영농기술의 개발을 선도하였다. 측우기를 활용하고 수문, 갑문과 수차(水車; 龍骨車, 龍尾車) 등 선진적 농업기구를 제작 시험하면서[106] 과학적 영농을 도모하고, 이를 대유둔에 적용하여 효율적 경영을 뒷받침하였던 것이다. 이러한 노력은 원래 '황폐한 전답(荒田廢畓)' 이었던 대유둔 지역을 옥토로 바꾸어 놓아 계속되는 가뭄 피해에서 벗어나게 하는 것은 물론[107] 높은 농업생산성을 실현하였다. 대유둔이 설치된 1795년 가을, 이곳에서는 1500여 석의 소출이 나서 둔전에서 거두어들인 수입은 766석으로 당시로서는 최고 수준의 생산성을 달성하였던 것이다.

그리하여 만석거와 대유둔의 성공은 1798년 만년제(萬年堤), 1799년 축만제(祝萬堤)와 축만제둔(祝萬堤屯; 西屯) 설치로 확대되어 수원을 선진적 영농의 중심지이자 농업진흥의 모범이 되게 하였으며, 장차는 수원이 우리나라 농업연구의 중심지로 자리잡는 계기가 되었다.[108] 정조 22년(1798) 6월에 화성이 경기도의 농업을 선도하도록 하라고 정조가 지시했던 것은[109] 이 시기 수원의 농업을 바라보는 최고 위정자의 시각을 반영하고 있다.

그런 면에서 화성둔전의 선진적 운영 방안은 광범위하게 설치되었던 전국 여러 둔전 운영의 모범이기도 하였다. 대유둔의 둔전경영 경험은 정조대 말, 전국적 농업진흥책을 펴나가는 정조 자신감의 근원이 되었다.

정조는 대유둔에서의 높은 생산성 달성을 몹시 기뻐하였으며, 더구나 이듬해 전국적 가뭄에도 수원 인근의 둔전은 그 피해를 면할 수 있었다. 그러므로, 이러한 경험과 자신감이 정조로 하여금 만년제를 추가로 설치하고, 수리를 특별히 강조하면서 22년(1798) 11월 「권농정구농서윤음(勸農政求農書綸音)」을 전국에 내려 새로운 농업진흥책을 구하고 새 농서를 편찬하고자 하는 배경이 되었다.[110)]

수원에서의 둔전경영은 장용영의 운영과 결부되어서도 전국적 모범이 되었다. 원래 정조의 장용영 운영은 둔전제의 이념을 전제로 하였기에, 둔전의 경작에는 장용영의 군사들이 대거 참여하였으며, 경기도와 해서, 관서 지방에 많은 둔전을 두어 그 수확이 장용영 운영의 재원이 되고 있었다. 21년 1월 화성을 둘러보며 정조는, 장용영이 일찍이 유성룡이 '병농상우지의(兵農相寓之義)' 에 따라 제안했던 훈련도감 둔전의 구상을 모방하였다고 하였으며, 경기도의 여러 곳에 향군(鄕軍)과 둔전을 두어 향군이 둔전을 경작하여 그 수입으로 왕래시 식량과 복색의 비용에 충당하도록 하였음을 밝히고 있다. 또한 병작반수(이분의 일)가 일반적이던 당시 상황에서 황해도 봉산의 장용영 둔전에서는 '삼분의 일(三分取一)' 의 수세방침을 취하여 민의 부담을 경감시키려 하기도 하였다. 그러나 이곳에서조차 만연한 중간수탈에 의해 민원이 발생하였으며,[111)] 경기도에서 장용영 둔전의 확대는 양주 등 일부지방에서 '서울 사대부(京華士夫)' 들의 저항을 받아 장애에 부딪치기도 하였다.[112)] 그러므로 정조는 수원에서 모범적인 둔전 경영방법을 강구하면서 둔전 확대의 기반을 닦으려 하였고, 이를 통해 장용영의 강화까지도 이루어내고자 하였던 것이다.

수원에서 실천된 농업진흥책은 이처럼 제언과 둔전의 모범적 설치 운영을 통하여 당시 농업의 현실과 농정의 이상을 조화시키려 하였다. 「대유둔설치절목」의 방안은 당시 둔전의 최고책임자 둔도감을 양반으로 규정한 데서 보듯이, 양반층(士)의 주도적 역할과 지주제의 병작반수 관행을 유지하면서도, 정전법(井田法), 한전법(限田法), 둔전(屯田)의 병농일치(兵農一致) 이상(理想)의 구현을 표방하여 그를 일치시키려 하였으며, 선진적인 협동영농방식과 수리 및 영농 기술을 도입하여 최대의 생산성을 올리고자 하였다. 이는 당시 정조 조정에 사환하고 있었던 박지원, 박제가, 서유구 등의 실험농장적 둔전론과 유사한 면을 가지며 당대 농업론의 선구적 수준을 반영하였다.[113] 연암일파의 북학사상이 양반층(士)의 반성을 통해 생산활동에의 관심과 사회적 지도력 회복을 촉구하고 있었다면,[114] 대유둔의 경영방안은 이를 충족시키는 현실적 대안이었다.

정조가 받아들임으로써 실천에 이르게 된 이러한 둔전경영론은 당시 진보적 학자들의 선진적 이론을 받아들였으므로, 여기에는 자연히 이를 추진한 학자들의 사상이 노정하였던 것과 마찬가지의 한계가 나타나게 되었다. 사(士)의 외연을 확대해 파악하고, 부유한 백성의 재력을 이용하고자 그들에게 관직을 수여하는 등, 때로는 새로운 사회세력과의 연결을 모색하고 있었지만 둔전경영에서는 여전히 민을 통치의 대상으로만 파악하고 있었던 것이다. 정조에게서도 마찬가지로 나타났던[115] 이러한 한계는 모든 것을 사 중심으로 구상했던 연암일파 지식인 사회개혁론의 성격에서[116] 유래되었다고 하겠다.

그러나 이러한 한계 속에서나마 새로운 농업기술과 경영방법을 도입하여 생산력을 향상시키려 한 대유둔에서의 시도는 이 시기 진보적 농업론의 추세를 반영하였다. 연암일파 지식인을 위시하여 수원 유생 우하영(禹夏永)의 농업론, 그리고 정조의 윤음에 부응하여 올라온 여러 농업론에서도 보듯이, 둔전론 등 새로운 농업경영론과 수리 등 영농기술은 다양하게 모색되고[117] 이러한 연구결과는 정조의 후원에 힘입어 단순한 구상에서 벗어나 조선의 사회체제나 전통적 관행과 조화를 이루며 신도시 수원에서 실제 실천되기에 이르렀다는 점이 주목된다. 또한 이 성공이 1798년의 만년제, 1799년의 축만제, 1825년의 남제(南堤) 건설과 축만제둔(祝萬堤屯; 西屯) 등 둔전 확대로 이어져 우리나라 농업발달사의 한 획을 그었다는 점에서 정조시대 농업 개혁은 더욱 중요한 위치를 차지하고 있다.

화성에서의 새로운 농업론 실천의 경험과 정조의 윤음에 부응하여 올라온 여러 농업론을 연구한 결과는 급기야 정조가 서거하기 직전인 1800년 6월 1일 기사로 실린, 화성유수 서유린(徐有隣)에게 유시하였다는 정조의 보다 진전된 농업진흥책으로 귀결되었다.118) 우선 정조는 이 유시에서 화성부가 모든 지역의 모범이 된다고 하면서, 만석거, 축만제와 같은 제언을 전국적으로 확대시킬 구상의 편린을 내비쳤다. 이는 그가 수원에서 시행하였던 수리사업과 둔전경영 등 여러 농업진흥책이 장차 전국적 농업진흥책의 선구가 되는 것임을 분명히 한 것으로써, 화성신도시의 발전방향을 전국의 모범으로 부각시켜 확장해 나가려는 의도를 재확인한 것이었다.

더욱이 그는 수원에서의 현실적인 농업진흥책으로 '둔전설치경영론(依營屯募耕之規)'과 '영농실적에 따른 관직 제수(依入粟拜官之式)'의 방안을 친히 제안하기에 이르렀다. 여기에는 집권후반기 농정윤음을 내리는 등 농업문제에 심혈을 기울이던 정조의 농업진흥책이 도달한 수준, 그리고 발전의 전망이 여실히 드러나고 있다. 그것은 이미 수원에서 실행된 대유둔 등 '국영농장(官屯)' 외에 민자를 유치하여 설치한 민영농장의 개간활동을 촉진시켜 농경지를 더욱 확대('日闢之效')하려 하는 한 단계 진전된 구상이었다. 여기서는 개간과 영농에 성공한 농민, 곧 부민(富民)에게 벼슬을 주어 이들을 격려하면서 새로운 사회계층의 진출을 확대하는 등 사회적 변화를 동시에 추구하는 것이었다. 또한 이를 통해 관청의 재정과 백성의 가계 비용을 넉넉히 확보하고자('補官用裕民食之資') 하였던 것으로, 한계는 있었지만 당시로서는 선구적인 농업진흥책을 수원을 필두로 전국에 보급하고자 하였던 것으로 생각된다.

화성성역의 일환으로 조성된 만석거와 대유둔의 성공 이후 그 농업진흥의 성과는 이처럼 정조의 새로운 농업론으로도 나타났다. 이는 당시 정조 조정에 있었던 다산 정약용(茶山 丁若鏞)과 풍석 서유구(楓石 徐有榘) 등이 개진한 훗날의 농업개혁론에까지 영향을 주었다. 곧이은 정조의 서거로 정조의 장기적 정국 구상이 무산되고, 장용영이 혁파되었던 것과 함께 이 방안이 더 이상 발전되지 못하였지만, 정조 농업진흥론의 기본 원리는 훗날 서유구가 「의상경계책(擬上經界策)」에서 전개한 둔전론(屯田論)이나 정약용의 정전론(井田論) 구상에서 그대로 계승되었다.[119] 이는 화성성역 이후 정조대 농학의 획기적 발전 성과와 농학사상의 수준이 뒷시대 농업론의 토대가 되었음을 보여주는 것이다.

특히 1836년부터 1837년까지 화성유수를 지내며 수원의 둔전경영을 지휘하였던 서유구의 둔전론은, 가학과 연암일파의 농업론은 물론 대유둔 등에 실현된 새로운 농업경영론과 정조의 보다 진전된 구상을 정밀화하고, 협동농업론을 더욱 다듬어 발전시킨 것이라고 하겠다. 정계에서 축출된 후 재야에서 20여 년을 지내며 직접 농경에 종사한 경험이 녹아든 『임원경제지(林園經濟志)』의 농업론과 농학 연구성과는 조선후기 농학 연구의 결정이었다. 수원유수로서 서유구는 이러한 지식과 경험을 화성 둔전의 경영에 적용하였으며,[120] 수원유수를 물러난 직후엔 중국 강절(江浙)지방의 새로운 볍씨 12종을 수입하여 향리에서 직접 시험재배를 하는 등 농업생산력의 극대화를 통해 새시대의 농업을 꿈꾸었다.

정조대 여러 학자들의 선진적 구상을 받아들여 수원에서 실현된 대규모 수리시설과 최신 영농방법은 정조대 농학연구의 성과물이자 정조의 농업진흥책의 정수였으며, 19세기 이후 농학 발달의 근거가 되고 나아가 한국근대농업 출발의 토대가 되었다. 농업생산력의 극대화를 도모했던 이 경험은 수원 농업의 범위를 넘어서서 전국적인 파장과 후대에의 영향력을 가지게 되었으며, 조선후기 농업연구의 수준을 한껏 높임으로써 우리나라 농학사상사에서도 특별히 중요한 위치를 차지하게 되었다. 정조대 이래 19세기까지 우리나라 농업진흥과 연구의 중심적 터전이었던 화성의 서호(축만제)와 서둔(축만제둔)에 1906년 일제에 의해 권업모범장이 들어서고 1907년 농림학교가 세워진 이래, 오늘의 농촌진흥청과 서울대학교 농업생명과학대학이 바로 이곳에서 우리 나라 농업진흥과 연구를 선도함으로써 정조대 이래 200년 농업진흥과 연구의 전통은 오늘에 이르기까지 면면히 계승되고 있다.

3. 화성성역과 산업진흥책의 역사적 의의

1776년부터 1800년까지 24년간의 정조 치세는 탕평정국 아래 조선의 사회 경제와 문화가 중흥을 맞이하여 그 극점에서 변화를 모색하던 시기였다. 북학과 서학 등 외래문화의 수용을 통하여 전통문화의 내용을 더욱 풍부하게 하고 나아가 창조적 변신을 모색하던 이 시기 문화의 지향성과 특징은 정조대 후반 화성신도시 건설 과정에서 여실히 드러났다.

정조가 장기적 정국구상 위에 신료 및 백성들과 함께 진행하였던 화성성역은 국초 한양 정도 400년만에 시도된 조선후기 최대의 도시건설사업으로서, 조선의 국력이 기울여진 국가적 사업이자 즉위 20년을 맞아 정조왕권의 역량을 과시한 기념비적 사업이었다. 또한 이와 연계되어 추진된 장용영의 강화 및 수원 신도시의 발전을 위한 상공업과 농업진흥책은 정조대 후반의 사회경제적 상황을 반영하는 대표적 시책들로서 정조대와 이 시기 조선 사회의 역사적 성격을 이해하는 관건이 되고 있다.

정조는 숙원의 사도세자 묘소 이장을 단행하고 장차 전위 이후까지도 대비하면서 화성성역과 수원의 도시적 발전을 추진해 나가게 되었다. 이는 정조 개인적으로는 장차 갑자년(1804)의 전위 이후 수원을 근거지로 상왕으로서 웅거할 때, 그 기반을 확보하고자 한 것이었다. 정조의 장기적 정국구도는 정권을 배후에서 외척으로 하여금 견제하도록 하며, 강력한 군사력과 경제력을 수원에서 장악하고 있는 상왕이 여기에 정치적 영향력을 행사하는 방안이 아니었을까 짐작된다. 정조는 이러한 정치구도를 통해 자신이 관철시킬 수 없었던 몇몇 숙원을 서울의 후사왕으로 하여금 실천하도록 의도하였다. 그러나 이는 즉위초 그가 거부했던 영조말 척족 전횡의 정국을 재연하려는 것이었다는 점에서 스스로 표방한 '우현좌척' 정치론을 부정한 것이며, 사림정치의 기반을 크게 무너뜨리게 되었다는 점에서 조선후기 정치사의 큰 분기점이 되었다.

그러므로 이러한 정조의 정치적 지향 및 장용영의 강화와 화성성역 등 여러 시책들은 일각의 비판을 받았으며 그 추진은 장애에 부딪치고 있었다. 이 시기 노론·소론·남인을 모두 등용하여 그들 간의 견제 위에 왕권을 강화하고자 하였던 정조의 탕평정치는, 시·벽으로 분기한 정파 사이에서 폭넓은 지지기반을 확보할 수 없었으며, 오히려 '근신(近臣)' 또는 '귀근(貴近)'의 소수 측근관료에 의지하는 정치력의 한계를 드러내었다.

이는 장용영을 강화하며 외영(外營)의 주둔기지로서 화성을 건설하고 신도시 발전시책을 펴나가는 과정에서도 마찬가지였다. 꾸준히 추진되었던 장용영의 강화는 기존 5군영의 폐해를 극복하며 군사체제를 개혁하고 균역법의 말폐를 교정하려 한다는 명분을 내걸었다. 하지만 정조의 측근이 주도하였던 장용외영 군사력과 재정의 일방적 확대로 또다른 거대

군영이 생겨났으며, 장용영 둔전의 확대에 대한 저항과 함께 이에 대한 우려가 확산되었다.

한편, 정조와 측근신료들은 조선후기 사회경제 발달의 성과에 유의하면서 그에 편승하여 화성에 급속히 경제적 기반을 마련하려 하였지만, 이도 순탄치는 못하였다. 삼남으로의 요로인 수원에 새로운 상업도시를 건설하는 것은 조선후기 상업의 융성에 따른 상권의 확대 과정에 편승하는 것이었으며, 서울의 도시적 발전, 그리고 서울 생활권의 확대에 연동된 서울교외, 곧 수도권 확대의 추세를 가속화하는 것이기도 하였다. 수원을 대도회로 발전시키기 위해 상업진흥책으로 시전과 장시를 개설하며, 수공업과 관련시켜 상공업의 발달을 도모하고, 나아가 무역독점권을 매개로 서울 상인을 유치하려고 하였던 것은 당시 도시의 발달이 국제무역 발달과 연관되었던 상황까지도 의식한 시책이었다.

그러나 무역특권을 주어 상업세력을 양성하되 이를 서울의 부호를 유치하여 이루어내려는 방안은 당시 경 · 향의 사회적 분기의 결과로 나타난 서울 중심적 사고의 한계를 보였던 것으로 수원의 자생적 역량을 도외시한 점에서 비판받았다. 더구나 서울의 상업세력이 분리되어 나와 수원을 근거로 이권을 독점하는 새로운 양상이 전개될 때, 조선후기 상업의 판도에 큰 변화를 야기하게 될 것이므로, 이는 기존 상업세력과 그 후원 정치세력의 반발을 초래하게 된다. 또한 수원에 시전을 개설하여 도고행위를 조장하는 시책은 신해통공(辛亥通共) 이후 분명해진 유통경제 발달의 추세에 역행하는 면도 있었다. 이에 정조의 정치적 기반이었던 시파, 그중 남인의 채제공에게서 조차도 이러한 시책은 수긍되지 못하여 좌절되기에 이르렀고, 일부 측근에 의지하였던 정조의 정치적 지향과 역량의 한계가 너무나 분명히 드러나고 말았다.

이 이후 정조와 그 측근관료는 수원에서 상업진흥의 방향보다는 화성성역 당시부터 장용영의 강화와 연결지어 추진하여 왔던 농업진흥책에 주력하는 듯 보인다. 당시 지주제와 수전농업 발달의 성과를 활용하여 제언과 둔전을 설치하며, 여기서는 협동농업 등 혁신적 영농방법과 새로운 농업기술을 적용하여 고도의 생산성을 추구하고 수원의 재정적 기반을 마련하고자 하였다.

조심태(趙心泰)와 홍원섭(洪元燮), 특히 연암일파의 일원이었던 홍원섭의 구상이 크게 반영되고 이를 정조가 받아들임으로써 실천된 만석거와 대유둔의 건설과 운영은 당시 사회경제와 영농기술 발달의 상황을 정확히 인식하여 그를 활용하고자 했던 시도였다. 양반(士)계층의 주도와 지주제의 병작반수 관행을 인정하면서 그와 조화시킨 둔전의 선진적 경영은 장용영과 수원의 경제적 기반을 확보하는 가장 현실적 방도의 하나였다.

또한 수원에서의 이러한 시범적 운영은 장차 이를 전국으로 확산시켜 국가와 지방관아의 안정된 재정확보까지도 겨냥한 것이었다. 만석거와 대유둔의 성공에 힘입어, 만년제, 축만제와 축만제둔을 건설하였던 것은 전국적 농업진흥시책의 모범이자 선구가 되었다. 그리하여 이는 정조 말년의 전국적인 농서와 농업론 수괄 노력으로 이어졌으며, 농지개간을 활성화하고 농업생산을 증대시키는 일에 부민(富民)의 경제력을 동원하려는 정조의 구상으로까지 발전하게 되었다. 훗날 정약용과 서유구의 진취적 농업론은 이러한 토대 위에서 제출된 것으로 정조대의 농업진흥책은 뒷시기까지 이어지는 긴 파장을 갖기에 이르렀다.

한편, 수원에서 추진된 상업과 농업진흥책은 조선후기 사회경제의 발전과정에서 등장한 부호와 부민, 곧 유산(有産)계층의 성장을 촉진시키면서 이들과 연대하고 또한 그들의 재력을 이용하려는 양상을 띠었던 것이 특징이었다. 이 과정에서는 양반계층 '사(士)' 의 사회적 지도력을 유지하도록 하되, 유산계층으로 성장한 일부 사회계층에게 관리로 진출할 수 있는 문호를 개방함으로써 사회변화를 수용하고 근대사회로의 지향을 가속화하는 새로운 면모를 보이고 있었다.

그런 면에서 수원에 양반층을 유치하여 상업에 종사하도록 한 것은, 확대된 외연을 가지게 된 '사'의 현실을 인정하고 이들의 사회적 역할을 새로이 설정하고자 하였던 연암일파 등 실학자들의 진취적 주장을 반영하였다는 점에서 흥미롭다. 또한, 시전상인을 지원하고 도고상업을 허용하며, 더욱이 서울부호를 유치하여 상업과 무역의 독점권을 주어 특권적 상업세력으로 양성하고, 하급직이나마 관료로의 진출 기회까지 주려 하였던 것도 그러하다. 이는 정조와 측근신료들이 새로운 사회세력인 이들을 지배층의 일원으로 받아들여 그 정치적·경제적 실력을 장차의 기반으로 삼으려 시도하였던 것으로, 정조시대의 전환기적 상황을 반영하였던 것이라 생각된다.

관(官)과 양반출신 둔도감이 주도적 역할을 담당하였던 대유둔의 경영 경험에서 한 단계 더 나아가 정조말년 정조가 개진하기에 이른 농업진흥 방안도, 조선후기 지주제 발달의 결과로 성장하여 나온 부민의 경제력과 능력을 활용하면서 농업생산을 증대시키고, 이 새로운 사회계층을 역시 지배층의 일원으로 받아들여 연대하고자 하였던 점에서 상업진흥책과 마찬가지의 역사성을 가진 것이었다고 하겠다.

이처럼 조선후기 사회경제 변화의 제양상을 인식 활용하면서 수원에서 시행된 여러 선진적 시책 가운데 특히 농업진흥책은 정조의 관심과 그를 뒷받침하는 일부 측근관료의 능력에 의존하여 상당한 성과를 거두었다. 그러나 이러한 성과의 전국적 확산은 강력한 정치세력의 지속적 뒷받침이 있어야 하고, 이를 받아들일 정치구조와 사회적 여건이 마련되어야 하였다. 우선은 개인이나 소수의 능력보다는 효율적 경영과 관리를 담당할 관료체제의 정비가 선결과제였으며 그 전국적 확산을 위하여는 지방관의 역할이 특히 중요하였다. 정조의 의도에 반하여 전국에 분산되었던 정리곡(整理穀)이 겪었던 난맥상처럼, 그를 제대로 운영할 관리체제가 마련되지 못할 때, 일부에 의해 시도된 새로운 사회세력의 수용과 경제기반의 관리는 어려운 일이었다. 하물며 정조와 같은 정력적이고도 세심한 군주의 전폭적 지원이 없게 된 경우라면, 정조 사후 장용영의 운명처럼 그 지속적 추진에는 어려움이 따르기 마련이었다.

그러므로 정조와 측근관료들이 실천한 수원에서의 여러 시도는 그를 지지할 정치적 기반의 취약성 때문에 정조대 말, 난관에 봉착한다. 정조 사후 바로 이루어진 장용영의 혁파가 상징하듯이 원래의 의도와는 다른 귀결을 보이면서 결국은 더 이상의 진전을 보이지 못하게 된다. 이 과정은 정조대에 시도된 새로운 정치적 지향과 여러 개혁적 시책이 신료들의 지지를 상실할 때 어떤 상황에 놓이게 되는가를 여실히 보여주었다.

그러나 정조의 서거와 함께 정조시대의 개혁이 모두 수포로 돌아간 것은 아니었다. 개혁의 추진과정에서 조성된 유형의 유산들과 여기에 관철된 선진적 구상들은 19세기를 거쳐 오늘에 이르기까지 기나긴 파장을 가지며 영향을 미치게 된다. 훗날 효명세자와 헌종(憲宗)의 개혁시도나 흥선대원군(興宣大院君)과 고종의 개혁 시도 등에까지 정조대의 선구적 경험은 끊임없이 반추되며 영향을 주었다. 또한 정조대 개혁의 시범도시 수원은 일제 이후의 급격한 훼손에도 불구하고 성곽도시로서의 기본적 외관을 유지한 채, 경기도청 소재지로서의 위상과 경기남부 교통요지이자 상업중심지로서의 역할, 그리고 농업연구 중심도시로서의 위상 등을 가지며 신도시건설의 한 모범으로서 오늘에까지 100만 인구 삶의 터전이자 200년 역사의 증거물로 남아 있다.

화성과 화성성역, 그리고 화성 신도시의 역사에는 조선후기 사회경제와 사상 문화의 핵심적 문제들이 투영되어 있기에, 단순한 지방사의 차원을 넘어서서 민족사적 중요성을 가진다. 정조와 화성, 정조시대와 화성 성역을 통하여 변화해가던 전통사회와 문화의 특질과 방향성을 밝혀내려는 작업은, 현시대 우리 사회 문화의 제현상을 이해하고 지향점을 설정하는데 중요한 의미가 있다. 남아 있는 방대한 자료의 정리와 치밀하고도 조직적인 연구작업이 차후 우리 학계의 과제라 할 것이다.

제3부

정조 사후의 격동과 지식인

정조시대 이후 조선 사회는 격변의 시기를 맞이하였다. 진경시대가 찬란한 광채를 발하며 스러져 가는 가운데 정치 · 경제 · 사회 · 문화 전 부면에서 변화가 일어나 전통적 질서는 무너지고 혼란 속에 새로운 질서가 서서히 모습을 드러내고 있었다. 신(新) · 구(舊)의 사상적 · 문화적 충돌과 세대 간의 갈등을 안고 정조시대는 격동하였고, 정조의 서거 이후 세도정국이 전개되면서 변화는 가속되었다.

조선의 전통적 사림정치 질서와 탕평의 정치적 지향은 세도정치의 전개와 함께 무너지게 된다. 신분제 등 명분론적 사회질서와 그를 뒷받침하던 주자학적 이념도 사회적 지도력을 상실하였으며, 서울의 도시적 발전으로 경(京) · 향(鄕)으로의 사회적 분기가 심화하는 가운데 서울과 향촌사회는 각기 심각한 분열과 동요에 직면하였다. 경화사족(京華士族)과 향유(鄕儒)로 분기한 '사(士)' 계층 내부에서 각기 분화가 진행되고, 신(新) · 구(舊) 세력과 사(士)와 민(民), 그리고 빈(貧) · 부(富) 간의 충돌이 야기되었다. 그 외연이 크게 확대된 경화사족 사이에서는 다양한 사상적 지향성 위에 새시대를 향한 여러 요구가 제기되었으며, 중앙으로부터 소외되었던 향촌사회에서도 민의 사회변혁 요구가 민란(民亂)의 형태로 거세게 분출하였다.

이러한 사회적 격동에 직면하여 지식인들은 그 대응책을 마련하고 새로운 질서를 모색하는데 부심하였다. 영조대 후반 이래 청론사류(淸論士類)가 대두하여 특권세력의 배제와 사림의 수용을 주장하는 등 정치현실의 개선을 촉구하고, 서울지역의 경화학계 일각에서는 외래문물의 선택적 수용론으로부터 청(淸)을 배우자는 북학론(北學論)과 나아가 서양을 배우자는 서학론(西學論)에 이르는 새로운 사상적 지향을 제시하기에 이른다. 이들은 서울을 중심으로 당색과 신분을 넘어서는 개방적 교류 분위기와 자유로운 학문풍토를 조성하고, 법고창신론에 입각한 분방한 문화예술활동을 통하여 시대의 변화를 선도하고자 하였다.[1)]

경화학계로부터의 이 새로운 움직임은 정조의 후원에 힘입어 본격화되었다. 그리하여 19세기 전반 경화학계에는 북학이 풍미하고, 일각에서는 서세동점의 도도한 흐름을 직시하면서 서학을 재인식하여 이미 동도서기론(東道西器論)은 물론 변법론(變法論)과 개국론(開國論)에 이르는 사상적 지향을 제시하기도 하였다. 반면 향촌사회에서는 서교(천주학)가 확산되는 가운데 여기에 반대하여 일부 향유들이 위정척사론(衛正斥邪論)을 고창하였던가 하면, 위기의식 속에 동학(東學)과 남학(南學)같은 아래로부터의 사상운동도 일어났다. 이들 모두는 새로운 질서를 세우려는 몸부림이었다는 점에서 조선 사회의 역동적 발전과정이기도 했다.

이러한 시대 상황 속에 추사 김정희(秋史 金正喜, 1786~1856)는 정조대(1776~1800) 후반 혁혁한 명문가의 자제로 태어나 서울에서 성장하였다. 그는 경화학계(京華學界; 경화는 서울이니 서울의 학계라는 뜻)의 선배학자들을 통하여 조선전통문화의 황금기인 진경(眞景)시대 문화의 여맥을 이어받았으며, 외래문화를 수용하여 전통문화의 혁신을 도모하던 법고창신론(法古創新論; 법고창신이란 옛것을 모범으로 새로운 것을 창안한다는 뜻으로 燕巖 朴趾源이 제창한 이후 널리 퍼진 주장)과 북학론(北學論)의 사상적 활기를 경험하였다. 순조대(1800~1834)에는 직접적인 청조 견문을 통해 북학을 본격화함으로써 학문의 범위를 넓히고 문학과 예술을 세련시켜 급기야 조선 학계의 중심 인물이자 문원과 예원의 종주로 등장하여 한 시대를 이끌기에 이르렀다. 헌종대(1834~1849) 이후 만년에는 정치적 파란 속에서 오랜 유배 생활을 보내는 등 좌절을 겪기도 하였지만, 그 속에서도 불타오른 학문적 열정과 불굴의 예술혼은 오늘에 이르기까지 긴 파장을 지니는 위대한 성취를 이루어내었다.[2)]

추사는 서울 경화거족(京華巨族)의 일원으로서 큰 정치적 영향력을 지닌 채 당시 학계, 문원, 예원의 중심에 서서 활동하였다. 경화거족은 물론 중서층(中庶層; 중인과 서얼을 통칭하는 말)과 위항인(委巷人; 위항은 도시의 골목길이니 위항인은 도시에 사는 일반시민이라는 뜻. 閭巷, 閭巷人과 통용하여 쓴다)에 이르기까지 신분과 계층에 구애됨 없이 많은 신지식층이 그의 문하에서 배출되었고, 이들은 서울에서의 새로운 흐름을 가속화하고 새시대를 대비하면서 크나큰 족적을 남기게 되었다. 추사 자신은 생애 만년에 정치적 불우를 겪었지만, 그 일문은 추사의 제자인 흥선대원군(1820~1898)의 집권 이후 여흥민씨 세도에 이르기까지 조선 정계와 학계, 문원, 예원을 주도하였다.

그러므로 추사와 그 일문의 학문과 예술, 사상을 올바로 이해하기 위하여는 우선은 정조시대 이래의 정치적 동향, 특히 순조대 이후 고종대에 이르기까지 세도정치의 추이를 살펴보는 것이 필요하며 그 속에서 추사와 추사일문의 부침을 파악하는 것이 긴요하다고 생각된다. 그러므로 우선 정조대 이후의 정치적 상황을 개관하고, 그 속에서 추사와 그 일문의 정치적 지향과 위상, 그리고 그들 간의 관계와 역할을 더듬어 보려 한다. 서울의 소수 경화거족이 주도하였던 세도정치의 전개과정에서 추사를 위시한 경화거족들의 정치 행로와 이들이 거느렸던 휘하의 여러 지식인들과의 관계는 그들이 추구했던 새로운 학예활동과 사상형성의 배경을 이루고 19세기 정치사 · 사상사 · 문화사를 이해하는 관건이 된다.

정조대 이래 19세기 세도정국의 정치적 추이에 대한 해명은 추사와 추사일문을 제대로 파악하기 위한 전제이며 그들이 주도하였던 전통사회와 전통문화 이해의 관건이기도 하다. 이는 우리 시대 문화의 현주소를 점검하고 새로운 시대로의 지향성을 설정하는 기초가 된다. 오늘 우리 시대는 추사가 살던 시대의 연장선상에 위치하고 있으며, 외래적인 것을 받아들여 전통을 혁신하고 새로운 질서를 세우려는 노력은 정조시대에 제기된 법고창신론과 북학론의 사상적 · 문화적 지향 이래 지금껏 계속되고 있기 때문이다.

제1장
정조 사후의 격동과 모색

1. 경화학계의 변화

2. 청론의 분열과 외척세도

김조순 초상화

1. 경화학계의 변화

1800년 정조의 서거 이후 전개된 외척세도정치는 외척을 중심으로 한 서울의 소수 경화거족들이 특권세력으로서 공적 관료체제의 이면에서 실권을 행사하는 과두(寡頭)독재체제였다. 이는 조선의 전통적 정치질서인 사림정치와 탕평정치를 무너뜨린 것이었지만, 그 단서는 이미 앞시기 영 · 정조대의 정치에서 마련되고 있었다.

훗날의 사가들이 전하듯이 외척세도는 실상 순조대 이후 시작된 것은 아니었다. 영 · 정조대에 탕평책이 시행되면서 국왕은 왕권강화를 위해 특권세력을 양성하게 되고, 이에 외척이 발호하곤 하였다. 영조대 후반, 영조의 외척인 경주김씨와 사도세자의 외척인 풍산홍씨가 각기 특권세력으로서 남당(南黨)과 북당(北黨)으로 대립하며 권력을 농단하였던 일이 그것이다. 이에 사림(士林)들은 전통적인 사림정치 원리의 회복을 주장하면서 이른바 '청론사류(淸論士類)' 로 결집하여 특권세력에 저항하였다.

사도세자의 비참한 죽음 이후 어려운 여건 속에 즉위한 정조는 이들 청론의 정치적 지향을 수용하고 청론사류를 권력의 기반으로 삼아 '우현좌척(右賢左戚; 사림을 등용하고 척족을 배제함)' 과 '우문정치(右文政

治, 곧 학문정치)'의 사림정치론 아래 정치개혁을 추진해 나가게 된다. 즉위 후 두 외척 등 특권세력을 제거하고 청론사류를 대거 등용하였으며, 규장각을 세워 학문정치를 실천하고 초계문신(抄啓文臣)제도를 통하여 신진학자를 길러내었다. 규장각 각신(閣臣)으로 경화거족의 후예를 선발하여 이들을 측근세력으로 키우고, 검서관(檢書官) 제도를 두어 중서층 학자들이 능력을 발휘하도록 관료로 진출할 수 있는 기회를 주는 등 서울 위항의 신흥 경화사족층(이른바 '委巷之士')을 제도권 내에 수용하는 조치도 취하였다. 또한 친위군영으로 장용영을 세워 여기에 군사력과 재력을 집중시킴으로써 이들을 기반으로 왕권의 강화를 추구하였던 것이다.[3)]

정조는 이러한 정치개혁을 통하여 새로운 정치세력을 휘하에 결집하였다. 다수당인 노론을 중심으로 하였지만 그간 소외되었던 소론과 남인 세력을 등용하여 노론·소론·남인 세 붕당의 상호 견제구조를 구축하고 그 조정자로서 국왕의 위상을 부각시키며 이를 통해 탕평정치를 구현하고자 하였다. 김종수(金鍾秀), 유언호(兪彦鎬), 윤시동(尹蓍東), 심념조(沈念祖), 김이소(金履素), 김이중(金履中), 김노영(金魯永), 홍원섭(洪元燮), 서유린(徐有隣), 윤행임(尹行恁) 그리고 박지원(朴趾源), 홍대용(洪大容) 등은 노론 청론으로서 정조조정에 진출하였다. 그 후배 또는 자제였던 이서구(李書九), 남공철(南公轍), 김조순(金祖淳), 심상규(沈象奎), 홍석주(洪奭周) 등과 박제가(朴齊家), 이덕무(李德懋), 유득공(柳得恭), 성대중(成大中), 성해응(成海應) 등 중서층의 인물들도 정조조정에 나아가 활발한 활동을 전개하였다. 이들과 함께 소론의 서명선(徐命善)과 서명응(徐命膺), 홍양호(洪良浩) 기타 그 휘하의 서호수(徐浩修), 서형수(徐瀅修), 이시수(李時秀), 이만수(李晩秀), 서영보(徐榮輔), 이상황(李相璜), 신위(申緯), 신작(申綽) 등 소론 학자들과 채제공(蔡濟恭)이 이끄는 정범조(丁

範祖), 이가환(李家煥), 이익운(李益運), 정약용(丁若鏞) 등 남인 청론의 학자들도 정조조정에 포진하였다. 이들을 등용하면서 정조는 이들이 속한 각 당의 의리론과 마찬가지로 정조 자신에게는 사도세자에 대한 의리가 있다고 하여 각각의 의리론을 서로 인정할 것을 요구하였다. 이것이 정조의 '의리탕평론(義理蕩平論)' 이다.

정조의 지원을 받아 활발한 정치적 진출을 달성하였던 경화사족 학자들은 경화학계의 핵심으로서 학문과 문화 예술의 발전을 주도하였다. 이들 가운데 선배들은 대체로 각 붕당을 대표하는 산림학자의 문하에 나아가 학문을 하고 관료학자로 활동하게 되었지만, 그러지 않았던 소장층 사이에서는 점차 당색과 신분을 뛰어넘는 개방적인 교류의 분위기도 형성되게 된다. 정조의 측근관료로 입신하여 훗날 안동김씨 외척세도의 핵심적 인물이 되었던 노론 · 소론의 세칭 '천생오태사(天生五太史; 김조순, 남공철, 심상규, 이만수, 서영보)' 는 경화학계의 일부 학자들이 당색을 넘어 교류하고 이를 후대까지 이어갔던 한 예를 보여준다.

이들은 서울 생활을 통한 공통의 현실인식과 사상적 공감대를 토대로 산림학자의 정통 주자학풍에서 점차 벗어나 다른 학풍까지도 수용하는 자유로운 학문풍토를 조성하였다. 경 · 향으로의 학계 분기가 심화되는 가운데 이제 이들은 그들 다음 세대의 후배와 자제들을 향촌의 산림학자에 보내지 않고 그들 문하에서 직접 지도하여 서울지역의 학문, 곧 '경학(京學)' 을 확산시켜 나가게 된다. 이보천(李輔天)과 김원행(金元行) 등 낙론 산림학자로부터 정통주자학을 계승하였던 연암 박지원과 담헌 홍대용의 문하에서 이서구, 남공철, 서유구 등 경화거족 학자들과 박제가, 이덕무, 성해응 등 중서층 학자들이 배출되었으며, 다시 박제가에게 추사가 배우고 성해응에게서 조인영(趙寅永)과 조병구(趙秉龜)가 배우게 되는 등 경화학계 내에서의 학문 교류와 전수는 당색과 신분에 구애받지 않고 이루

어졌다.[4)]

이처럼 정조대 서울에서는 경화사족의 외연이 크게 확대된 가운데 경화거족으로부터 위항인에 이르기까지 다양한 출신의 지식인들이 폭넓게 교류하면서 새로운 학문과 사상을 공유하는 풍토가 형성되었다. 정치적 지도자이면서 학문적 지도자가 되고자 했던 정조는 '군사(君師)'를 자처하며 이들을 적극 지원하였다. 이런 가운데 경화학계에는 가문 내에서의 학문 전승으로 가학(家學)의 비중이 커지고 그들끼리의 학문 전승과 교류를 통해 독자적 학풍을 지닌 몇몇 학파가 부상하게 되었다. 오희상(吳熙常), 유신환(兪莘煥) 등 경화거족 출신의 학자가 서울을 근거지로 한 산림학자, 곧 '연하산림(輦下山林)'으로 등장하여 주자학풍을 계승하고 문하에서 많은 학자를 배출하였던가 하면, 정통주자학을 한 것이 아닌데도 남공철의 경우처럼 '노사숙유(老師宿儒)'로 추앙받고 산림학자와 마찬가지의 학문적 권위를 인정받는 경우도 나오게 되었다.

이들 경화학계의 학자들은 향촌을 근거지로 한 기존 산림학자의 영향력에서 벗어나 학풍과 문풍에서 점차 독자적 개성을 보이게 되고 그들 나름의 교류를 통해 이를 확산시켜 나가게 된다. 일부 경화거족 학자들은 가학과 가문의 실력을 배경으로 위항인들의 학문과 예술 활동을 후원하거나, 문하에 문객(門客)을 받아들여 교류 지원하고 때로는 문하에서 직접 문인과 제자를 길러냈다. 추사가 자신의 집인 월성위궁(月城尉宮)에서 문객을 받아들이고 많은 문인 제자들을 가르친 것에서 보듯이,[5)] 가문의 장서(藏書)와 소장 서화(書畵) 및 경제적 능력을 토대로 특정 가문의 서재와 사랑방은 이제 학문과 예술의 교류 및 전수의 장이 되기도 하였다. 홍선군 이하응도 운현궁(雲峴宮)에 많은 서책과 서화를 비축하고 문하에 유재소(劉在韶, 1829～1911)와 김응원(金應元, 1855～1921) 같은 예술가들을 '겸인(傔人)' 또는 '문인(門人)'으로 거느렸으며[6)] 이런 이들을 통하여 '위항지사' 들의 시회(詩會)를 지원하면서 학예활동을 전개하였다.

이러한 상황에 따라 산림학자의 문생들을 지칭하던 '문인(門人)' 이란 표현도 의미의 변화를 보이게 된다. '문인' 은 경화거족 가문의 문객을 지칭하는 것으로 그 범위가 확장되었으며, 나아가 문객과 문생, 문인이 혼칭되면서 경화거족의 문하에서 이들과 함께 학문과 문예활동을 하고 교류하며 경화거족의 공적, 사적 생활 제반사를 보좌하던 '겸인' 을 지칭하는 표현으로도 쓰이게 된다.

이 시기 겸인층은 경화거족층의 대두와 함께 서울 위항지식인의 핵심적 부류로 등장하였다. 이들은 경화거족과 주종관계를 맺어 가사를 돌보다가 '주공(主公)' 의 주선으로 대전별감(大殿別監)과 같은 궁실의 '액속(掖屬)' 또는 중앙관청 각사(各司)의 서리(胥吏)로 진출하기도 하고, 주공이 지방관으로 나갈 때는 중방(中房) 또는 책방(册房)으로 수행하여 행정실무를 담당하였다. 30명의 겸인-서리를 휘하에 거느렸던 이만수(李晩秀) 집안에서 이들을 불러모아 시회(詩會)를 열었던 것에서 보듯이, 이들은 실무능력은 물론 주공의 문하에서 닦은 상당한 학예의 실력도 갖추고 위항시사(委巷詩社)의 주요 구성원이 되었다. 경화거족들의 시우(詩友)가 되었던 겸인은 '시겸(詩傔)' 으로 불리우기도 하였다. 이들은 서울의 학계와 문원, 예원의 일각을 점하면서 주공가와 사적으로 직결되어 그 정치적 기반이 됨으로써 세도정치기에는 경화거족이 이끌던 세도정권의 하부구조를 이루게 된다.[7)]

경 · 향으로의 사회적 분기와 학계 분기가 진행되고, 이 과정에서 새로운 사회관계와 학문 풍토가 나타났던 것은 경화사족층과 경화학계 변화의 동인이었다. '위항지사(委巷之士)' 까지도 포함하여 경화사족의 외연이 확대되면서 사회의 지도적 지식인으로서 '사(士)' 의 변화된 위상에 대한 반성이 제기되고 여기서 형성된 공감대 위에 새로운 학풍과 문풍이 성립하였다. 서울 시내 백탑(白塔; 종로 탑골공원) 부근에서 당색과 신분을 넘어 어울렸던 연암일파의 지식인들은 '법고창신(法古創新)'의 지향성을 제시하면서 청조문물과 학술, 문예의 수용을 주장하는 북학론(北學論)을 제기하였고, 남인 일각의 학자들은 서학(西學)은 물론 서교(西敎, 천주교)를 수용하는 사상적 전환을 단행하게 된다. 이들은 사회의 지도적 지식인으로서 '사'의 사회적 책임을 환기하며 민생문제에 기여할 수 있는 실용적 학문을 모색하였다. 사회발전을 가속화하기 위한 대안으로서 이들은 청조로부터, 그리고 더 나아가 서양으로부터 선진문물을 수용하고 그들의 학문과 사상을 배워올 것을 제안하였다.

급변하는 사회상 속에서 이들은 연배가 내려갈수록 새로운 학풍('新學')과 문풍('新文')을 점차 더 적극적으로 받아들이는 경향을 보이며, 급기야 서울 경화학계에는 북학이 풍미하고 청조고증학과 외래의 자유분방한 문풍이 유행하게 된다. 추사에게 큰 영향을 주었던 박제가는 '당괴(唐魁)', 곧 청나라 문물 수용의 괴수라고 불리울 정도로 북학에 몰두하여 연암일파의 학자들이 자제를 당부할 정도였다. 그러나 그의 학문적 영향력이 컸던 만큼 그의 후배와 제자들에 의해 '신학'과 '신문'은 더욱 확산되었다.

북학이 성행하고 산림과 정통주자학의 영향력이 쇠퇴하면서 경화학계에서는 이미 송학(宋學)으로 상대화해서 보게 된 전통주자학과 외래의 청조고증학(漢學) 간의 학문적 우위논쟁–'한송논쟁(漢宋論爭)'–이 벌어지게 된다. 정조부터도 이미 한학을 이해하고 송학과 한학의 절충을 주장할 정도였으므로 이런 상황에서 경화학계에는 한학의 우위를 주장하는 입장까지 다양한 주장이 제출되었다.[8] 이제 한송논쟁의 가열과 함께 학문은 의리지학(義理之學), 사장지학(詞章之學), 경제지학(經濟之學) 외에 고증지학(考證之學)까지 네 개의 분과로 나누어 보게 되었고 경화사족 학자들의 '경학(京學)'은 이 중 어디에 주력하느냐에 따라 다양한 학문적 성향을 보이며 발전해 갔다.

서울을 생활권으로 하는 경화사족들이 크게 대두하여 정계와 학계를 이끌고 북학과 서학을 주도하게 되었던 것은 당시 경·향으로의 사회적 분기에 기인한 학계 분기의 결과이기도 했다. 정치와 경제 활동의 중심으로서 도시적 발전을 거듭하던 서울은 대청, 대왜 무역의 확대로 외래 문물 수용의 거점이 되었고, 외래 학문과 문예를 접할 수 있는 통로로서 개방적 분위기가 형성되었으며 경제적 융성을 배경으로 지방사회와의 격차를 벌려갔다. 지방사회는 서울에 비해 점차 낙후하게 되고 경화사족들의 서울생활에 대한 자긍심도 고조되어 '귀경천향지풍(貴京賤鄕之風; 서울을 높이고 지방을 멸시하는 풍조)'이 유력한 사회 풍조로 등장하였다.

더욱이 대대로 서울생활을 했던 경화사족이 사회의 주도세력으로 발돋움하고, 경주김씨, 청풍김씨, 반남박씨, 안동김씨 등 저명한 산림학자를 배출하였던 핵심적 문벌들이 왕실 외척으로 선택되어 경화거족으로 전신함으로써 학계의 주도권도 서울로 옮겨가는 추세였다. 호서지방을 근거로 한 호론(湖論)과 서울지역을 근거로 한 낙론(洛論) 사이에서 100년간에 걸쳐 벌어진 호락논쟁(湖洛論爭)에서도 농암(農巖) 김창협(金昌協), 삼연(三淵) 김창흡(金昌翕) 이래 도암(陶巖) 이재(李縡)와 미호(渼湖) 김원행(金元行)이 이끌던 낙론이 우위를 점하게 되었다. 더구나 송준길(宋浚吉), 권상하(權尙夏) 등 호서지역 핵심 산림의 후예들도 호론에서 벗어나 낙론으로 전환하여 '경학'을 하면서 서울 경화사족으로 학통을 이어가고,9) 호론의 영수 한원진(韓元震)의 제자였던 김한록(金漢祿)의 경주김씨 일문이 순조초 정치적으로 몰락하면서 경학의 우위는 더욱 확고해졌다. 앞시기까지 정계와 학계를 좌우하던 향촌의 산림학자들은 점차 사회적 영향력을 상실하고 중앙으로부터 소외된 채 향유로 전락하게 된다. '망아지를 낳으면 제주로 보내고 자식을 낳으면 서울로 보내라' 는 말은 이제 앞시기와 달리 서울이 정치 · 경제만이 아니라 문화와 학문 · 교육의 중심지로 부상하였던 이 시기의 상황을 반영하여 생긴 속담이었다.

그러나 '경학' 에서의 자유분방한 학문 활동의 전개는 정조대 중반 이후 정계에서의 정치적 난기류에 의해 장애에 부딪치기도 하였다. 박지원과 이서구, 박제가, 남공철, 김조순, 심상규, 서유구, 이상황 등 정조 측근의 학자들이 북학을 통해 '신학' 과 '신문' 을 추구하고, 이가환, 정약용, 이승훈 등 일군의 남인 학자들이 서학과 서교에 탐닉하자 제 정파 간 정쟁의 불씨가 되었던 것이다. 정조는 문체반정(文體反正)과 서학금단(西學禁斷) 조치를 동시에 내림으로써 이를 봉합하고자 하였으나, 노론 소론 · 남인의 대립 위에 더해진 시파 · 벽파의 갈등과 정조 정치력의 한계는 이들을 포함한 경화학계 학자들의 학문적 활기를 감퇴시켰다.

정조 최측근의 학자들에게 문체반정과 서학금단의 조치가 내려짐으로써 정조대 학문정치는 한계를 드러내었다. 이런 가운데 정조는 왕권강화를 위해 사도세자의 추숭사업을 서두른다. 세자가 15세 성년이 되는 1804년(갑자년)을 기하여 왕위를 넘겨준 후 상왕이 되어 화성으로 물러나고자 하는 이른바 '갑자년 구상' 을 수립하고, 1794년부터 화성신도시 건설사업('華城城役')을 추진하였다. 이때 화성신도시를 조선 사회발전을 가속화하기 위한 첨단의 기지로 조성하고자 채제공, 정약용, 조심태, 홍원섭, 박지원, 박제가 등 경화사족 학자들의 진보적 구상과 학문적 성과를 대폭 받아들여 시행하였던 것은 특기할 만한 일이었다.[10)]

그러나 화성성역의 추진과정에서 시 · 벽 간의 갈등은 더욱 심화되었고 정조의 정치적 의도에 대한 의구심이 증폭되었다. 정조는 정치력의 한계를 절감하는 가운데 자신의 측근인물들을 정계 전면에 배치하고 청론 사류 출신의 김조순을 외척으로 선택하여 장차 그에게 세도를 맡기려 함으로써 결과적으로는 외척세도로의 길을 열려고 하였다.

그러던 중 1800년 6월 정조가 서거하자 이후 일부 경화거족들 간의 연대 위에 외척세도정치가 등장하게 된다. 이제 정치권력은 사림과 그 영수였던 산림학자나 국왕이 아니라 소수 경화거족 세도가들에게 독점되었다. 우문군주의 서거와 함께 국왕의 지원에 힘입어 융성하였던 국가적 문화사업의 활기도 시들고, 정치적 영향력이 커진 몇몇 경화거족들과 그들의 지원을 받는 위항인들의 학문과 문예활동이 부각되면서 이들이 학풍과 문풍을 이끌고 이들에 의해 사적 영역에서 문화사업이 이루어졌다.

정조 사후 외척세도의 등장은 영조대 이래 탕평정치의 한계가 노정된 결과였으며, 정조의 우문정치 아래 성장하였던 경화학계의 새로운 지식층이 정권을 장악하는 계기가 되었다. 문체반정의 대상자였던 김조순, 남공철, 심상규, 서영보, 이상황 등 지식인들이 경화거족으로서 세도정권을 이끌어 가자 이들의 '신학'과 '신문'은 이후 세도정치 기간을 통해 조선의 학계와 문원, 예원을 주도하는 흐름으로 대두하였으며, 서울에는 북학풍이 유행하게 된다. 추사는 경화학계의 선봉에 서서 이러한 흐름을 이어나가며 새로운 학문과 예술을 구현하였다.

2. 청론의 분열과 외척세도

1800년 5월 30일(晦日), 자신의 정치적 지향과 인사정책에 순종할 것을 요구하였던 정조의 담화[이른바 '오회연교(五晦筵敎)']는 오히려 정국의 경색을 가져왔다. 정조로서는 자신의 입장을 정당화하려는 최후의 기도였지만 그에 대한 신하들의 태도는 냉담하였다. '귀근(貴近; 가까이 하는 특권세력)' 을 키우려는 것이 아닌가 하는 의구심을 갖게 하는 상황에서, 정조가 다시 탕평정치의 '호대(互對; 여러 당파의 인물을 고루 써서 균형을 맞추는 인사방식)' 의 원리를 부인하는 태도를 보임으로써 정조에 대한 신료들의 의구심은 증폭되었다. 지도력의 한계를 절감하였던 정조는 신병이 깊어가는 속에 서거 보름 전인 6월 13일 밤, 외척으로 내정되었던 김조순을 비밀리에 불러 그에게 세도를 위탁하는 밀지(密旨)를 줌으로써 즉위 후 견지했던 우현좌척론까지도 뒤엎는 듯한 태도를 보이기에 이르렀다.[11]

이 국면에서 정조는 신료들의 추종을 다그치며 엄청난 정신적 긴장을 감수하였지만 정조를 둘러싼 신료들, 특히 측근 청론사류들의 위기감도 만만치 않았다. 정조가 중용하려 하였던 남인에 대해 노론·소론의 견제가 가해지고, 이제는 노론·소론 간에, 그리고 노론 내부에서도 갈등이 나타났다. 많은 신료들은 실상 청론사류로서 정조의 지원을 받아 함께 정조조정에 나왔던 처지였다. 그러나 이제 격의없이 교류하던 동료들끼리 서로 비판하고 의심하는 처지에 서게 됨으로써 기왕에 시파와 벽파로 갈라진 청론사류 사이에 더 심한 내부 갈등이 야기되었고, 이들은 이런 상황을 야기한 정조의 독단에 대해서 실망감을 가지게 되었다. 이런 가운데 정조는 6월 초 병환을 얻었고, 거의 한 달 간의 투병 끝에 6월 28일 서거하기에 이른다.

정조가 서거하자 정국에는 엄청난 파란이 몰아 닥쳤다. 경주김씨인 영조의 계비 정순왕후가 어린 국왕을 대리하여 수렴청정을 하면서 노론벽파가 정계의 주도권을 잡게 된 것이다. 김조순의 딸은 왕세자빈으로 내정은 되었으나 간택 절차도 아직 끝나지 않은 상태여서 1802년 10월 대례(大禮)를 올리기까지 김조순의 위치는 불안하였다. 청론사류는 이미 정조대 중반부터 시파, 벽파로 분열된 상태에서 북학과 서학의 수용문제를 놓고 다시 갈등하였다. 더구나 정조의 서거로 정치적 구심점을 잃은 이들은 경주김씨, 반남박씨, 안동김씨 세 외척을 따라 갈라지고, 다시 이서구 · 서용보(徐龍輔)가 윤행임과 대립하는 등 자체의 분열로 정국을 이끌 수 있는 역량을 갖지 못하였다.

이런 가운데 심환지(沈煥之) · 김관주(金觀柱) · 권유(權裕) 등 벽파는 신유사옥(辛酉邪獄)을 통하여 권철신(權哲身) · 이가환 · 정약용 등 남인세력은 물론, 윤행임 · 서유린 · 김이도 · 심상규 · 심락수 등 노론 시파세력을 숙청하여 정조가 구축했던 탕평정치 질서를 일거에 와해시켰으며, 이어서 이서구 등 외척세도를 비판하며 청론을 고수하던 세력까지도 축출하였다. 이 과정에서 윤행임의 옥사에 연루되어 박제가는 함경도로 유배가게 되고, 서형수와 그 조카 서유구도 정계에서 축출되며, 이들을 이끌었던 박지원도 정계에서 은퇴하는 등 연암일파 학자들은 대체로 비운을 맞게 된다.

그러나 경주김씨와 벽파가 주도권을 쥔 상황은 단지 5년간 지속되었다. 1805년 초 정순왕후가 서거하면서 벽파의 기세는 급격히 꺾였고, 그 해 12월 우의정이 된 김달순(金達淳)이 첫 번째 경연에서 벽파의 입장을 재확인하려 들자 여기에 조득영(趙得永)을 필두로 시파들의 거센 비판이 쏟아지면서 정세가 일변하게 된 것이다. 순조의 장인 김조순과 순조의 외조부 박준원(朴準源) 등은 이 사건을 계기로 순조의 동의를 얻어내어 벽파를 일망타진하고 정권을 잡게 된다. '병인경화(丙寅更化)' 라 부르는 1806년의 이 정치적 사건 이후 정조가 키운 두 외척과 노론 · 소론 시파의 일부 세력이 연대하여 실권을 장악하였고, 이후 일부 시파 경화거족 주도의 척족 세도정치 체제가 확립되었다.

척족 세도정치의 전개과정은 핵심 척족 세도가의 진퇴에 따라 크게 여

섯 시기로 나누어 볼 수 있다.[12)]

제1기 ; '삼척정립(三戚鼎立)' 세도기 ; 순조 즉위년(1801)~순조 5년(1805)

제2기 ; 안동김씨 반남박씨 이척(二戚) 세도기 ; 순조 6년(1806)~순조 18년(1818)

제3기 ; 안동김씨 풍양조씨 이척(二戚) 세도기 ; 순조 19년(1819)~헌종 15년(1849)

제4기 ; 안동김씨 세도기 ; 철종 원년(1850)~고종 즉위년(1863)

제5기 ; 홍선대원군 세도기 ; 고종 즉위년(1863)~고종 10년(1873)

제6기 ; 여흥민씨 세도기 ; 고종 10년(1873) 이후

세도정치는 안동김씨, 반남박씨, 경주김씨 세 외척(三戚)이 '정립(鼎立)' 하여 권력을 분점했지만 왕실 제일의 어른이었던 정순왕후의 권위에 힘입어 그 친정인 경주김씨가 주도권을 쥐었던 시기로부터 시작된다. 그러나 정순왕후가 돌아가고 이어서 안동김씨와 반남박씨가 연대하여 경주김씨를 위시한 벽파를 일망타진하고(丙寅更化) 시파가 정권을 잡음으로써 시파 주도의 본격적 외척세도정치가 전개된다.

김조순은 정조 서거 직전 외척으로 지명되어 장차 전권을 부탁받을 만큼 정조의 신임을 독차지했고, 그가 연대한 세력도 정조 최측근에 포진했던 일부의 시파 관료학자들이었다. 이들은 정조가 신임했던 측근세력 중 남인을 배제한 노론·소론의 일부 세력이었고, 정조의 정권을 떠받쳤던 청론사류 가운데서도 외척의 정치주도를 용인하는 쪽으로 입장을 바꾼 소수의 인물들이었다. 그러므로 이들이 지향했던 정치는 정조가 원했던 대로 왕권이 주도하는 것도 아니고 청론사류가 원했던 대로 특권세력

을 배제한 사림 주도의 정치도 아니었다.

순조초년 벽파가 정국을 주도하면서 일으킨 신유사옥(辛酉邪獄) 등 대규모 숙청 작업에서 축출되었던 여러 신료 가운데 이들이 복권시킨 것은 일부에 불과했다. 김조순의 동지 김이도(金履度)와 심상규는 즉각 정계에 복귀하였지만, 김노충(金魯忠, 경주김씨 김귀주의 아들)과 박종경(朴宗慶, 순조의 외삼촌) 등 외척의 비리에 비판적이었던 윤행임은 물론, 청론의 입장에서 외척세도정치를 비판함으로써 숙청되었던 이서구, 그리고 서형수, 서유구 등에 대한 처벌조치와 정약용 등 남인들에 대한 처벌도 풀리지 않았다. 일부 노론시파의 외척세도정권이 공고해질수록 다른 정파와의 공존을 추구하는 탕평정치와 사림정치 원리는 수용되기 어려웠고, 특히 외척에 의해 정국이 주도되는 상황에서 우현좌척론과 같은 청론의 정치론은 설 땅이 없었다.

장기간의 외척세도정권 아래 때때로 정조대의 정치가 부각되면서 개혁을 주장하는 세력에 따라 우현좌척을 핵심으로 하는 사림정치론과 왕권강화론이 각기 대안으로서 표방되어 정국에 변수로 작용하곤 하였다. 하지만 언제나 외척을 누르고 그를 대신할 정치력의 확보에서부터 문제가 되었다. 사실 정조와 같은 능력있는 군주에 있어서도 이 두 정치지향의 절충은 어려운 과제였고 청론사류의 전반적 지지를 이끌어낸 위에서라야 국왕의 정국 주도를 이룰 수 있었다.

정조를 모델로 한 후대의 정치개혁이 정조대 정치의 이러한 실상을 제대로 인식하면서 진행된 것 같지는 않다. 그러나 외척세도에서 벗어나고자 할 때 국왕으로서는 정조의 왕권강화론이야말로 선뜻 내세울만한 모델이었고, 외척세도를 견제하고자 할 때 사림의 오랜 지론이자 정조시대의 공론이었던 우현좌척론은 외척을 비판하는 세력이 내세울 수 있는 가장 설득력있는 대안이었다.

성년이 된 순조가 1807년 경부터 친정체제를 강화하고자 했을 때도 그러했다. 순조는 정조의 정치적 지향을 환기하면서 외척세도에서 벗어나려는 노력을 수년 간 기울였으며, 정조대 이래 청론을 견지해 왔던 김재찬(金載瓚)의 보좌와 외가인 반남박씨 일문의 도움을 받아 정국을 주도해 보려 시도하였다.[13] 그러나 이 시도는 '천생오태사'를 중심으로 결속하였던 안동김씨 세력에 비해 지지기반이 취약하였던 데다가 반남박씨라는 또다른 외척에 의존하였던 까닭에, 이러한 약점을 파고들며 진행된 정치공세 때문에 성공하기 어려웠다. 순조의 외삼촌인 박종경은 1812년 청론을 표방하는 조득영(趙得永)의 공격을 받아 세력이 꺾이었고, 1817년 박종경의 죽음과 1822년 수빈박씨(순조 생모)의 서거로 반남박씨 세력이 점차 약화되면서 순조의 시도는 좌절되고 말았다.

정조를 모범으로 한 왕권강화 노력은 순조의 외아들인 효명세자(孝明世子, 1809~1830, 훗날 익종(翼宗)으로 추존됨)가 성년이 되면서 그에 의해 다시 점화되었다. 왕세자에게 큰 기대를 걸었던 순조는 1827년 2월, 19세의 세자에게 대리청정을 명하기에 이른다. 왕세자는 정조대와 같은 강력한 왕권을 꿈꾸며 김재찬의 조카인 김로(金鏴, 1783~1838)를 중심으로, 홍기섭(洪起燮, 1776~1831, 洪啓禧의 증손, 趙曮의 외손), 이인부(李寅溥, 1777~?)와 추사의 생부인 김노경(金魯敬, 1766~1837), 그리고 훗날 김로와 함께 '익종사각신(翼宗四閣臣)'으로 지칭된 서준보(徐俊輔, 1770~1856, 徐有隣의 양자), 서희순(徐熹淳, 1793~?, 徐龍輔의 조카), 김정집(金鼎集, 1808~1859, 金思穆의 손자), 기타 이지연(李止淵, 1777~1841, 조만영과 사돈), 이기연(李紀淵, 1783~?) 등 다양한 정치세력을 결집하여 정계의 세력판도에 변화를 모색하였다. 그는 같은 또래의 박규수(朴珪壽, 1807~1876)와 김세균(金世均, 1812~1879) 등과도 친밀히 교류하며 외척세도정치의 일신을 명분으로 정계를 재편하려 하였다.

효명세자빈을 배출하면서(1819년) 외척이 되었던 풍양조씨 일문은 이때만 하여도 아직 정계의 전면에 나서지 않고 있었다. 세자빈의 아버지인 조만영(趙萬永, 1776~1846)이 훈련대장으로서(1828년 윤5월~1835년 7월) 군권을 장악하여 세자를 외호(外護)하는 역할을 맡고 있을 뿐이었다.

이런 가운데 효명세자는 할아버지인 정조의 정치를 되새기며 왕실의 위상 회복을 위해 노력하였다. 규장각의 기능을 다시 활성화하여 우문정치를 표방하면서 정조대 청론사류의 정치적 지향을 환기하였다. 이인부는 이러한 세자의 입장에 부응하여 '사류(士類)' 와 '청의(淸議)' 의 입장에서 '우현좌척' 을 강조하면서 새로운 정치적 기풍을 조성하여 정국을 쇄신할 것을 주장하였다. 그러면서도 '청류(淸流)' 와 '세신(世臣)' 의 조제를 주장하는 등 신진세력과 세도문벌의 공존 논리를 제시하여 타협의 여지를 보이기도 하였다. 그러나 실제로는 '우현좌척' 이라는 청론의 입장에서 '사류' 를 자처하며 안동김씨 쪽 주요 인사들을 탄핵하여 정계의 세력판도에 변화를 일으키고자 하였다. 추사가 안동김씨 쪽의 원로대신인 심상규의 비리를 고발하여 사임시키는데 가담하는 등 안동김씨 쪽을 압박하였던 것도 그 일환이었다. 같은 경주김씨였지만 정순왕후의 벽파와 거리를 유지함으로써 병인경화를 무사히 넘긴 추사일문은 이때 청론적 입장을 표명하며 세자를 돕는 핵심적 역할을 담당하였다.[14]

한편 1829년 11월에 발발한 신의학(愼宜學) 옥사와 그 처리과정은 이시기 청론의 의미와 한계를 여실히 보여준 사건이었다. 신의학이 상소를 올려 '오회연교' 에 나타난 정조의 왕권강화론을 환기하고 이서구를 예로 들면서 청론의 지향을 강조한 것이 사건의 발단이었다. 이는 효명세자 일파의 정치적 지향을 정당화하는 것이기도 했다. 그러나 세자 쪽으로서는 신의학의 주장을 용인할 때 오히려 반대세력으로부터 그 배후로

의심받아 반격을 당하는 등 정치적 반발에 직면할 위험성이 크다고 보았다. 이에 세자는 신의학을 즉각 처단하고 상황을 봉합하고자 하였다.

과연 안동김씨 쪽에서는 신의학 상소의 배후를 의심하면서 이를 벽파의 재기 기도로 몰아 공격하였으며 이를 통해 청론에 입각한 정치론과 이를 지지하는 여론에 쐐기를 박고자 하였다. 안동김씨 쪽의 원로로서 당시 영의정이었던 남공철(1760~1840)은 신의학은 물론 그의 상소문에 언급되었다는 것만으로 이미 고인이 된 이서구(1754~1825)에 대해 추탈관작하는 조치를 주도하기에 이른다. 청론을 고수하면서 외척세도를 비판하다 1805년 정계에서 축출되었으며, 이후 재야에서 은거하다 서거하였던 이서구는 당대 청론의 상징적 인물이었다. 정조가 특별히 키운 호남문제 전문가로서 그는 세도정권의 강권에 의해 3년간 호남감사 직을 맡아 흉년으로 위기에 처한 호남을 안정시킴으로써 여론의 기대를 한몸에 모은 바 있었다. 그러나 세도정권에 협력하지 않았던 그는 그의 정치적 입장 때문에 사후에, 다른 사람도 아닌 가장 친밀했던 친우로부터 공격받아 벽파로 매도당한 채 정치적으로 매장되기에 이르렀다.[15)]

남공철은 청론의 핵심 인물이었던 남유용의 아들로서 정조의 청론 등용에 따라 입신한 인물이었다. 그는 연암 박지원 문하에서 함께 북학사상을 익혔던 동문이었고, 1825년 이서구가 서거했을 때 그의 묘비문을 쓸 정도로 긴밀한 사이였다. 그러나 남공철은 이서구를 탄핵하여 추탈관작을 주도하였으며 이후 남공철이 지은 이서구의 묘비는 후손들에 의해 쓰러뜨려져 땅속에 묻히게 되었다.[16)] 이러한 일련의 과정은 사림청론이 외척세도 하에서 어떻게 분열되고 굴절되어 가는가를 확연히 보여준다. 또한 세도정치 하에서 연암일파 지식인이 걸었던 엇갈린 정치 행로와 그에 따른 분열의 모습을 여실히 보여주고 있다.

효명세자와 그 측근세력의 정치적 입장은 신의학옥사의 처리과정에서 드러났듯이 청론을 표방하면서도 실상 이처럼 취약한 것이었다. 그러므로 1830년 5월 효명세자의 돌연한 서거 이후 세자를 둘러싼 신흥 정치세력은 일거에 몰락하게 된다. 안동김씨의 종주로서 은인자중하며 사태를 지켜보던 김조순이 직접 나서서 남공철, 심상규 등 동지들과 함께 이들을 공격하자, 아직 정치적 입지가 확고하지 않았던 세자의 측근세력들은 사류(士類)를 자처하면서 정권을 농단한 간신으로 몰려 모두 정계에서 축출되고 실세하게 되었다.

김로, 이인부, 홍기섭과 함께 추사의 아버지 김노경은 '전권사간(專權四奸)' 중 한 사람으로 비판받았으며, 8월에는 박종훈(朴宗薰), 신위(申緯), 류상량(柳尙亮) 등과 함께 윤상도의 탄핵을 받았다. 더욱이 1826년 비인현감 재직시 공충우도 암행어사였던 추사에게 탄핵받아 파직되었던 김우명(金遇明)이 추사와 김노경을 '뜻이 높은 척하고 사류를 자처하였으나' 실상은 '권간(權奸)'이었다고 거듭 공격하자 결국 김노경은 실각하고 말았다. 그는 11월 고금도로 유배를 가서 3년 후인 1833년 9월까지 유배생활을 해야만 했다.[17)] 이로써 순조와 익종이 정조대 청론의 입장을 내세우며 추진했던 왕권강화 노력은 수포로 돌아갔고, 사류의 우현좌척론은 다시 침몰하였다.

효명세자를 구심점으로 집결했던 인사들은 외척세도를 반대하는 청론적 입장을 표방하며 연대하였다. 하지만, 그들끼리도 나뉘어져 있어 이념적 동질성을 가지기 어려웠던 데다가, 실상은 배후의 풍양조씨 외척에 의존하면서 외척을 비판하는 자가당착에 빠져 있었다. 이런 가운데 세자라는 구심점을 잃은 이후 이들은 정치세력으로서의 단결을 더이상 유지하기 어려웠다. 세자의 죽음 이후 이들은 정치적 좌절을 맛보게 되었고 이들 정치세력의 와해와 함께 청론적 입장도 무너지고 말았다.

이후 정국은 정치권의 세대 교체가 이루어지면서 외척이 전면에 나서서 세도를 하게 된다. 정계 배후에서 실력자로 머물렀던 김조순, 조만영 등 1세대 세도가들이 물러나자, 그 다음 세대들은 세도가로서 공공연히 정치를 주도하게 된 것이다. 이후 외척세도를 비판하였던 사림청론과 우현좌척론은 다시는 정계의 전면에 등장하지 못하였다. '하고픈 말을 하지 못하는 것이 평생의 한' 이라던 지식인 일각의 탄식은 외척세도정치가 확고해진 이 시기의 억압된 분위기를 반영한 것이었다. 정조를 모델로 한 왕권강화론이 간헐적으로 제기되곤 하였지만 사림청론을 내세운 정치개혁의 노력은 이후 다시는 나타나지 못하였다. 그런 면에서 추사를 포함하여 사류를 자처한 세력들이 효명세자를 중심으로 추진하였던 정치개혁의 노력과 그 좌절은 조선후기 정치사의 한 획을 그은 사건이었다고 하겠다.

제2장

추사 김정희와 추사일문

김정희 초상화

1. 추사의 정치적 부침

1834년 효명세자의 아들이었던 헌종(憲宗, 1827~1849)이 즉위하자, 정계에는 타협의 분위기가 감돌았다. 세자를 둘러싼 세력의 와해를 확인한 안동김씨의 용인 하에 효명세자 대리청정시의 정치적 앙금을 정리하는 조치가 취해졌다. 헌종 원년 정월에 김로, 이인부, 김노경 등의 죄안(罪案)을 벗겨주고 이들 세자 세력들이 개별적으로 정계에 복귀하도록 조치하였던 것이다. 또한 효명세자의 외척인 풍양조씨 일문이 어린 헌종의 보도를 명분으로 정계의 전면에 등장하면서 그 인척이었던 윤행임(尹行恁)의 관작을 회복시켜 복권시키는 등 오랜 현안도 풀어가게 된다.

이후 정치권의 세대 교체가 가속화되어 정국은 두 외척을 중심으로 재편되었고 정국은 이들 사이의 타협으로 소강상태를 유지하였다. 안동김씨 쪽에서는 김조순(1765~1832)의 서거 이후 그 아들인 김유근(金逌根, 1785~1840)과 조카인 김홍근(金弘根, 1788~1842), 김홍근(金興根, 1796~1870) 등이 세도의 중심인물이 되었으며, 풍양조씨 쪽에서는 조인영(趙寅永, 1782~1850), 조병구(趙秉龜, 1801~1845, 조만영의 아들)를 중심으로 권돈인(權敦仁, 1783~1859), 김정희가 연대하여 대립하게 된다. 실상 비슷한 연배의 이들은 서울 경화거족가의 자제들로서 어려서부터 밀접히 교유하고 정조대 후반기 경화학계의 개방적 분위기 속에 신학과 신문을 수용하는 등 공통의 성장 배경을 가지고 있었다. 이들은 추사를 중심으로 한 북학의 동지이기도 한 사이였다.

그러나 정치세력 간의 균형을 바탕으로 유지되었던 이들의 친밀함은 치열한 권력 쟁패 과정에서 결국 깨어지고 말았다. 1840년 7월 안동김씨 측의 김홍근이 10년 전의 윤상도 옥사를 재론하면서 추사를 공격하게 된 것이다. 그러나 이 결과 사건은 예상치 못한 방향으로 전개되어 두 세력 모두 큰 타격을 입은 채 사건을 마무리하게 된다. 사건을 재조사하는 과정에서 안동김문의 김양순(金陽淳)이 윤상도를 교사한 배후로 드러나 장살(杖殺)되었고, 추사는 조인영의 도움으로 사형을 면하고 제주도로 유배되며, 이지연, 이기연과 이학수(李鶴秀; 김노경의 조카사위)도 유배되는 등 풍양조씨 쪽에서도 그만한 희생을 치르게 된 것이다.

김양순은 안동김씨 외척의 주류였던 김상헌(金尙憲) 계열이 아니라 김상용(金尙容) 계열의 인물로서 이 사건의 책임을 덮어쓰게 된다. 당시 최고의 중국통이었던 추사는 동지부사(冬至副使)로 임명되어 청나라로 떠날 날을 기다리고 있었지만 이 사건의 결과로 청나라 사행길이 아니라 제주도로 유배의 길을 떠났다. 그는 청나라에 막강한 우호세력을 가지고 있었던 까닭에 사행(使行) 이후 그의 위상 강화는 물론이고 정계 판도에도 큰 변화가 올 것이 예상되었다. 이에 안동김문은 윤상도옥사를 재론함으로써 정계의 세력판도에 변화가 야기되는 상황을 막으려 하였고 김정희를 희생양으로 삼아 두 외척의 세력균형을 유지하는 선에서 사건을 마무리지었던 것이다.[18)]

이제 정계에서 축출된 추사에게 정치적 역할은 허용되지 않았다. 외척 간의 타협에 의한 권력 독점 상황에서 추사는 바다 건너 제주도에 갇힌 채 편지로 외부세계와 연락을 취하며 고답적 서화예술의 세계로 침잠해 들어가게 된다.[19] 그러나 이 고난의 시기에도 추사는 제자로서 역관(譯官)인 이상적(李尙迪, 1804~1865) 등을 통해 청나라의 지인들과 소식을 전하고 새로운 지식도 수용하면서 북학을 더욱 심화시켜 갔다. 그는 청조 금석고증학에만 안주하지 않고 그 공소성을 넘어서려던 청조의 새로운 학풍인 경세학(經世學)에 대해서도 관심을 기울이며 이를 받아들이고 있었다. 당시 이 분야의 새로운 성과인 『해국도지(海國圖志)』와 『경세문편(經世文編)』까지도 섭렵하면서 학문의 범위를 넓히고 서양에 대한 이해를 심화시켜 이를 바탕으로 조선이 당면한 문제에 대해 대비하려 했다. 이양선(異樣船)의 출몰 등으로 위기의식이 고조되고 있었지만 서양의 침략보다는 내부 민심의 이반을 더 우려하는 입장을 취하면서 내수(內修)의 중요성을 피력하였던 추사의 입장은[20] 그의 동료와 후배들에게도 영향을 주었다.

외부세계와 단절되었던 그는 새로운 지식이 담긴 서적을 갈구하였다. 이런 과정에서 노력을 아끼지 않은 문인 이상적에게 그는 〈세한도(歲寒圖)〉를 그려주게 된다. 악조건 속에서도 더욱 불타오른 미지의 세계와 새로운 학문 분야에 대한 추사의 열망은 이 그림을 통하여 다시 청나라의 지인들에게 알려졌으며 신지식에 대한 그의 섭렵은 계속되었다.[21]

한편 1841년부터 성년이 된 헌종이 친정하면서 정국은 변화의 기운을 맞게 된다. 헌종은 외가인 풍양조씨 쪽을 더욱 신임하여 이들에게 실권을 주면서 순조와 효명세자 이래의 숙원이던 왕권강화를 이루려고 시도하였다. 1841년 4월 조인영이 영의정이 되고, 1845년 1월에는 권돈인이 영의정이 되는 등의 정치적 상황 속에 헌종은 역시 정조의 정치를 모범으로 하여 규장각을 활성화하고 초계문신제도를 복구하여 친위세력을 키우고자 하였다. 또한 조병현(趙秉鉉, 1791~1849, 조득영의 아들)과 윤치영(尹致英), 윤치수(尹致秀, 1797~1866) 등 측근세력을 내세워 정조대의 장용영(壯勇營)을 모델로 총위영(摠衛營)을 설치하여 군권 장악을 시도하는 등 급속한 정국 변화를 모색하였다.[22)]

이러한 헌종의 시도는 측근세력 일부만을 내세워 추진했던 것으로 그 지지기반은 취약하였다. 총위영 설치의 경우엔 영의정이었던 권돈인까지도 반대하는 상황이었다. 청론이 와해된 후 재편된 풍양조씨 세력은 확고한 구심점을 갖지 못하였고, 외척세도의 틈새에서 측근세력 일부만을 기반으로 추구하는 왕권의 강화란 애초부터 그 한계가 분명하였다. 결국 이 모든 시도는 무위로 돌아가고 만다.

이 시절 조인영 권돈인 같은 절친한 친구들이 연거푸 영의정을 지내고 있었지만 그럼에도 추사는 유배생활을 계속할 수밖에 없었다. 하지만 이 기간에 그가 선도한 예술은 시대의 주류로 부상하였고 북학은 경화학계의 지배적 학풍이 되었다. 그가 제기한 한송불분론(漢宋不分論)은[23)] 한송논쟁으로 이론(異論)이 분분하던 경화학계에서 정통주자학과 청조고증학을 조화시키는 기준적 입장이 되었다. 서울에서는 위항인과 경화거족, 그리고 국왕에 이르기까지 추사의 글씨를 따라 쓰고 그의 예술론이 풍미하였다. 헌종은 추사의 글씨를 받아다 궁궐의 현판들을 바꾸어 달기까지 하였다. 비록 유배지에 갇혀 있었지만 북학을 통해 국제정세에 해박하였던 추사에게 영의정 권돈인은 이양선 출몰 등의 문제에 자문을 구할 정도로 그의 학문은 시대의 문제에 대하여도 선진적인 것으로 인정받았다.

이런 가운데 추사는 8년의 세월이 흐른 1848년 12월에 가서야 그의 학예를 애호하였던 헌종의 결단에 따라 유배에서 풀려나 귀환할 수 있었다. 추사의 문인인 신관호(申觀浩, 1810~1888)도 이즈음 헌종의 각별한 은총을 입어 금위대장에 취임하고, 추사의 심복인 조희룡(趙熙龍, 1789~1866)과 오규일(吳圭一)은 '액속(掖屬)'으로서 헌종 측근에 포진하여 있었다. 이런 가운데 정국 상황도 서서히 호전되어 다시 추사가 그 뜻을 펼 수 있는 시기가 도래하려는 듯도 하였다.

그러나 바로 이때 헌종이 서거하고 철종이 등극하면서 정국은 다시 일변하고 추사의 재기도 어렵게 되었다. 1849년 6월 헌종이 23세의 나이로 서거하자 왕실의 어른이었던 순원왕후 김씨(김조순의 딸)가 강화도에서 철종을 데려다가 순조에게 입양시켜 대통(大統)을 잇도록 하고 자신이 수렴청정함으로써 안동김씨의 세도기반을 더욱 공고히 하였기 때문이다. 공교롭게도 이해 12월 풍양조씨의 중심이었던 조인영이 서거하면서 두 외척세력 간의 균형은 다시 한쪽으로 기울었다.

철종 즉위 직후 헌종의 심복이었던 조병현이 권간(權奸)으로 몰려 죽음을 당하고, 윤치영 · 신관호는 이러한 정치상황 속에 정계에서 축출되어 유배를 가게 되었다. 이어서 철종의 왕통을 둘러싼 전례논쟁인 '진종(眞宗; 영조의 장자이자 사도세자의 이복형인 孝章世子가 추존된 이름) 조례론(祧禮論)' 에서 안동김씨 일문은 산림학자 홍직필(洪直弼)까지 동원하여 조천(祧遷) 불가(不可)를 주장하는 권돈인의 예론을 공격하였고 논란 끝에 결국 진종을 조천하는 것으로 결론지었다. 이에 예를 잘못 거론한 책임을 물어 권돈인은 낭천으로 유배보내고, 그 배후로 지목된 추사는 다시 북청으로 유배가게 되었으며, 이들의 심복이었던 조희룡 · 오규일 등도 각기 유배형을 받았다.(1851년 7월)

이로써 안동김씨 세력은 정국을 완전히 장악하게 되었으며, 이후 안동김씨 주도의 정국구도는 1863년 철종 서거에 이르기까지 공고히 유지되었다. 추사가 유배에서 풀려나 돌아온 것은 이듬해 1852년 8월이었다. 그러나 그의 영향력에 민감하였던 안동김씨 세도정권은 그의 사면과 복권을 미룬 채 그의 동향을 예의주시하였다. 추사는 서울에 들어오지 못하고 과천과 봉은사 등 서울 외곽을 맴돌며 조용히 예술활동에만 전력하게 된다. 이러던 중 추사는 1856년 10월 10일, 71세로 서거하였고 이제 한 시대의 정치지도자이자 학예의 종장이 사라지자 그에 대한 우려를 덜게 된 세도정권은 이듬해 추사와 그 아버지 김노경의 사면 복관을 시행하였다.

2. 추사일문의 대두와 추이

어떤 견제도 없이 지속되었던 안동김씨 세도는 1863년 철종의 서거 이후 결정적 변화를 맞게 된다. 김조순의 딸인 순원왕후가 돌아간(1857년 8월) 후 왕실의 최고 어른이 된 조대비(趙大妃, 조만영의 딸 효명세자빈)가 홍선군(興宣君) 이하응(李昰應, 1820~1898)의 아들을 새임금으로 세우고 익종(효명세자)의 대통을 잇도록 하였으며, 수렴청정을 하게 된 조대비의 위촉에 의해 홍선군이 대원군(大院君)으로서 세도를 장악하였기 때문이다.

추사 김정희의 문인이었던 홍선군은 신관호(1810~1884), 홍순목(洪淳穆, 1816~1884), 오경석(1831~1879), 민규호(閔奎鎬, 1836~1878)를 위시한 추사의 문인 제자들은 물론, 효명세자가 총애했던 박규수(연암 박지원의 손자)와 김세균(김상용 후손, 풍양조씨 조진관 외손)을 중용하여 이들에게 실권을 주어 개혁적 시책을 펴나갔다. 특히 박지원의 손자로서 가학인 북학을 계승하여 경제지학(經濟之學)을 연구하고 국제정세를 예의 주시하고 있었던 박규수는 홍선군 정권의 핵심관료가 되어 홍선군의 부국강병책과 외교정책을 보좌하고 병인양요와 신미양요, 그리고 훗날 강화도조약에 이르기까지 정책결정 과정에 중심적 역할을 담당하였다.[24]

이들과 함께 홍선군 정권에서는 '위항지사(委巷之士)' 들의 활약이 두

드러졌다. 홍선군은 추사문하에서 배출된 여항 출신의 뛰어난 인재('閭巷奇才')들을 실무를 담당하는 위치에 배치하여 그 능력을 대폭 활용하였던 것이다. 경화거족의 경우처럼 여항인의 경우도 이제는 '여항거족(閭巷巨族)' 이라 불릴 정도의 명문이 형성되었고 이들이 홍선군 정권의 기반이 되었다. 추사로부터 직접 서화지도를 받았다고 『예림갑을록(藝林甲乙錄)』에 소개된 추사의 문인 14명(金秀哲, 許維, 李漢喆, 金繼述, 李亨泰, 柳湘, 韓應耆, 李啓沃, 朴寅碩, 田琦, 劉淑, 趙重默, 劉在韶, 尹光錫) 가운데 유재소(1829~1911, 朴允默의 외손)는 홍선군의 신뢰받는 겸인으로 활약하였고, 윤광석(1832~?)은 의정부팔도도집리(議政府八道都執吏)로 발탁되어 제반 행정의 실권을 쥐고 걸출한 능력을 발휘하였다. 또한 김계술의 종질로서 그와 함께 추사를 따랐던 소당(小棠) 김석준(金奭準, 1831~1915)은 호조집리(戶曹執吏)로 활약하였다.[25]

홍선군은 이들 위항지사들을 심복으로 거느리고 이들을 통해 서울 위항의 많은 지식인들을 포섭하였다. 형조집리 오도영(吳道榮)과 예조집리 장신영(張信永) 등이 참여하였던 속칭 '만리장성집' 에서의 위항시사(委巷詩社)는 경복궁 중건 시에 홍선군이 수축해 준 칠송정(七松亭)에서 벌어졌던 것으로 서울 위항 지식인들의 후원자로 홍선군이 등장하고 있음을 보여준다.[26] 홍선군은 사회적으로나 경제적으로 큰 성장을 이루어내고 학문과 문예에도 뛰어난 실력을 발휘하던 위항지사들을 이런 방식으로 거느렸고 위항지사들은 그들의 사회경제적 성장에 걸맞는 정치적 진출의 기회를 이곳에서 얻고 있었다.

이런 가운데 정조대 이후 북학을 주도하였던 경화학계의 여러 계열 지식인들, 특히 연암일파의 후예와 추사일문은 홍선군의 집권으로 힘을 합치고 더 큰 영향력을 발휘할 계기를 맞이하였다. 정조대 이후 대를 이어 학예를 계승하였던 이들은 당색과 신분을 뛰어넘는 개방적 교류로 대표적 지식계층이 되어 학계와 문원, 예원을 주도하고 정치에도 큰 영향력을 행사하게 되었다. 예컨대 서유구(徐有榘), 김매순(金邁淳), 홍석주(洪奭周), 홍현주(洪顯周), 윤정현(尹定鉉), 조종영(趙鐘永) 등 경화학계 선배들의 촉망을 받았던 박규수는 김상현, 조면호, 윤종의, 홍양후(洪良厚; 담헌 홍대용의 손자), 신석우(申錫愚), 신석희(申錫禧), 남병철(南秉哲), 김영작(金永爵) 등 동료들과 함께 세력을 결집하여 홍선군 정권에 협력하고 이후 조선 사회 변화에 중추적 역할을 수행하게 된다.[27]

그러므로 집권 초기, 이들의 능력을 동원하여 추진된 홍선군의 개혁정치는 외척세도의 폐단을 제거하고 국정을 정상화하는데 상당한 실효를 거두어 여론의 광범위한 지지를 받았다. 그러나 홍선대원군 역시 앞시기 경화거족 세도가들처럼 독단적 권력행사로 점차 지식층과 사회여론의 반발을 받게 되고, 세도정치적 정국운영방식에 편승함으로써 정치력의 한계를 보이게 된다.

홍선군은 추락한 왕실의 권위를 어느 정도 회복하였지만 기존 세도정치체제를 청산하진 못하였다. 외척은 아니지만 어린 임금의 아버지라는 특별한 관계를 근거로 운현궁(雲峴宮)에 앉아 '대원위분부(大院位分付)'를 통하여 특권을 행사하였던 홍선군은 역시 척족으로서 새로운 세도가가 된 셈이었다. 앞시기에 선배들이 표방했던 사림청론은 이미 잊혀졌고 변화된 사회관계를 아우르고 여론을 수렴할 제도적 장치나 새로운 정치이념 없이, 그 역시도 마치 앞시기 세도가들이 자기집 사랑방에 문객을 끌어모으고 문하의 겸인을 부려 실권을 행사하는 방식으로 정치를 해나갔으므로 정치체제의 구조적 개혁은 불가능하였다. 정규 관료체제에서 벗어난 사적인 통로를 통하여 정책이 집행되고 이 과정에서 나타난 겸인 서리 등의 발호는 많은 폐단을 야기하였다.

홍선군은 새로운 정치세력을 자신의 기반으로 결집하는 데에도 실패하였다. 남인, 소북 등 그간 소외되었던 정치세력을 등용하였지만, 이는 앞시기 정조의 탕평정치를 모방하는 정도였고 이들이 정권의 한 축이 되어 실권을 행사하는 단계에 이르진 못하였다. 그러므로 경화거족 내에서의 새로운 인재의 기용은 금방 어려움에 봉착하여 안동김씨 등 앞시기 세도정치하의 정치세력을 재기용하거나 온존시킬 수밖에 없었다. 영남, 서북, 관북, 개성의 향유와 중서층 위항인 등을 등용하여 지역과 신분 차별을 넘어선 인재 등용의 길을 열고자 하였지만 여기서도 이들을 정치세력화하거나 이들의 진출을 제도화하는 등의 구조적 개혁에 이르지 못한 것은 마찬가지였다.

서울 여항의 경화사족 중에는 최한기(崔漢綺, 1803~1877)와 같은 신흥 유산계층이 대두하여 욕망의 추구와 부의 축적을 정당화하고 그들 나름의 새로운 철학과 사회이념을 제기하면서 정치 참여를 열망하고 있었다. 최한기는 유영하(柳榮河)의 겸인이었던 고산자(古山子) 김정호(金正浩)와 함께 국내외 지리학의 지식을 망라하여 연구하는 등, 이들은 북학에서 한 걸음 더 나아가 서학까지도 직접적으로 탐구하였다. 최한기는 남대문 근처 자기집 사랑방에 앉아 청나라를 통해 들어온 서양의 최신 지식과 서적을 입수하여 연구하였고, 서양 지식인들과의 교류를 위해 자신의 저서(『氣測體義』)를 북경의 유리창에서 출판할 정도로 대외 교류에 열심이었다.[28)]

실상 홍선군 자신과 정권에 참여한 여러 인물들도 당시로서는 해외 정세에 가장 밝았던 지식인들이었다. 홍선군은 박규수와 신관호 등의 보좌를 받아 청나라에서의 양무론(洋務論)과 그 정책방향을 받아들여 부국강병책(富國强兵策)을 추진하였다. 그러나 홍선군은 척족세도가로서 의식의 한계를 넘어서지 못했다. 사족의 외연이 극도로 확대된 상황에서 그는 유산계층의 능력을 중시하고 이들을 우대하였지만 이들과 정치적 연대를 생각하진 않았다. 휘하의 겸인, 서리 등 중간계층에게 대신(大臣)을 능가할 정도의 신임과 실권을 주면서도, 제도적 개혁을 통해 이들을 정규 관료체계로 끌어들여 새로운 정치세력으로 결집하여 연대하고자 하지도 않았다. 그는 경화거족으로서의 기득권과 세도가로서의 특권적 지위가 흔들릴 수도 있는 사회적 변혁을 원치 않았고 이는 그의 정책과 정권이 그토록 쉽사리 무너지는 배경이 되었다. 결국 이들 신흥계층의 정규 고위관료로의 진출은 그가 실각한 뒤 10년도 안되어 1882년 7월 22일 '무릇 평안도 함경도 개성지역 출신과 서얼 의관 역관 서리 군인 출신(凡西北松都庶孼醫譯胥史軍伍)' 도 현직(顯職)에 취임할 수 있도록 할 것을 선언한 고종의 교서에 따라 본격화하게 된다. 이후 이들은 놀라운 정치적 진출을 실현하여 시대의 변화를 가속화하는 선두에 서게 되었다.

홍선군 정권은 이처럼 폭넓고 확고한 지지기반을 구축하지 못하였던 데다가 그의 세도는 형식상 국왕으로부터의 위임에 근거한 것이었으므로 국왕이 위임을 철회할 때 일거에 무너질 수밖에 없는 한계를 가지고 있었다. 민보(民堡), 사창제(社倉制), 호포법(戶布法) 등 개혁적 시책을 시행하고 더구나 서원(書院) 철폐를 강행하면서 향유(鄕儒)를 위시한 사족층 일반의 저항에 부딪쳤던 그는 경복궁(景福宮) 중건과 원납전(願納錢) 모금, 당백전(當百錢)과 청전(淸錢) 유통 등 일련의 정책을 시행하면서 유산계층은 물론 일반민으로부터도 원성을 사게 되고 박규수 등 주변의 관료들로부터도 신뢰를 잃게 되었다.[29)]

그가 정치력에 한계를 보이는 가운데 이제 성년이 된 고종도 반발하게 된다. 친정(親政)을 하고자 한 고종의 의중에 따라 명성왕후 민씨와 그 일족이 배후에서 움직이고, 최익현(崔益鉉) 등 재야 유림이 탄핵을 하는 가운데 고종이 홍선군이 입궐하던 궁궐문을 전격적으로 막아버리자 그는 집권 10년만인 1873년 11월 5일 일거에 실각하게 된다.

홍선군의 실각은 추사일문이 갈등을 보임으로써 나타난 결과였다. 추사 문하의 동문이었던 민태호(閔台鎬, 1834~1884), 민규호(閔奎鎬, 1836~1878) 등 여흥민씨들이 점차 고립되었던 홍선군을 제치고 외척으로서 세도를 잡은 것이다. 그러므로 홍선군의 실각 이후로도 추사일문과 그 후예들, 그리고 박규수와 그 문하 인사들은 대체로 조정에 그대로 남았다. 홍선군이 물러난 지 한 달 후(12월 2일) 박규수는 우의정에 올랐으며 홍선군이 채택했던 부국강병책은 이후로도 정책의 기조가 되었다.

고종은 친정 이후 정조의 정치를 모범으로 규장각의 기능을 복원하고 무위영(武衛營)을 강화하는 등 왕권강화 시책을 취했다.[30] 하지만 여흥민씨의 세도로 다시 외척세도정치가 재연되고 홍선군 세력과의 갈등이 노골화하는 가운데 왕권은 오히려 더욱 불안하였다. 전통적 질서가 와해되고 사회변혁의 요구가 고조되었지만 세도정치의 구태가 여전한 가운데 정권은 구심점을 잃고 개혁은 일관성을 잃은 채 표류하기도 했다. 아래로부터 민의 동요와 밖으로부터 외세의 침투까지 가중되어 1876년 개항 이후의 조선 사회는 더 큰 혼란을 경험하게 된다.

한편 홍선군이 퇴진하고 박규수(1807~1876), 민규호, 오경석(1831~1879) 등이 서거한 이후 정치권에서는 급속한 세대 교체가 진행되었다. 추사의 문인이었던 민태호의 아들 운미(芸楣) 민영익(閔泳翊, 1860~1914)이 명성왕후의 지원 아래 스물 미만 약관의 나이에 세도가가 되어 전권하는 가운데, 민영익의 주변에는 '8학사(八學士)'로 불리웠던 김옥균(金玉均, 1851~1894), 홍영식(洪英植, 1855~1884), 어윤중(魚允中, 1848~1896) 등 2~30대 경화거족가의 청년자제들이 포진하여 김윤식(金允植, 1835~1922), 유길준(兪吉濬, 1856~1914), 김홍집(金弘集, 1842~1896), 서광범(徐光範, 1859~1897, 서용보 증손), 박영효(朴泳孝, 1861~1939) 등 박규수의 문하를 함께 드나든 동문들과 함께 개화시책을 주도하였다.[31]

〈노론 경화사족의 학풍 계승〉

* 실선(——) : 사승(師承) 관계
점선(·····) : 혈연(血緣) 관계

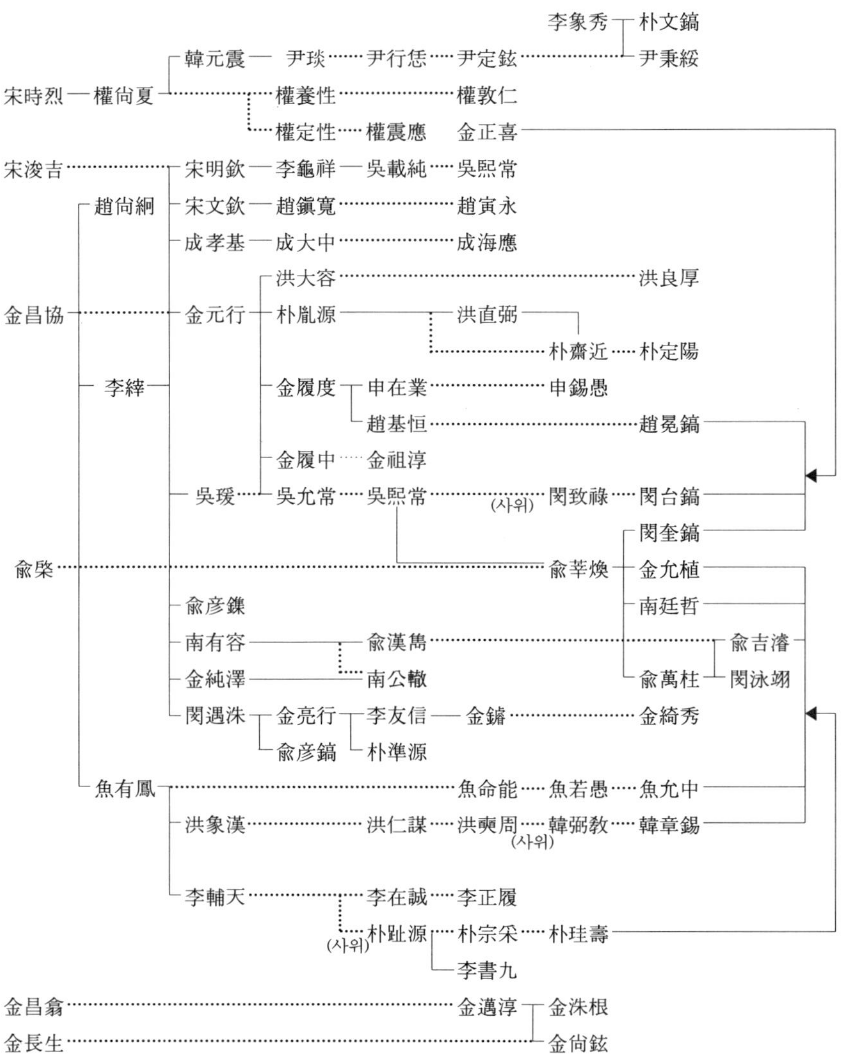

이들은 추사가 길러낸 서울 위항의 중서층 출신의 제자와 그 후예들의 보좌를 받았다. 이 단계에 오면 위항인 출신들은 관료로서 현저한 정치적 진출을 실현하면서 개국과 개화과정에서 실제적 역할을 수행하게 되었다. 추사의 문인으로서 육교시사(六橋詩社)를 주도한 추금(秋琴) 강위(姜瑋, 1820~1884)는 정건조(鄭健朝, 1823~?)가의 문객이었는데 김홍집, 김옥균, 이건창(李建昌, 1852~1898) 등을 보좌하여 청나라와 일본에 수종하면서 활약하였다. 세도대신 민영준(閔泳駿) 집안의 겸인으로서 훗날 탁지부협판, 군부대신을 역임하고 독립협회 초대 회장이 되는 안경수(安駉壽, 1853~1900)의 경우에서 보듯이 이들 문객-겸인층은 이제는 주공(主公)이었던 경화거족 출신의 인물들과 어깨를 나란히 하여 선진적 지식계층의 선봉에 서서 지도적 역할을 담당하게 되었고 이런 과정에서 위항인들은 신분적 한계를 넘어서게 되었다. 이는 역시 대신을 역임하기에 이르는 김가진(金嘉鎭, 1846~1922), 이범진(李範晉, 1852~1910) 등 서얼 출신 관료들과 고영희(高永喜, 1849~?) 등 역관 출신 관료들의 경우도 마찬가지였다.

김석준(金奭準), 유숙(劉淑, 1827~1873), 홍현보(洪顯普, 1831~1915), 오경석(1831~1879) 등 추사에게 직접 배운 문인들의 자제이거나(金載驥, 劉永杓, 劉光杓, 洪昇鉉, 吳世昌) 그 주변의 변원규(卞元圭, 1837~?), 백춘배(白春培, 1844~1885), 박영선(朴永善), 지석영(池錫永, 1855~1935) 등도 추사에게 학예의 근거를 두면서 이 시기에 와서는 북학을 넘어서서 서양의 학문과 지식을 받아들이는 선봉에 섰다. 이들은 조선정부의 신분제도개혁에 따라 신분적 한계를 넘어 고위관료로 진출하여 조선의 변화에 선도적 역할을 수행하였다.

그러나 격동하는 사회상 속에 그 능력에 따라 개별적으로 약진하였던 추사일문의 후예들에게서는 그간 유지되어 온 학파, 정파로서의 전통적 유대가 와해되는 양상이 나타난다. 그간 북학을 선도하면서 외래학술과 문물수용의 기반 마련에 선도적 역할을 수행하였지만 이제 서양으로부터의 새로운 학문과 문화를 수용하는 일이 무엇보다 시급한 상황에서 추사일문의 학파로서의 일체감은 더 이상 유지되기 어려웠다. 추사일문 내에서 이미 구세대가 된 홍선군과 민영익 등 신세대간의 갈등도 그 한 양상이었다. 더구나 새로운 시대상황이 전개되자 경화거족과 위항지사, 그 어떤 경우이든 신분적 특권이나 굴레를 내던지고 전통적 자의식과 인간관계에서 벗어나 새로운 세계에 다양한 방식으로 적응하고자 하는 가운데 이들의 정치적 결속도 더 이상 지속될 수 없었다. 신세대 내에서도 김옥균 · 홍영식 등이 갑신정변(1884년)을 일으켜 민영익과 갈라선 이후 그들 간의 대립이 돌이킬 수 없는 상황으로 치달았으며, 특히 문객과 문인 · 겸인들이 더 이상 전통적인 관계에 개의치 않게 되면서 구심점을 잃은 추사 일문도 역사 속으로 사라져가게 된다.

홍선군의 집권으로 정계의 정면에 등장하였던 추사일문은 홍선군의 실각과 그들 내부의 갈등, 그리고 이후 시대상의 급속한 변화와 함께 정파로서는 물론이고 학파로서나 문예운동의 동인(同人)으로서의 활동도 끝내게 되었다. 추사일문이 중심이 되었던 위항시사의 활동이 중지되고, 1737년 『소대풍요(昭代風謠)』의 간행 이래 1797년 『풍요속선(風謠續選)』과 1857년 『풍요삼선(風謠三選)』까지 60년마다 편간되었던 위항시집(委巷詩集)이 1917년에는 나오지 못하고 사족과 위항인의 시가 함께 실린 채 『대동시선(大東詩選)』의 형태로 나왔던 것은 조선 전통사회질서와 전통문화의 와해에 수반된 현상이었다.[32)]

정조시대 이후 추사가 살았던 시대는 조선 전통문화의 황금기인 진경시대(眞景時代)를 마감하고 북학을 통해 외래문화를 수용함으로써 전통의 극복을 시도한 대전환의 시기였다. 추사는 선배들의 북학론을 계승하여 그로부터 한 단계의 발전을 성취하였으며 경화학계에 북학의 풍미를 주도하였다. 그는 외척세도의 폐단을 극복하고자 정조시대 이래 청론사류의 정치적 지향을 계승하여 실천하려 했던 마지막 세대이기도 했다.

이와 함께 추사와 그 일문은 북학을 심화시킴으로써 누구보다 앞서서 시대의 대세를 감지할 수 있었고 서세동점의 도도한 흐름 앞에서 서양의 학문과 문물을 수용하기 위한 기초를 마련하였다. 추사의 문인인 흥선군의 집권은 추사일문과 박규수 등 연암일파의 후예들이 연대하여 그들의 새로운 지식을 국가정책에 반영할 수 있는 계기였다. 그러나 격변하던 시대상 속에 드러난 그들 의식의 한계와 그들 간의 분열과 갈등이 역사적 과제의 수행을 제약하였고 결국은 그들 세력의 와해를 가져왔다. 그런 면에서 추사와 추사일문, 그리고 연암일파의 후예들은 조선 전통사회의 변화과정에서 새로운 문화를 건설하려는 시대적 사명을 안고 분투하였지만 가교적(架橋的) 역할을 수행한 채 시대의 뒤안길로 사라져 갔다고 하겠다.

이후 외세의 침략과 특히 일제에 의해 전통문화의 파괴가 진행되었고, 식민사관에 의해 전통시대의 문화적 발전과정과 대외개방의 노력이 철저히 부정되었다. 이런 가운데 추사와 추사일문은 물론 정조시대 이래 대한제국기에 이르기까지 새로운 시대를 향해 몸부림쳤던 지식인들의 꾸준한 노력이 제대로 평가되지 못하였으며 그 성취도 단편적으로만 이해되고 있다. 이는 전통시대에 달성한 역사 발전과 문화적 성과를 부인함으로써 우리 전통문화유산에 대한 빈약한 이해를 초래하였고 우리 시대 역사의식과 문화의식이 후진성을 면치 못하는 한 이유가 되었다. 더욱이 우리 사회 일각에서는 이러한 후진성에 편승하여 일제 침략이 근대화의 출발점인 양 역사를 왜곡하고 그를 선전하여 오늘 우리의 현실과 미래에 대한 인식을 오도함으로써 혼란을 야기하고 있다.

그러므로 현실의 한계를 올바로 인식하여 그 지양을 모색하고, 사상적 자각을 통해 새로운 시대로의 주체적 전환을 추구하였던 정조시대 이래의 노력과 이 시대를 이끌었던 지도자와 지식인들의 학문과 사상, 문화와 예술을 재인식하는 일은 오늘의 시급한 과제다. 외래문화를 수용하여 전통문화의 수준을 한 단계 높이고 이를 통해 문화적 개성을 창출함으로써 새로운 시대로 나아가고자 하였던 정조시대 이래 지난 200년간의 노력은 오늘 우리가 새로운 시대로 나아가려 할 때 분명히 의미있는 역사적 경험이기 때문이다.

주석

서설－정조시대 이후 역사의 이해 방향

1) 오늘날 농촌진흥청과 서울대 농생대가 정조시대의 국영시범농장(西屯)인 수원시 서둔동(西屯洞)에 자리잡아 200년 농업연구의 전통을 계승할 수 있는 조건을 가질 수 있었던 것도 한국의 근대농업이 정조시대의 농업연구 전통 위에 자리잡았음을 보여주는 상징적 사례다. 그럼에도 불구하고 농촌진흥청과 서울대 농생대가 역사에 대한 무지와 일제의 역사 왜곡을 묵수한 결과, 200년 농업연구전통 및 전통의 터전을 내팽개친 채 제각기 서울과 전북의 엉뚱한 지역으로 이전함은 물론, 정조시대 이래의 역사를 도외시한 채 일제의 농업 침탈을 한국근대농업의 출발로 인식하여 지난 2006년 '한국근대농업 100주년' 기념행사를 벌이는 등 한심한 작태를 보이고 있음은 참으로 개탄스럽다.

200년 역사의 전통학문과 문화를 계승하여 개성적 학문과 문화를 창달할 수 있는 기회를 방기한 채 식민지근대화론에 따라 자기 역사를 부정한 이 경우는 우리시대의 후진적 역사의식과 파행적 문화의식을 상징적으로 보여주는 사례라 할 것이다.

그런가 하면, 대중들의 정조 열풍의 이면에서는 정조대왕의 초장지를 포함하여 용주사와 융릉(사도세자 묘소)·건릉(정조 묘소) 일대 역사적 공간을 아파트단지로 만들겠다는 '태안 3지구 개발사업'이 현재 버젓이 진행되고 있다.

2) 세간에 널리 퍼져 있는 '정조독살설'이 소설적 상상력으로 사료를 왜곡하였을 뿐 아니라, 독재와 폭력을 정당화하는 잘못된 역사관에 입각해 있

음은 졸저, 2001 『정조대왕의 꿈』(신구문화사)에서 규명하였다. 이와 관련하여 본서 '제1부 제1장 탕평군주 정조, 그의 꿈과 현실' 의 서술 참조.

3) 졸고, 2006 「고등학교 국사 교과서(7차) 조선후기 문화사 서술의 재검토」와 조성원, 2006 「고등학교 국사교과서(7차) 조선후기 정치사 서술의 재검토」『역사문화논총』 2호(역사문화연구소) 참조.

4) 졸저, 1998 『조선후기 학계와 지식인』(신구문화사) 제1부 「학계와 지식인의 사상적 동향」 참조.

5) 졸고, 1999 「正祖代 政治論의 추이」『京畿史學』 3 ; 본서 제2부 제2장 참조.

6) 졸저, 1996 『꿈의 문화유산, 화성』 제3부 「화성성역 연구」와 본서 제2부 제3장 사회경제; 「화성신도시 건설과 산업진흥책」 참조.

7) 졸고, 1982 「북학사상의 형성과 그 성격」『韓國史論』 8 ; 졸저, 1995 『연암일파 북학사상 연구』(일지사) 제2장 「북학사상의 형성」 참조.

8) 그간 통설로 받아들였던 '실학자=재야학자' 론이나, 식민사학의 '주자학 망국론' 에 입각하여 '실학=진보, 주자학=공리공담=보수' 라 하면서 서로 상반된 사상인 양 그려내고, 객관적 근거없이 실학자들을 억지로 구분하여 '중상학파, 중농학파, 실사구시학파' 식으로 분류했던 방식에 대한 비판은 졸고, 2007 「조선후기 경화사족의 대두와 '실학' 」『다시, 실학이란 무엇인가』(푸른역사)에 상세하다.

9) 졸고, 1998 『조선후기 학계와 지식인』 제2부 제2장 「겸인–서리 출신의 이윤선」 참조.

10) 졸고, 1998 『조선후기 학계와 지식인』 제2부 제1장 「경화거족 출신 세도가 풍고 김조순」 참조.

11) 졸고, 1991 「惕齋 李書九의 학문과 정치적 지향」『韓國文化』 12(서울대 한국문화연구소); 졸저, 1995 『연암일파 북학사상 연구』 제3부; 본서 제1부 제3장 참조.

12) 졸고, 1985「徐有榘의 학문과 농업정책론」『奎章閣』 9; 졸저, 1995 위의 책 제3부 참조.

13) 졸고, 2002「추사의 시대-정치적 추이와 추사 일문」『추사와 그의 시대』(돌베개); 본서, 제3부 참조.

14) 졸저, 1998『조선후기 학계와 지식인』(신구문화사)과 연갑수, 2001『대원군집권기 부국강병정책 연구』(서울대출판부), 김명호, 2008『환재 박규수 연구』(창비) 참조.

15) 졸고, 1993「朝鮮後期 開城知識人의 동향과 北學思想 수용-崔漢綺와 金澤榮을 중심으로-」『奎章閣』 16과 1994「19세기 京華士族의 生活과 思想-惠岡 崔漢綺를 중심으로-」『서울학연구』 2 ; 1998『조선후기 학계와 지식인』 제1부 제3장「開城지식인의 동향과 北學思想 수용」과 제2부 제3장「개성 출신의 혜강 최한기」 참조.

16) 임형택, 1995「19세기 西學에 대한 經學의 대응」『동양학국제학술회의 논문집』 5와 장병한, 1995「심대윤 경학에 대한 연구」(성균관대 박사학위 논문), 그리고 진재교, 2001「심대윤의 사회적 처지와 학문자세」『한문교육연구』 16-1 참조.

제1부 지도자와 지식인

제1장 탕평군주 정조, 그의 꿈과 현실

1) 1804년 갑자년을 겨냥하여 10년 계획으로 화성신도시 건설을 완수하고, 갑자년이 되면 15세 성년이 되는 왕세자(순조, 1790년 생)에게 왕위를 물려준 후 혜경궁 홍씨를 모시고 사도세자 묘소 곁 화성에 내려가 살면서 화성신도시에서의 개혁 사업을 마무리하겠다는 정조의 구상을 '갑자년구상' 이라 한다. 이를 통해 정조는 영조의 각별한 당부 때문에 자신이 수행할 수 없었던 사도세자의 완전한 복권과 국왕 지위로의 추존을 신왕에 의지하여 완수하고자 했다. 졸저, 1996『꿈의 문화유산, 화성』(신구문화사)의 제2부와 이 책 제2부 제3장「사회경제 ; 화성신도시 건설과 산업진흥책」의 서술 참조.

2) 吳淵常(1765～1821),『約園遺稿』「贈存齋」

3) 본서 제2부 제1장의「3. 반정론과 사상적 갈등」 참조.

4) 본서 제2부 제1장의「2. 북학론과 문화의 추이」 참조.

5) 정조가 이단의 불교사상에 의지하여 용주사를 세운 사실도 사상적 변화의 경향성을 보여주지만, 최고의 어용화사인 단원 김홍도와 이명기가 정조의 지시에 의해 북경에서 배워온 서양화법을 적용해서 대웅전 탱화를 그리게 된 사실은 더욱 그러하다. 국왕까지 포함하여 정조시대 지식인들은 북학을 넘어 서학과 그의 문화예술에 대하여도 기본적으로 개방적이었으며 이것이 그들의 사상적, 문화적 지향이었음을 여실히 엿보게 된다.

吳柱錫, 1998『단원 김홍도』(열화당)와 姜寬植, 2008「용주사 후불탱과 조선후기 궁중회화」『미술사학보』31 참조.

제2장 청론의 재상 유언호, 파란의 정치 행로

6) 졸저, 2001『정조대왕의 꿈』(신구문화사) 참조.

7) 유언호의 문집으로『燕石』13책이 남아 있다.『燕石』冊6의「自誌」에서 그는 則止軒이라는 號를『周易』의 '大壯則止'에서 따왔다고 밝히고 있다.

8) 유철의 분묘 앞에 세워진 〈挽詩碑〉와 〈贈別詩碑〉가 그 증거라고 하겠다. 1734년(영조 10) 그 손자인 兪最基(1689~1768), 兪拓基 등이 유철과 교유했던 인사들의 시를 모아 세운 이 비석에는 당대 일류 명사들의 시와 필적이 망라되어 이 집안의 정계·문화계에서의 성세를 과시하고 있다. 이 비석에 실린 인사들의 명단은 다음과 같다.

〈挽詩碑〉 洪柱元 詩 尹德駿 篆, 李憲 詩 兪命健 篆, 李景奭 詩 李邦彦 篆, 李翽 詩 李徵夏 篆, 南龍翼 詩 金普澤 篆, 金壽恒 詩 金昌國 篆, 李廷夔 詩 兪拓基 篆, 李端夏 詩 金濟謙 篆

〈贈別詩碑〉 蔡裕後 詩 李縡 書, 曺漢英 詩 申鉎 書, 兪棨 詩 權尙夏 書, 趙錫胤 詩 金昌翕 書, 李明漢 詩 李健命 書, 金益熙 詩 金鎭圭 書, 洪命夏 詩 吳泰周 書, 金堉 詩 趙相愚 書

9) 조선후기 학통의 전개과정과 경화사족들 간의 학문 전수 양상에 관하여는 졸저, 1998『조선후기 학계와 지식인』(신구문화사); 권오영, 2003『조선후기 유림의 사상과 활동』(돌베개) ; 이경구, 2007『조선후기 安東金門 연구』(일지사) ; 조성산, 2007『조선후기 낙론계 학풍의 형성과 전개』(지식산업사) 참조.

10) 유언호는 어린 시절부터 서울 나들이가 잦았다. 1759년 가족은 향저로 내려가고 홀로 서울에 머물렀던 일도 있고, 개성유수 시절에는 再從兄의 집에 머무르기도 했다고 한다.(「夫人遺事」『燕石』책8) 1791년 용산강 상

에 거처한다고 했을 때는 경저를 마련하였던 것 같고 1796년 그는 서울집에서 숨을 거둔다.

11) 졸고, 1998「경화사족의 사상과 진경문화」『우리문화의 황금기 진경시대』1(돌베개) 참조.

12) 졸고, 2002「정조시대의 名筆과 名碑」『正祖時代의 名筆 – 전람회도록』(한신대학교박물관).

13)「孔懷帖跋」『燕石』책3

14)「題訓蒙約束後」『燕石』책11

15)「義狗傳」『燕石』책13

16)「祭宋子中文」『燕石』책8

"嗚呼 維昔東山之勝會 實倣西園之雅集 十有四人 志同趣合 雖年有少長官有崇庳而兩皆忘其形骸"

17)「從叔父文翼公遺事」『燕石』책9

즉지헌은 종숙부 유척기를 李宜顯의 뒤를 잇는 문장가이자 篆書와 小楷를 특히 잘 써서 당대 제일의 서예가 白下 尹淳의 찬탄을 받았던 서예가로 소개하고 있다.

18)「陶菴遺墨屛跋」『燕石』책3

19) 예컨대 〈大圓堂大禪師碑銘〉의 아름다운 篆額 글씨와 수원 화성 蒼龍門의 현판 글씨가 그의 필력을 유감없이 보여준다.

20)「蒼厓自著序」『燕石』책11

"나는 일찍이 (문학에서) 意와 法이 理와 氣가 서로 떨어질 수도 없고 섞일 수도 없음과 같다고 말한 적이 있다. 법은 진실로 의에 통속되지만 의는 법에 구속받지 않는다. 그러므로 반드시 의가 주도하도록 해서 법이 그 언제나 그 명령을 받도록 하여야 하고 그런 연후에야 그 문장이 공교로워질 수 있다. 그러나 의라는 것은 통하여 막힘이 없는 까닭에 어렵고 법이라는 것은 국한되고 한정됨이 있는 까닭에 쉽다. 그러므로 세상의 옛것을 좋아하고 기묘한 것을 숭상하는 자들은 대부분 어려운 것을 버리고 쉬운 것을 따르면서 스스로 만족해하고 세상에 대해 잘난 척한다."

21) 유언호 자신이 쓴 「西京小集記」(『燕石』 책2)와 연암의 아들 朴宗采가 쓴 『過庭錄』(박희병 역, 1998 『나의 아버지 박지원』 돌베개출판사 참조)의 기록에 그 자세한 전말이 나온다. 『과정록』에 의하면 1786년 연암을 繕工監監役으로 천거한 사람도 당시 이조판서로 있던 즉지헌이었다. 연암은 평생의 벗인 즉지헌의 풍모를 아들에게 다음과 같이 말하였다고 한다.

"아버지(박지원)는 兪相國(유언호)의 훌륭함을 이렇게 칭찬하셨다. '언젠가 큰 눈이 내린 날이다. 유상국이 자기 집으로 나를 불렀다. 그는 당시 정승이 된 지 이미 오래였건만 방 안에는 바람을 막는 병풍 하나 없더구나. 홑이불이라고 있는 건 해어졌고 자리 곁에는 몇 권의 책이 있을 뿐이었다. 옛날 안성에서 布衣로 지낼 때와 똑같더구나. 자주 술을 데워오게 했지만 다른 안주라곤 없고 손과 주인 앞에는 이가 빠지고 투박한 큰 사발에 가득 담은 만두 100여 개 뿐이었다.

날이 샐 무렵까지 이어진 이야기는 백성을 이롭게 하고 나라의 폐단을 없애는 방안이었는데, 이야기 도중 문득 탄식을 하면서 자신의 직책을 감당하지 못할까 걱정하기도 하였다. 그 근검함과 충후함이 이와 같았다.

유상국은 일찍이 내가 지은 글이 궁궐로 흘러 들어가 館閣에서 서로 돌려가며 읽는다는 말을 전해 듣고는 몹시 걱정하면서 나에게 편지를 보내 근신하게 했다. 내가 스스로 뽐내기 위해 글을 쓰는 사람이 아니라는 것을 어찌 모르랴만 그럼에도 정성스럽게 충고하기를 그치지 않았으니, 그가 벗을 사귀는 도리가 이와 같았다. 또한 유상국은 늘 스스로를 경계하기를, '사람이 음식을 먹을 때 한 숟가락이라도 과식하면 곧 체하거나 토하거나 설사를 하게 된다. 그러니 음식보다 더 중대한 것에 있어서야 털끝만큼이라도 탐욕을 내서 되겠는가' 라고 하였다. 그 安分自足함이 이와 같았다."

22) 졸저, 1995 『연암일파 북학사상 연구』(일지사) 제2장 「북학사상의 형성」

참조.

23) 종중에 전승되던 이 초상화는 현재 서울대학교 규장각에 기탁 보관 중이다.

24) 이태호, 2004「조선후기에 카메라 옵스큐라로 초상화를 그렸다–정조시절 정약용의 증언과 이명기의 초상화법을 중심으로–」『다산의 문학과 예술』 제4회 다산학 학술대회(다산학술문화재단)

25) 그의 불교에 대한 관심과 이해는 〈大圓堂大禪師碑銘〉 같은 글에 단편적으로 나타나고, 노장사상에 대하여는『林居四訣』이나「夢演」등의 글을 통해 본격적 정리작업과 저술을 해나갈 정도로 깊이 경도하고 있음이 주목된다.

26) 吳柱錫, 1998『檀園 金弘道』(열화당)

27)「與金郎建淳書」甲寅『燕石』책5

28) 졸저, 1995『연암일파 북학사상 연구』(일지사) 참조.

29) 金履九의 아들 金建淳은 金尙憲의 奉祀孫 金履鐸의 養子로 갔다가 邪學에 연루되어 목숨을 잃고 이후 罷養되는 비운을 맞게 된다. 이런 가운데에도 김건순의 형 金直淳은 조부 金亮行의 뒤를 이어 山林學者가 됨으로써 안동김씨의 정통주자학적 가풍을 이어나갔다.

30)「大司憲貞庵閔先生墓誌銘」『燕石』책6 '忠逆混而 世道喪'

31)「大司諫 李公墓碣銘」『燕石』책7

32)『燕石』책12

33)「玉堂救權震應箚」辛卯 1771년『燕石』책10

34)「拜相後陳所懷」『燕石』책11

"간절히 바라건대 전하께서는 신하들의 잘못된 습속을 바로잡되 아녀자나 환관들 류의 충절을 충절로 여기지 마십시오. … 신하들에게서 가히 두려워할 만한 것을 취하고 (전하를) 기쁘게 해주는 일을 취하지는 마소서. … 전하께서는 어서 마음을 비우고 무엇이든 받아들일 도량을 키우소서.

그리하여 신하들이 전하의 안색을 살피지 않고 감히 올바른 소리를 하려 들도록 기상을 키워주십시요. 무엇이든 너그러히 받아들이는 아량의 방도를 키우는데 힘써서 신하들이 행실을 깨끗이 하고 신의를 지키며 양보하는 마음가짐을 기르도록 하옵소서."

35) 『正祖實錄』 권23, 正祖 11년 4월 5일 壬寅

"삼가 원하옵건대 전하께서는 홀로 움직여서 총람(總攬)하지 마시고 반드시 여러 선(善)한 사람을 등용하여 각기 그 직무를 맡도록 하여 그 성과를 요구한다면 정신을 보양하는 방법과 기강을 다잡는 방도의 두 가지 모두에 도움되는 바가 있을 것입니다."

36) 『正祖實錄』 권24 正祖 11년 9월 3일 丁卯

성균관(泮宮)에서 구일제(九日製)를 설행(設行)하고, 희정당(熙政堂)에서 성적을 논하였다. 임금이 말하기를, "소찬(小饌)이 있으니 마땅히 경들에게 내리겠다." 하고, 이어서 쟁반에 담은 과일과 술 · 안주를 내리고 우의정 유언호(兪彦鎬)에게 말하기를, "경이 정승이 된 후 편전(便殿)에서 술을 내리는 것은 처음 있는 일인데, 더구나 저 일제학(一提學)이 연석(筵席)에 같이 나왔으니, 더욱이 즐거운 마음이로다. 초계 문신의 시사(試射)에서 10순(巡)에 1분(分)을 받은 자가 없으면 으레 벌배(罰杯)가 있거니와, 경은 이미 초계 시관(抄啓試官)이 되었으니, 맨 먼저 큰 잔을 권하여야 하겠다." 하였다.

유언호가 꿇어앉아 큰 잔 하나를 다 마시니, 임금이 내각 제학 김종수에게 말하기를, "우상(右相)은 이미 큰 잔 하나를 마셨거니와, 오늘의 술은 경이 맡을 만하니, 초계 문신 이외의 연석에 있는 신하들에게 적당히 마시도록 권하라." 하였다. 김종수가 꿇어앉아 큰 잔을 마시니, 임금이 말하기를, "경은 다시 마실 수 있겠는가?" 하니, 김종수가 말하기를, "위에서 내리시는 것을 어찌 감히 사양할 수 있겠습니까마는, 우상이 이미 먼저 잔을 잡았거니와, 종전에는 수작하면 서로 사양하지 않았는데 이제는 대관(大

官)이기 때문에 감히 전처럼 서로 권할 수는 없습니다. 그러나 우상은 주량이 본디 커서 한 잔으로는 양에 차지 않을 듯합니다." 하였다. 유언호가 말하기를, "신은 작은 잔으로 일제학(김종수)의 큰 잔에 대작하겠습니다." 하고, 이어서 꿇어앉아 한 잔을 들고 김종수를 돌아보며 말하기를, "상지(上旨)를 여쭈었으니, 잇달아 큰 잔을 들지 않을 수 없을 것이오." 하였다

김종수가 잔을 잡고 일어섰다가 엎드려 말하기를, "대신이 상명(上命)으로 권하니, 신이 삼가 큰 잔을 마시겠습니다." 하고, 이어서 아뢰기를, "우상의 주량을 신이 본디 압니다. 양껏 잇달아 마시게 하는 것이 좋겠습니다." 하였다. 유언호가 말하기를, "지척에서 연락(宴樂)하는 것이 모두 은사(恩私)이니 취하여 하는 말을 허물할 것도 못됩니다마는, 신은 대관이 되었으니 일제학이 한 말은 혹 체통에 흠이 되는 것이 아니겠습니까?" 하였다. (이에) 김종수가 말하기를, "지난 무술년 우상이 송도유수(松都留守)이었을 때에 술을 내리셨는데 물러나와 돌아가는 길에 서 판부사(徐判府事)와 함께 취하여 농을 하였던 일을 기억합니다. 여러 신하들이 취한 뒤에 실의(失儀)한 것은 별로 꾸짖을 것이 없겠습니다." 하니, 임금이 웃으며 말하기를, "우상은 화상찬(畵像贊)의 '선복우몽(先卜于夢)' 넉 자를 기억하겠는가? 경이 줄곧 체통으로 저 중신(重臣)을 꾸짖으니, 저 중신이 어찌 불편한 마음이 없겠는가?" 하였다.

유언호와 김종수가 일제히 일어나 대답하기를, "신들이 과음하면 연석의 체모를 손상할 듯합니다." 하니, 임금이 말하기를, "무슨 해로울 것이 있겠는가? 오늘은 술을 마시는 것이 매우 즐거우니 경들은 사양하지 말아야 한다." 고 하였다. 그래서 유언호가 큰 잔 하나와 작은 잔 셋을 마시고 김종수가 큰 잔 넷을 마시니, 임금이 말하기를, "경들의 주량은 대단하다. 내가 아직 취한 모습을 보지 못하였다." 하고, 이어서 시관들에게 명하여 앞에 나와 주량에 따라 약간씩 마시게 하였다. 신하들이 차례로 나아가 마셨는데, 임금이 말하기를, "동부승지는 본래 잘 마시니, 큰 잔으로 내리

라." 하니, 남학문(南鶴聞)이 잇달아 큰 잔 다섯을 마셨다.

신하들에게 명하여 잠시 물러가게 하였다가 조금 뒤에 다시 명하여 입시(入侍)하게 하였다. 승지 홍인호(洪仁浩)가 말하기를, "우상이 술을 못 이겨 등연(登筵)할 수 없다고 합니다." 하니, 명하여 먼저 물러가게 하였다. 임금이 말하기를, "일제학(김종수)은 어찌하여 들어오지 않는가?" 하자, 서유린(徐有隣)이 말하기를, "일제학도 자못 주기(酒氣)가 있어서 먼저 금호문(金虎門)으로 나갔다 합니다." 하였다.

37) 졸저, 1996 『꿈의 문화유산, 화성』(신구문화사) 제3부 「화성성역연구」와 1999 「정조대 정치론의 추이」 『京畿史學』 3(경기사학회) 참조.

38) 이즈음 그는 개인적으로 큰 기쁨을 맞이하고도 있었다. 좌의정으로 정계에 복귀한 1795년, 66세의 나이로 둘째 아들 兪漢宙(1795~1832)를 얻었던 것이다.

39) 『正祖實錄』 正祖 19년 1월 22일

"신이 8년 동안 멀리 떨어져 있다가 전하를 가까이에서 뵙게 되었는데 말씀이 온화하시고 은덕을 베푸는 뜻이 융숭하시니 신이 어찌 감히 뒤로 몸을 빼면서 인자하신 은택을 스스로 막을 수 있겠습니까 … 삼가 원하건대 … 물러나 본분을 지킬 수 있도록 해 주옵소서."

40) 『正祖實錄』 正祖 19년 1월 29일

"비답하기를 그동안의 일에 대하여 이미 더욱 후회한다고 말을 한 바 있다. 또 내가 지나쳤던 것을 스스로 안다고 하면서 위로하는 말을 많이 했었다. … 서울집에 오래도록 거처하면서 조정의 반열에 출입한 뒤에야 내 마음도 풀어지고 경의 마음도 풀어질 수 있을 것이다. 많은 말이 필요없으니 안심하고 사양하지 말라."

41) 정조는 화성신도시 건설을 시작한 1794년부터 10년 간 화성에 매년 곡식 1만 석과 돈 3만 냥씩을 비축하여 1804년 갑자년까지 화성에 곡식 10만 석과 돈 30만 냥의 막대한 재용을 비축하고 여기에 장용영의 강력한 군

대도 주둔시키고자 하였다. 그러나 상왕으로 물러난 정조에게 이만한 재원과 군사력이 필요한 것인지 조야에서 이론이 분분하였다.

졸저, 1996 앞의 책 제3부「화성성역 연구」참조.

42)『純祖實錄』純祖 6년 6월 15일

"李秉模가 말하기를 故 相臣 兪彦鎬 같은 이는 본래 淸論으로서 지조를 지켜 金龜柱보다 성세가 없었으나 그가 반대편을 공격했던 논리는 본래부터 같기를 기약하지 않았어도 (실상은) 같은 것이었습니다."

제3장 관료학자 이서구(李書九), 청론사류의 분열과 좌절

43) 이 글은 졸고, 1995『연암일파 북학사상 연구』의 제3장-2「이서구의 학문과 정치적 지향」에 의거하여 작성되었다. 각 인용자료는 이 논문에 전거를 자세히 제시하였으므로 여기서는 간략히 처리한다.

44)『純祖實錄』권27 純祖 25년 10월 乙卯

45) 상동

46) 吳知泳『東學史』「石佛秘訣」

47) 洪翰周『智水拈筆』「惕齋吏才」

48)『大東奇聞』「李書九別謄戶籍」

49) 상동

50)『溪鴨漫錄』

51) 이서구,『惕齋集』권7「對策-文體」

52)『惕齋先生行錄摭遺』乾

53)『惕齋自述』

54) 李書九의 著作(1~16; 奎章閣 소장, 17; 國立中央圖書館 소장)을 제시하면 아래와 같다.

1.『惕齋集』16권 부록 합 8책 ; 奎章閣 도서번호 古 3428~252

2.『惕齋集』3권 2책 ; 古 3447~28

3.『薑山初集』4권 1책 ; 奎 7488

4.『薑山初集』4권 1책 ; 古 3447~24

5.『薑山初集』2책 ; 古 3447~29

6.『惕齋書牘』1책 ; 古 3438~8

7.『惕齋讀詩記』1책 ; 古 1324~2

8.『課講講義』1책 ; 奎 12232

9.『薑山筆豸』1책 ; 일사 古 920.051~y63g

10.『惕齋屛居錄』1책 ; 古 0320~9

11.『惕齋先生行錄摭遺』2책 ; 古 4655~37

12.『惕齋自述』1책 ; 古 0320~8

13.『惕齋先生行狀』1책 ; 古 4655~9

14.『塔左從政志』1책 ; 古 4254~8

15.『丙戌記事』1책 ; 古 4254~9

16.『惕齋相公從政隨錄』3책 ; 古 4254~10

17.『丁未問答錄』1책 ; 國立中央圖書館 도서번호 한 51~233

제2부 새로운 사상과 개혁론

제1장 사상과 문화 ; 사상적 갈등과 문화의 추이

1) 졸고, 1991「18, 9세기 京·鄕 學界의 분기와 京華士族」『國史館論叢』 22(국사편찬위원회) ; 1998『조선후기 학계와 지식인』(신구문화사) 제1부 제4장 참조.

2) 이 장의 구체적 내용은 졸고, 1999「정조시대 정치론의 추이」『정조시대의 사상과 문화』(돌베개)와 2001『정조대왕의 꿈』(신구문화사) 제2장「개혁정치와 그 귀추」의 서술 참조.

3) 졸고, 1991「惕齋 李書九의 學問과 政治的 志向」『韓國文化』 12(서울대 한국문화연구소) ; 졸저, 1995『연암일파 북학사상 연구』(일지사) 제3장 2절 ; 본서 제1부 제3장 참조.

4) 졸고, 1988「18, 9세기 대명의리론과 대청의식의 추이」『한신논문집』 5 ; 졸저, 1995 앞의 책 제1장 2절「명-청 교체에 따른 대외의식의 추이」 참조.

5) 鄭玉子, 1998『조선후기 조선중화사상 연구』(일지사) 참조.

6) 최완수 외, 1998『진경시대』 1, 2(돌베개)

7) 이하 북벌론과 전통주자학 사상이 북학론과 북학사상으로 전환하였던 과정, 특히 호락논쟁과의 관련성에 관하여는 졸고, 1982「북학사상의 형성과 그 성격」『 韓國史論』 8 ; 졸저, 1995『연암일파 북학사상 연구』(일지사) 참조.

8) 졸저, 1995 앞의 책 제2장 2절 참조.

9) 왕세손 시절 정조에게 학문을 가르쳤던 인물로는 南有容, 朴聖源, 徐志修, 金鍾正, 徐命膺 등이 있고, 동궁의 신료로서 洪大容, 安鼎福, 柳義養, 沈定鎭 등 경화사족 출신의 여러 학자들이 정조의 학문적 성장을 도왔다.

10) 正祖, 『弘齋全書』 권176 「日得錄」 訓語

11) 졸고, , 1983 「18세기 南人 분열과 畿湖南人 學統의 성립」 『한신대학논문집』 1 ; 1998 앞의 책 제1부 제1장 참조.

12) 吳柱錫, 1998 『檀園 金弘道』(열화당)와 강관식, 2008 「용주사 후불탱과 조선후기 궁중회화」 『미술사학보』 31 참조.

13) 이하 화성신도시의 건설과정과 이곳에서 실천된 개혁적 시책들에 관하여는 졸고, 1995 「華城城役에서의 治水와 農業振興策」 『한신논문집』 13과 1996 「正祖代 政局 동향과 華城城役의 추이」 『奎章閣』 19 ; 1996 『꿈의 문화유산, 화성』(신구문화사) 제3부 ; 본서 제2부 제3장 참조.

14) 정옥자, 1988 『조선후기 문화운동사』(일조각) 참조.

15) 李敏植, 2002 「正祖의 書藝觀과 書體反正」 『정조시대의 명필』 도록(한신대박물관) ; 송지원, 2003 『正祖의 音樂政策 硏究』 서울대대학원 박사학위논문 참조.

16) 졸저, 1995 앞의 책 제2장 2절 참조.

17) 金文植, 1996 『朝鮮後期 經學思想 硏究』(일조각) 참조.

18) 朴趾源, 『熱河日記』 「馹迅隨筆」

19) 正祖, 『弘齋全書』 권168 「日得錄」 政事

20) 徐有榘, 『林園經濟志』 권1 「例言」

21) 심경호, 1998 「正祖의 經學類 書籍 御定御命撰과 經學思想」 『書誌學報』 21 및 김문식, 1999 「정조의 주자서 편찬과 그 의의」 『정조시대의 사상과 문화』(돌베개)와 2000 『정조의 경학과 주자학』(문헌과해석사) 참조.

22) 졸저, 1995 앞의 책 1장 2절 참조.

23) 주 3의 논고 참조.

제2장 정치; 정치적 갈등과 정국의 추이

24) 본고의 서술과 관련하여 참조한 이 분야 주요 논저는 다음과 같다.

鄭玉子, 1978「正祖의 學藝思想」『韓國學報』11; 1988『朝鮮後期 文化運動史』(일조각); 1996「正祖의 教化思想」『奎章閣』19

薛錫圭, 1986「奎章閣연구」上·下『大邱史學』29~30; 1992「正祖의 政治運營論」『朝鮮史研究』1(복현조선사연구회)

한국역사연구회 19세기정치사연구반, 1990『조선정치사 1800~1863』(청년사).

裵祐晟 1991「正祖年間 武班軍營大將과 軍營政策」『韓國史論』24

李泰鎭, 1992「正祖의『大學』탐구와 새로운 君主論」『李晦齋의 思想과 그 世界』(성균관대 대동문화연구원); 1993「正祖-儒學的 啓蒙絶對君主」『韓國史市民講座』13

鄭奭鍾, 1994『朝鮮後期의 政治와 思想』(한길사)

朴光用, 1994『朝鮮後期'蕩平'연구』(서울대대학원 문학박사학위논문); 1998『영조와 정조의 나라』(푸른역사)

金文植, 1996『朝鮮後期經學思想研究』(일조각)

金成潤, 1996『朝鮮後期 正祖의 蕩平政治研究』(부산대대학원 문학박사학위논문); 1997『朝鮮後期 蕩平政治 研究』(지식산업사)

졸저, 1995『燕巖一派 北學思想 研究』(일지사); 1996『꿈의 문화유산, 화성-정조대 역사·문화 재조명』(신구문화사); 1998『조선후기 학계와 지식인』(신구문화사); 2001『정조대왕의 꿈』(신구문화사)

25) 졸고, 1996「正祖代 政局 동향과 華城城役의 추이」『奎章閣』19(서울대학교 규장각); 졸저, 1996『꿈의 문화유산, 화성-정조대 역사·문화 재조명』(신구문화사) 제3부. 이하 본고에서 정조대의 정치적 동향에 관한 서술은 위의 졸고에 의거하고 있으므로 특별한 경우가 아니라면 典據를 생략

하였다.

26) 졸고, 1997「楓皐 金祖淳 연구」『韓國文化』19 ; 졸저, 1998 제2부 1장 참조.

우현좌척론 등 사림정치의 정치적 이상과 탕평정치의 조제보합 원리를 부인하기에 이르렀던 세도정치는 그 등장의 계기와 전개과정에 대하여 다양한 의견이 개진되어 있다. 그러나 대체로는 순조대 이후 외척세도정치의 등장을 정조 사후 그의 정치적 지향이 부정되면서 나타난 파행적 양상으로 보아, 정조대와 순조대의 정치상황을 단절적이며 대립적인 것으로 설명하는 의견이 일반적이다. 특히 순조초년 경주김씨와 벽파의 집권이 강조되면서 외척세도정치 등장의 책임을 벽파에게 미루는 경우가 많다.

그러나 외척세도정치의 등장은 영·정조대 탕평정치의 한계와 관련하여 그 연장선상에서 파악할 필요가 있으며, 벽파의 집권도 정조와 시파의 입장과 함께 과장됨없이 사실적으로 바라보아야 할 것이다. 정조 사후 비로소 벽파가 집권하였지만 그 집권기간은 순조 6년 김조순 등 시파가 벽파를 일망타진하는 丙寅更化까지 6년간에 그치는 것이었다. 安東金氏, 潘南朴氏, 豊壤趙氏 등 국왕의 戚族을 중심으로 소수 京華巨族이 세도를 전단하는 전형적인 세도정치는 병인경화 이후 정조가 양성했던 시파 친위관료들의 집권에 의해 본격화되어, 훗날 興宣大院君과 驪興閔氏들의 척족세도에 이르기까지 거의 한 세기에 걸쳐 지속되게 된다.

필자로서는 세도정치의 성립을 이러한 견지에서 파악하여, 순조대 이후 세도정치의 전개과정을 정조 사후부터 대원군 집권기를 거쳐 민씨 세도기까지 여섯 단계로 시기구분하여 개관하였던 바 있다.(졸고, 1989「19세기 전반 世道政局의 동향과 燕巖一派」『東洋學』19; 졸저, 1995 제3장 1절「世道政局의 동향」참조)

27) 鄭萬祚, 1983「英祖代 初半의 蕩平策과 蕩平派의 活動」『震檀學報』56; 1986「英祖代 中半의 政局과 蕩平策의 再定立」『歷史學報』111

崔完基, 1983「英祖代 蕩平策의 贊反論 檢討」『震檀學報』56

朴光用, 1998 앞의 책

최성환, 2004「영조대 후반의 탕평정국과 노론청론의 분화」『역사와 현실』53(한국역사연구회) 참조.

28) 상동

29) 朴光用, 1994 앞의 논문과 최성환, 2004 앞의 논문 참조.

30) 沈樂洙,『恩坡散稿』권9「先考退士府君行狀」.

"渼湖金公元行 驪湖金公亮行 黃江權公震應 爲南北兩斥之論"

31)『正祖實錄』권17, 正祖 8년 6월 戊子

32) 이하 남인의 동향에 관하여는 졸고, 1983「18세기 南人 분열과 畿湖南人 學統의 성립-『桐巢謾錄』을 중심으로-」『한신대학논문집』1; 졸저, 1998 제1부 1장 참조.

33) 이하 京華士族의 동향에 관하여는 졸고, 1991「18, 9세기 京鄕學界의 分岐와 京華士族」『國史館論叢』22(국사편찬위원회); 졸저, 1998 제1부 4장 참조.

34) 졸고, 1997「楓皐 金祖淳 연구」『韓國文化』19; 졸저, 1998 제2부 1장 참조.

35)『正祖實錄』권29, 正祖 14년 3월 戊申

36)『正祖實錄』권1, 正祖 즉위년 5월 丙戌

"蕩平不害於義理 義理不害於蕩平 然後 方可謂蕩蕩平平之大義理 今予所言 卽義理之蕩平 非混淪之蕩平也"

37)『弘齋全書』권177「日得錄」訓語(南公轍 壬子錄)

"義理 天下之公也 不當偏主 世或有乘機籍重 挾已私而傾奪人者 其亦不仁之甚矣"

38) 상동(徐榮輔 壬子錄)

"偏黨之害 國受其病 濟黨而忘公者 固不忠也 雖然 今人色目既分 家世相

傳 其不可移易也 如姓貫之不可改也 其或一朝背此而入彼 捨棄厥父祖所守 則此其人何所不爲”

39) 상동(徐榮輔 壬子錄)

“人情之所安 卽義理之所存也 以親心爲心 然後 孝子之心安 予則求義理於予心之所安處而已”

40) 상동(李晩秀 丁巳錄)

“我朝世道屢變 時措各異 集賢學士尙矣 無論長陵在宥之日 勳臣秉政 曲宴晉接 最承恩遇 此一番世道也 孝廟鑑勳舊之弊 進庸山林讀書之士 朝著淸明 契合密勿 今之天香閣魚水堂 尙傳明良會慶 此又一番世道也 而門戶標榜之弊 又作焉 自是以後 不得不以戚聯王室之人 任心膂肺腑之托 於是乎 內苑選勝之筵 非戚里不得與焉 此又一番世道也 予自春邸 性之所好 好接士大夫 且深懲戚腕干政之患 必欲丕新一世 刱內閣置閣臣者 此也 … 蓋欲朝夕左右 期有接賢士大夫之益 豈料今日又有貴近之弊乎 觀今世道朝象 反不若勳舊戚里之世 此予所以中夜屢歎者也 雖然 予之素性 今不可中改 諸臣 若體予苦心 庶幾有懲前毖後之圖 諸閣臣 其各無忘此敎 銘心而書紳也”

41) 상동 政事(李晩秀 庚戌錄)

“癸亥以後 勳臣秉國 擧錯多拂淸議 孝廟深監其弊 招延士林 布列朝著 淸明之治 至今說寧陵盛際”

42) ‘權幸’ 은 어떤 사람이 국왕의 신임에만 의존하여 공식적 관료기구 내의 그들 직책이 부여한 권력 이상의 권력을 행사하는 경우, 그들을 非法的 존재로 규정할 때 흔히 사용하던 용어였다. 국왕과 인척관계를 맺은 척족이 그를 근거로 ‘권행’ 처럼 관료기구 밖에서 실권을 행사하게 되면 이는 척족이 ‘世道’ 를 잡아 정국을 주도하는 ‘世道(뒷시기에는 勢道로 통용)정치’ 가 되는 것이다.

그런 면에서 정조년간 왕권강화를 위해 간헐적으로 ‘권행’ 에 의지하였던 정조의 정치 행태는 정조가 선택한 안동김씨 척족이 정조대의 ‘권행’

과 같은 방식으로 실권을 행사했던 순조대 이후 세도정치의 시원으로 이해되곤 하였다. 홍국영의 專權에서 세도정치의 단서를 잡는 한말 『近世朝鮮政鑑』이나 『梅泉野錄』의 입장은 당시의 이러한 정치사 인식에서 나왔다.

43) 졸고, 1986 「18, 9세기 老論學界와 山林」 『한신논문집』 3(한신대학교 출판부); 졸저, 1998 제1부 2장 참조.

44) 정조 19년 정월 노론벽파의 權裕는 정동준을 '貴近'으로 지목하여 탄핵하였으며, 당시 이서구는 청론사류의 입장에서 정동준을 '權幸'이라 하면서 비판하였다.(「惕齋(李書九)行狀」 참조)

45) 졸저, 1996 제3부 참조.

46) 『弘齋全書』 권169 「日得錄」 訓語(鄭民始 丁巳錄)

"敎右議政尹蓍東曰 丙申以後 屏黜戚里 日接士大夫 欲與之討論文學謨猷治道 竊庶幾左戚右賢之義 而近來士大夫 乃不如古人 不能裨補治化 一新風習 或反有藉賣譸張 訛惑人心 貽害世道者 不得已有乙卯春處分 於是乎 予之本意歸虛 不免中夜發歎 旣知其無益而有害 遂變前規 罕接群下 以爲矯習正俗之方 而本不喜接宦官宮妾 故無所寓心 日惟尋理經傳 其味誠無窮矣 至於世道之責 乃大臣之職 進賢退不肖 正色率下 則人心風俗 自底於於變矣 此後 專責於卿等 卿等須盡心也"

『正祖實錄』 권45, 正祖 20년 11월 乙丑

"上曰 … 朝廷時務 予方一以委之於卿等 卿等 顧何憚而不爲 入侍承宣 亦近臣 而予於十數年來 積被所謂近臣輩所欺蔽 世道至此"

47) 『弘齋全書』 권178 「日得錄」 訓語(徐龍輔 戊午錄)

"予在春邸時 扁于燕寢曰 弘齋 盖取君子弘毅之義 而十數年前 揭于門楣曰 蕩蕩平平室 近又書壁曰 萬川明月主人 諸臣庶幾知予微意否"

48) 鄭玉子, 1978과 1988 앞의 논저 참조.

49) 졸고, 1991 「惕齋 李書九의 學問과 政治的 志向」 『韓國文化』 12; 졸저,

1995 제3장 2절 참조.

50) 『弘齋全書』 권173 「日得錄」 人物(李始源 丁巳錄)

"嘗論薦人事 敎曰 分黨以後 士無公議 … 予只當恢著眼平著心 一以公理觀之 雖或不中 亦不遠矣"

51) 『弘齋全書』 권169 「日得錄」 訓語(鄭民始 丁巳錄)

"敎筵臣曰 予之素自期者 恥爲凡主 必欲丕變風俗 挽回世道 以新一世之治化 而人才不古 未得承佐之人"

52) 『弘齋全書』 권176 「日得錄」 訓語(徐龍輔 丁巳錄)

"三代以前 師道在上 故治隆俗美 而天下歸仁 三代以後 師道在下 故空言無補 治日常少 苟有聖人者作 身任君師 道德齊禮 今之天下卽三代之天下日新於變之化 卽不過轉移間事耳 予雖否德 乃所願則 竊以爲當仁不讓於師"

상동(李秉模 丁巳錄)

"三代以降 師道在下 周張程朱 所以說性說理 自任繼開之責也 近世在下之師道 未之有聞 庠序學校之政 予實有愧 而自念艱大之投 亦豈可過 自菲薄 不以君師之責自居乎"

53) 『弘齋全書』 권170 「日得錄」 政事(金祖淳 丁巳錄)

"三代以降 師道雖在於下 然禮樂刑政 君道之所自出 而治而敎之義 實均焉 今日君師之責 予敢不自任乎"

54) 영조의 君父論은 義를 위주로 하는 君臣관계와 恩을 위주로 하는 父子관계를 혼동하고 있다고 하여 山林學者로 노론의 영수였던 陶菴 李縡와 그 일파로부터 많은 비판을 받았다. 朴光用, 1994 앞의 논문 제2장 4절 참조.

55) 『弘齋全書』 권170 「日得錄」 政事(李秉模 己未錄)

"君臣之間 自其情志流通而言 則家人父子也 自其分義截然而言 則如天之不可階 如使凌陛級而達簾堂 是奚異於所謂洋學之撤却中間天敍天秩 直欲接夫上清也"

56) 이러한 정조의 의도에 따라 李晩秀는 「(正祖)行狀」(『正祖實錄』 附錄)에

서 「萬川明月主人翁自序」를 다음처럼 요약하였다.

"又著萬川明月主人翁序 有曰 月一也 水之類萬也 水者世之人也 月者太極也 太極者吾也 盖天下之才 皆爲王之用矣"

57) 정조의 「萬川明月主人翁自序」와 관련된 사상적 지향에 관하여는 주 24의 李泰鎭, 1992; 1993과 金文植, 1996 「正祖의 經世論」『朝鮮後期經學思想研究』(일조각) 제1장 2절, 金成潤, 1996 ; 1997의 논저 참조.

58) 朴趾源, 『燕巖集』 권10 雜著 「原士」

"夫士 下列農工 上友王公 以位則無等也 以德則雅士也 一士讀書 澤及四海 功垂萬世 易曰 見龍在田 天下文明 其謂讀書之士乎 故 天子者 原士也 原士者 生人之本也 其爵則天子也 其身則士也 故 爵有高下 身非變化也 位有貴賤 士非轉徙也 故 爵位加於士 非士遷而爵位也"

59) 金文植, 1996 앞의 책 66쪽의 서술 참조.

60) 『正祖實錄』 권11, 正祖 5년 2월 庚戌

"鄭東浚策略曰 任君師之策 惟殿下是已 殿下之政 治歟不治歟 殿下之學教 明歟不明歟 如其不治不明也 豈非殿下之責耶"

61) 『正祖實錄』 권45, 正祖 20년 11월 庚申

"上謂右議政尹蓍東曰 … 由今以往 彌綸保合之責 不可他求 一則曰大臣 二則曰大臣 予則端拱而已 一委於卿等 卿等須悉此意 思所以對揚之道"

62) 『弘齋全書』 권170 「日得錄」 政事(南公轍 丁巳錄)

"大臣之職 餘他有異 先德量而後才具 則雖似遲緩無功 而不言之中 體統自嚴 綱紀自立"

"宰相 居人主之次 爲股肱 輔相宰相之權重 然後 主勢可尊 向於妖賊竊弄之時 習俗日壞 紀綱日墮 毋論事之大小 大官 或俯首聽命於用事者 彼則晏然指揮 而暗圖虛張之勢 此則恬然奉承 而自占便宜之地 以致十數年來滔滔之弊習 莫可救藥 苟欲矯時而正俗 當先自此事 大加淬礪 使一世之耳目喚醒 然後可以有爲也"

『弘齋全書』 권169 「日得錄」 政事(沈煥之 丁巳錄)

"嘗敎曰 近來 臺臣 以微事輒侮大官 極意凌踏 大官之受侮 卽朝廷之受侮也 尊大官 則臺體亦隨而尊 體貌不失 則其言倍重 目下急務 莫先於似此矯弊等事"

63) 『弘齋全書』 권170 「日得錄」 政事(李始源 丁巳錄)

"凡有任世道之責擔國事之重者 必也 養其威重 增其名望 方能服人心 而靖世道 予於一二臣 或斥出許久 或淪棄多年 然後 漸次收用 畀以重任者 意實在此"

64) 李晩秀撰 「(正祖)行狀」 『正祖實錄』 附錄

"十九年 … 御尊德亭 語諸臣曰 … 予自春邸 深知右賢左戚之義 御極之初首建內閣 … 而畢竟貴近之弊 至於近日而極矣 進退弛張 理之常也 安知戚臣之不繼此而進也 然 親近士大夫 卽予素性也 苦心也 行之數十年 今不可中途而廢"

65) 『弘齋全書』 권167 「日得錄」 政事(尹行恁 庚戌錄)

"戶曹參議朴準源除拜 翌日命遞 筵臣有言太遽者 敎曰 戚里可予金帛以厚生 不可使知仕宦趣味 知其趣味 則便非喜消息"

66) 자세한 것은 졸고, 1997 「楓皐 金祖淳 연구」 『韓國文化』 19; 졸저, 1998 제2부 1장 참조.

67) 『楓皐集』 권17 別集 「迎春玉音記」

"(上)又曰 卿差過數朔 則將爲肺腑之親 甲子以後 則自當獨爲主張"

"敎曰 旣爲上王 一着紫袍之後 復可干與於國事乎 予旣付卿以幼主 則竝與予去後事 而當一一善處 予復何憂乎 … 惟卿 予獨自見於衆中 而拔擢之付以大事"

68) 상동

"敎曰 試看今日所謂士夫者 果士夫樣乎 此輩反爲古之戚里之所不爲者 此豈可曰用士夫乎 且古則 廷臣與人主之間 有戚里 故 上下有間隔 國體世道

猶尊重矣 今則 萬人皆欲直接於上 其弊實甚於戚里有弊之時矣 予於近來 益覺其然 而旣行之規模 不可猝變 予則不得不限予世而行之 然 若後嗣王 決不可復用予法 只可用戚里 以還國朝本色 然後 國可以爲國矣"

69) 주 67 참조.

70) 정조는 장용영 설치 후 매년 米 萬包, 綿布 百同, 錢 三萬兩씩 비축이 가능하여, 10년이면 十萬石의 곡식과 三十萬兩의 자금을 장용영 운영을 통해 확보할 수 있으리라 추산하고 이를 꾸준히 축적하였다.(졸저, 1996, 155쪽 참조) 장용영에 비축된 막대한 재용은 정조 사후 장용영의 해체와 함께 관시노비 혁파의 비용으로 충당되는 등으로 쓰여졌다.(裵祐晟, 1991 「純祖 前半期의 政局과 軍營政策의 推移」『奎章閣』 14 참조)

71) 주 3의 졸고와 한국역사연구회 19세기정치사연구반, 1990 『조선정치사 1800~1863』 상 · 하(청년사) 참조.

72) 勢道家 金祖淳의 경우가 그 전형적 일례를 보여주고 있다. 자세한 것은 졸고, 1997; 졸저, 1998 제2부 1장 참조.

제3장 사회경제; 화성신도시 건설과 산업진흥책

73) 졸저, 1996 『꿈의 문화유산, 화성-정조대 역사 문화 재조명』, 신구문화사

74) 정옥자, 1978 「正祖의 학예사상」『한국학보』 11; 1988 『조선후기문화운동사』, 일조각 참조.

75) 『正祖實錄』 권29 正祖 14년 2월 庚午

76) 이 방안은 실제로 시행되어 5년 후 이 돈의 이자 2만 5천 냥이 을묘원행(乙卯園幸)의 비용 10만 냥의 일부로 충당되었다.(鄭崇教, 1996 「正祖代 乙卯園幸의 재정운영과 整理穀 마련」『韓國學報』 82 참조)

77) 이외에 염급상전(鹽及床廛)이 더 있었던 듯도 하다. 기록상 목포전 세주

(木布廛 細註)에 첨가되어 있으나 문맥이 맞지 않아 오기(誤記)된 듯 보이기 때문이다. 그렇다면 염급상전까지 여덟 시전(市廛)이 이른바 수원 북부 보시동(北部 普施洞; 현 北水洞)에 있었다던 '팔부가(八富街)' 의 상인이 아닌가 짐작해 본다.

78) 신읍(新邑)으로 이주해온 백성들이 장사를 하려 해도 이들 시전(市廛)상인의 '도고(都庫)' 행위가 '통공무취(通共貿取)' 를 할 수 없게 하여 폐단이 생기고 있다는 점을 채제공이 지적하기도 하였다.(『備邊司謄錄』 178책 正祖 15년 1월 23일) 고동환, 1993 앞의 논문 참조.

79) 『水原旨令謄錄』 庚戌 10월 21일

80) 『備邊司謄錄』 178책 正祖 16년 3월 8일
고동환, 1993 앞의 논문 참조.

81) 『備邊司謄錄』 178책 正祖 15년 1월 23일

82) 『弘齋全書』 권176 「日得錄」 訓語 (李晩秀 丁巳錄)

83) 졸저, 1995 『燕巖一派 北學思想 硏究』, 일지사 참조.

84) 『水原旨令謄錄』 庚戌 12월 8일

85) 『華城城役儀軌』 권4 甘結 甲寅 9월 29일
正祖 18년 10월 그해의 전례없는 흉년 때문에 성역의 중지가 심각히 논의되는 과정에서 정조가 궁핍한 공사비용의 확보를 위하여서라도 일이년의 공사 중지를 심각히 고려할 때, 채제공 등은 성역이 '구황의 일단(救荒의 一端)' 이라는 점을 들어 중지에 반대하였다. 그러나 11월 1일부터 약 6개월 간 공사의 중지는 불가피하였으며, 이는 일부 민에 대한 '구황지책(救荒之策)' 으로 북성(北城) 바깥의 토지 개간 사업을 일으켜 돌아갈 곳 없는 민의 일부를 수용하는 대책을 마련하고 난 다음의 일이었다.

86) 『正祖實錄』 권46 正祖 21년 2월 癸巳

87) 졸저, 1998 『조선후기 학계와 지식인』, 신구문화사, 제1부 4장 「경 · 향 학계의 분기와 京華士族」 참조.

88) 『正祖實錄』 권46 正祖 21년 2월 丙申

89) 『正祖實錄』 권46 正祖 21년 3월 庚子

90) 『弘齋全書』 권176 「日得錄」 訓語 (李晩秀) 丁巳錄

91) 이병모도 「화성부호모삼절목」의 시행을 반대하며 두 번째 조목에서 '모호족민지도(募戶足民之道)' 로 '광기간 통기재(廣其墾 通其財)' 를 제시하고 이중 수원의 '성북신간지토(城北新墾之土)' 인 대유둔(大有屯)이 토지 개간을 넓혀 나간다는 '광기간(廣其墾)' 의 요령을 얻었다고 높이 평가하고 있었다.

92) 이 시기 민심의 수습을 위해 수원의 백성들에게 혜택을 베풀려는 정조의 구상은 22년 5월 乙卯整理穀을 수원에 이속시키는 조치로 나타났다. 을묘정리곡은 을묘원행 이후 남은 재용으로서 당시 정조의 의도와 달리 전국에 나누어 줄 수밖에 없었다. 그러나 그 후 관리에 문제가 생겨 각종 폐단을 야기하게 되자, 이를 다시 수원에 모아들여서 민(民)에 나누어주고 그 모곡(耗穀)을 면제하여 '莫大之惠' 를 베풀게 되었던 것이다. 정승교, 1996 앞의 논문 참조.

93) 오늘날 농업연구 중심도시로서 수원이 차지하는 위상은 정조대에 수원에 시행되었던 선진적 치수책과 수리사업을 통한 선진적 농업경영의 전통위에 서 있는 것이다. 정조대에 치수를 위하여 아름다운 도시기반시설로 조성된 수원천과 여러 연못을 복개 매립하여 훼손하고, 당시에 선진적 수리시설로서 조성되어 수원춘추팔경(水原春秋八景) 등 명소로 꾸며졌던 만석거(萬石渠)와 서호(西湖; 祝萬堤) 등 제언이 개발의 미명 아래 무분별하게 매립 훼손되고 있는 오늘의 현실은 우리 역사의식의 현주소를 보여주는 것으로 참으로 개탄할만한 일이 아닐 수 없다.

94) 『弘齋全書』 권168 「日得錄」 政事 (南公轍 癸丑錄) '築城 以治水道爲本'

95) 1789년 영우원 천봉 시기부터 화성성역 기간인 1795년 경까지 수원 일원에는 1200여 만 그루의 나무가 계획 식수되었다. 정조의 지시에 의해 다

산 정약용은 이 내용을 정리하여 『식목연표(植木年表)』란 책을 편찬해내기도 하였다.(『丁茶山全書』 詩文集 1집 14권 「跋植木年表」 참조)

96) 이태진, 1986 「조선시대 水牛 · 水車 보급시도의 農業史的 意義」 『千寬宇先生還曆紀念韓國史論叢』

97) 이태진, 1986 앞의 논문과 문중양, 1995 『朝鮮後期의 水利學』, 서울대학교 이학박사학위논문 참조.

98) 정조 22년 5월 만년제가 완성되자 이 소식에 접한 正祖는, 3년전 백성들이 만석거와 대유둔 건설을 반대하였으나 이를 결단코 추진하면서 자신이 '苦心' 하였던 상황을 筵臣들에게 술회하였다. 『正祖實錄』 권48 正祖 22년 5월 辛酉 참조.

99) 『華城城役儀軌』 附編1 亭渠(迎華亭 萬石渠), 附編2 節目(大有屯設置節目), 附編2 狀啓 乙卯 12월 20일 등의 자료 참조.

100) 姜寬植, 1994 「조선후기 奎章閣의 差備待令畵員」, 『澗松文華』 47

101) 졸고, 1995 『燕巖一派 北學思想 研究』, 一志社, 제3장 참조.

102) 洪元燮, 『太湖集』 권4 「南池狀」 참조.

103) 『華城城役儀軌』 附編2 狀啓 乙卯 12月 20日 水原府留守趙心泰狀啓.

104) 실제 이 장계의 全文은 홍원섭의 문집 『태호집』 권4 「華城屯田事宜啓」에 그대로 실려 있다. 제목 아래 '代留相作' 이라 하여 이 계(啓)가 수원유수 조심태를 대신하여 지었음을 밝히고, 마지막에 이에 관한 자세한 내용을 註記로 밝히고 있다.("乙卯 十二月 留守趙心泰 以屯田事 具由陳聞 還下之敎曰 此啓當作傳後文字 其令通判製進 啓上 上賜報曰 事實纖備 詞華可讀") 여기에 의하면 이 장계는 조심태의 啓辭를 정조의 지시에 따라 후대에 전할 만한 글로 홍원섭이 다시 정리하여 올린 것이다. 여기에는 연암일파로서 그가 가진 지식과 일찍이 延安府使로서 수리사업을 추진하였던 경험이 여실히 반영되어 있다.

이 狀啓에 대해 정조는 '事實이 자세히 잘 갖추어졌으며 문장도 훌륭

해서 읽기 좋다' 고 칭찬하였다고 하며, 이에 따라 迎華亭上樑文도 다시 그가 짓게 되었다고 한다.

105) 이상은 『華城城役儀軌』 附編2 節目(大有屯設置節目), 附編2 狀啓 乙卯 12월 20일 등의 자료와 졸고, 1995「華城城役에서의 治水와 農業振興策 – 萬石渠와 南水門 문제의 재조명–」, 京畿史學會 창립기념 학술발표회 발표요지 및 염정섭, 1996「正祖 後半 水利施設 築造와 屯田 經營」『韓國學報』 82 참조.

106) 정조 19년 2월 원행을 앞두고 前佐郎 李宇炯이 '興水利' 를 주장하며 수차의 제작을 건의한다. 정조는 수원 북성밖 개간이 흥수리의 일환임을 밝히고 수차 제작도 시도해보도록 지시하고 있다.(『正祖實錄』 권42 正祖 19년 2월 庚午) 또한 정조 20년 4월 禹夏永의 상소에 대한 批答에서 수차를 장용영에서 다수 만들어둔 것이 있다고 하였다.(『正祖實錄』 권44 正祖 20년 4월 庚子)

이태진, 1986 앞의 논문과 문중양, 1995 앞의 논문 참조.

107) 『弘齋全書』 권170「日得錄」 政事 (徐龍輔 戊午錄)

108) 19년 8월 副摠管 權恢가「華城七策」을 상소하였는데 이중 두 가지가 둔전설치와 관련되는 조항이었다. 정조는 이를 비변사에서 논의해보도록 조치하였다.(『正祖實錄』 권43 正祖 19년 8월 壬午) 또한 22년 5월 만년제를 완성하고 나서 正祖는 만석거와 대유둔이 오히려 좁다고 하는 여론에 따라 또다른 堤堰과 屯田의 필요성을 제기하였으며(『正祖實錄』 권48 正祖 22년 5월 辛酉), 이에 따라 제언과 둔전은 祝萬堤와 祝萬堤屯(西屯)으로 확대되어 수원에 시행된 농업진흥책은 경기도와 전국의 모범이 되었던 것이다.

109) 『正祖實錄』 권48 正祖 22년 6월 丁酉

110) 「勸農政求農書綸音」에서는 농업의 요체 세 가지('興水功 相土宜 利農器') 가운데 수공(水功)이 가장 우선적인 것이라 하면서 제언의 설치를

특별히 강조하고 있었다. 또한 올라온 상소와 농서를 검토한 이후 다시 '堤土儲水'를 가장 긴급한 일로 강조하는 데서도 이 시기 정조와 신료들의 농업진흥의 관심이 어디에 쏠려있는지를 짐작하게 된다.

김용섭, 1968「18세기 農村知識人의 農業觀-正祖末年 應旨進農書의 분석-」『한국사연구』2와 문중양, 1995 앞의 논문 참조.

111)『正祖實錄』권48 正祖 22년 3월 壬午

112)『正祖實錄』권46 正祖 21년 2월 庚午

113) 졸고, 1985「徐有榘의 學問과 農業政策論」『奎章閣』9 (서울대학교 도서관)과 앞의 졸저 1995 제3부 3장 참조.

114) 졸저, 1995 앞의 책 제2부 참조.

115) 이러한 정조의 사상적 면모는 만년제가 완공되었다는 보고를 받고 만석거 추진시 겪었던 지난일을 회고하며 당시의 '苦心'을 술회한 정조의 언급에서 엿볼 수 있다. 당시 民은 만석거의 건설을 반대했으나 이제는 오히려 그 규모가 너무 작은 것을 원망한다고 하면서, 民과는 잘된 결과를 놓고 함께 좋아할 수는 있지만 처음부터 어떤 일을 함께 꾀할 수는 없다고 하여 民을 한 단계 아래의 '愚氓'으로 보는 듯한 생각의 일단을 내보이고 있다.『正祖實錄』권48 正祖 22년 5월 辛酉의 다음 기록 참조.

"萬年堤成 … 萬石築垌 設屯時 民皆不肯 屢勤勸飭 下內帑錢數萬金 決意爲之 到今民人 反以週遭不能廣闊 怨之 可與樂成 不可與謀始 有如此然 至神者 亦小民也 後當知予苦心."

116) 졸저, 1995 앞의 책 제3부 참조.

117) 김용섭, 1968「18세기 農村知識人의 農業觀-正祖末年 應旨進農書의 분석-」『한국사연구』2와 최홍규, 1995『禹夏永의 實學思想 硏究』, 一志社 참조.

118)『正祖實錄』권54 正祖 24년 6월 壬子

"今之爲計 有二 一則依營屯募耕之規 而自本府捐財起墾 待其告功 限田

分授 以爲補官用裕民食之資 一則依入粟拜官之式 墾土爲幾日耕者 如唐之空名告身 宋之迪功以下之堦 鄕品之爲鄕任 校吏之爲任窠 一循其願 而若過一朔之耕 可以收百石者 樞啣邊將 計勞塡差 則庶有日闢之效矣”

119) 김용섭, 1972「18·9세기의 農業實情과 새로운 農業經營論」,『大東文化硏究』9와 졸고, 1985 앞의 논문 참조.

120) 수원유수로서 서유구는 영농상황을 면밀히 조사하여 기록을 남기며, 만석거와 축만제 등 화성의 제언과 둔전을 대대적으로 준설 보수하는 업적을 남기고 있었는데, 그 상황은 수원유수 시의 일기인『華營日錄』에 상세히 기록되어 있다. 서유구,『華營日錄』권2(丁酉年, 1837년) 참조.

제3부 정조 사후의 격동과 지식인

1) 졸고, 1998「경화사족의 사상과 진경문화」『진경시대』(돌베개) 제1권

2) 추사의 생애와 학예, 추사와 추사일문의 관계 및 이들의 예술 등에 관하여는 다음의 연구업적을 참고하였다.

崔完秀, 1976「金秋史評傳」「金秋史의 金石學」『金秋史研究艸』(지식산업사) ; 1976「秋史書派考」『澗松文華』19 ; 1986「秋史實紀」『澗松文華』30 ; 1995「秋史墨緣記」『澗松文華』48 ; 2001「秋史一派의 글씨와 그림」『澗松文華』60(한국민족미술연구소); 유홍준, 2001『완당평전』1~3(학고재); 정혜린, 2008『추사 김정희의 예술론』(신구문화사).

제1장 정조 사후의 격동과 모색

3) 이하 정조시대 정치 상황에 대하여는 졸고, 1999「정조대 정치론의 추이」『京畿史學』3(『정조시대의 사상과 문화』(돌베개) 제2장)과 본서 제2부의 서술 참조 .

4) 졸저, 1998『조선후기 학계와 지식인』(신구문화사) 제1부 제4장.

5) 小癡 許維의『小癡實錄』과『藝林甲乙錄』이 그 생생한 기록으로 남아 있다.

6) 어려서부터 추사의 문하에서 서화 수련을 했던 劉在韶는(『藝林甲乙錄』) 훗날 '천하장안'으로 잘 알려진 홍선대원군의 네 '家令'(천희연, 하정일, 장순규, 안필주)과 함께 신임을 받아 권세를 누렸다고 하며(朴齊炯『朝鮮政鑑』

卷上) 대원군은 '家令 중 가장 영민한 자' 였던 그에게 '천하장안' 을 糾察하는 임무를 맡겼다고 한다.(尹孝定, 『風雲韓末秘史』 '大神通한 大院君') 여기서 '家令' 은 '家傔' 과 함께 겸인의 또다른 칭호이다.

난초 그림으로 유명한 小湖 金應元이 홍선군의 '門人' 이었음은 『風雲韓末秘史』 '論人於酒色之外' 항목에 전하는 일화('國太公이 門人 金應元과 私席會飮하고 前日 淪落時 糊口之資로 揮毫한 蘭畵를 出하야 互相談笑曰 君과 余가 다시 淪落되드라도 또 蘭筆로나 互相救命하자 하니')에서 알 수 있다.

7) 졸고, 1990 「日錄 『公私記攷』에 나타난 19세기 書吏의 생활상」 『奎章閣』 13(『조선후기 학계와 지식인』 제2부 2장 「겸인–서리 출신의 이윤선」) 참조.

8) 金文植, 1996 『朝鮮後期 經學思想 硏究』(일조각)

9) 송준길의 현손 宋明欽과 권상하의 증손 權震應 등이 호서의 산림학자로서 이런 역할을 하고 서로 혼인을 하면서 世交를 맺게 된다. 훗날 풍양조씨 세도의 핵심이 되는 趙萬永, 趙寅永과 權敦仁은 이들의 후예였다. 조만영, 조인영 형제의 아버지 趙鎭寬은 송명흠의 문인이었으며, 조만영은 송명흠의 孫壻가 된다.

10) 화성의 기본 구상인 정조의 「御製城華籌略」은 그 구체안이 정약용에 의해 마련되었다. 정약용의 역할은 화성건설시 예산을 크게 절감하였다는 擧重機의 설계로도 널리 알려져 있다. 화성의 실제 건설과정에서 총리대신 채제공과 화성유수 조심태의 역할도 컸다.

화성에서의 산업진흥책에는 박지원과 박제가, 홍원섭 등의 구상이 크게 반영되었다. 비록 국제무역시장의 설치 구상은 좌절되었지만, 이곳에 설치된 대규모 시장에서는 양반으로 하여금 직접 상업에 종사하도록 하는 조치가 취해져 이들의 '양반상인론' 이 실천되었고, 화성신도시의 생산기반시설로서 설치된 대규모 수리시설(만석거와 축만제)과 국영시범농장(북둔과 서둔)에서는 이들이 구상했던 최신의 농업기술과 협동영농방식이 실험되었다. 조선 사회 발전을 가속화하기 위해 제기된 진보적 학자들의 여러 구상(이른바 '실학')은 학자들의 머리 속에만 머무른 것이 아니라 정조에 의해 적극 수용되어 국가정책으로 시행되기에 이르렀던 것이다.

졸저, 1996 『꿈의 문화유산, 화성』(신구문화사) 제3부 참조.

11) 졸저, 2001 앞의 책 제1장

12) 졸저, 1995 『연암일파 북학사상 연구』 제3부 147쪽 참조.

13) 한국역사연구회 19세기정치사연구반, 1990 『조선정치사』 상 · 하 (청년사)

金明淑, 1996 「勢道政治期(1800~1863)의 政治行態와 政治運營論」, 한양대학교대학원 박사학위논문 참조.

14) 金明淑, 1996 앞의 논문 제4장 「憲宗朝 秋史 金正喜의 政治運營論」

15) 졸고, 1991 「惕齋 李書九의 學問과 政治的 志向」 『韓國文化』 12(『연암일파 북학사상 연구』(일지사) 제3장 2절)과 본서 제1부 제3장 참조.

16) 辛鍾遠, 1995 「李遠과 그 子 李書九 墓碑」 『江原史學』 1

17) 崔完秀, 1976 「金秋史評傳」 『金秋史研究艸』(지식산업사)와 1986 「秋史實紀」 『澗松文華』 30(한국민족미술연구소) 참조.

제2장 추사 김정희와 추사일문

18) 상동

19) 정혜린, 2008 『추사 김정희의 예술론』(신구문화사) 참조.

20) 金正喜, 『阮堂全集』 권3 「與權彝齋敦仁」 三十二

21) 강관식, 1998 「추사 그림의 법고창신의 묘경」 『추사와 그의 시대』(돌베개)

22) 위의 주 13의 논저 참조.

23) 金正喜, 『阮堂全集』 권 1 「實事求是說」과 정혜린, 2008 앞의 책 참조.

24) 연갑수, 2001 『대원군집권기 부국강병정책 연구』(서울대출판부)와 김명호, 2008 『환재 박규수 연구』(창비) 참조.

25) 朴齊炯, 『朝鮮政鑑』 卷上

26) 具滋均, 1947 『朝鮮平民文學史』(1974 민학사 재간행)

27) 김명호, 2008 앞의 책 참조.

28) 졸고, 1994 「19세기 京華士族의 생활과 사상– 惠岡 崔漢綺를 중심으로–」 『서울학연구』 2 ; 졸저, 1998 『조선후기 학계와 지식인』 제2부 3장 참조.

29) 연갑수, 2001 앞의 책 참조.

30) 이태진, 2000 『고종시대의 재조명』(태학사)

31) 崔完秀, 1989 「芸楣實紀」 『澗松文華』 37 참조.

32) 鄭玉子, 1990 『朝鮮後期 文學思想史』(서울대출판부) 제5장 「委巷文學으로의 轉移」 참조.

찾아보기

ㄱ

ㅂ

ㅅ

ㅇ

ㅈ

ㅊ

ㅋ

ㅌ

ㅍ

ㅎ

역사문화연구총서 7

개혁과 갈등의 시대

–정조와 19세기

초판 1쇄 발행 2009년 2월 10일
초판 2쇄 발행 2009년 8월 25일

지은이 유봉학
펴낸이 이재선
펴낸곳 신구문화사

등록 1968. 6. 10. 제1-205호
주소 경기도 성남시 중원구 금광2동 2661번지
전화 031-741-3055~6
팩스 031-741-3054
이메일 shingupub@naver.com
홈페이지 www.shingubook.com

ISBN 978-89-7668-159-1 93910
값 18,000원